U0358604

郑永廷文集

郑永廷 ◎ 著

（第三卷）

中山大學出版社
SUN YAT-SEN UNIVERSITY PRESS
·广州·

图书在版编目（CIP）数据

郑永廷文集：共八卷 / 郑永廷著. —广州：中山大学出版社，2023.8
ISBN 978-7-306-07872-8

Ⅰ.①郑…　Ⅱ.①郑…　Ⅲ.①政治—中国—文集　Ⅳ.①D6-53

中国国家版本馆 CIP 数据核字（2023）第 143907 号

ZHENG YONGTING WENJI（DI-SAN JUAN）

出　版　人：王天琪
策划编辑：嵇春霞　王旭红
责任编辑：王旭红
封面设计：曾　斌
责任校对：林　峥
责任技编：靳晓虹
出版发行：中山大学出版社
电　　话：编辑部 020-84110283，84113349，84111997，84110779，84110776
　　　　　发行部 020-84111998，84111981，84111160
地　　址：广州市新港西路 135 号
邮　　编：510275　　　　传　真：020-84036565
网　　址：http://www.zsup.com.cn　　E-mail：zdcbs@ mail. sysu. edu. cn
印 刷 者：恒美印务（广州）有限公司
规　　格：787mm×1092mm　　1/16
总 印 张：122 印张
总 字 数：2190 千字
版次印次：2023 年 8 月第 1 版　　2023 年 8 月第 1 次印刷
总 定 价：680.00 元（全八卷）

如发现本书因印装质量影响阅读，请与出版社发行部联系调换

目录

马克思主义意识形态概念的理解与运用 / 1

论社会主义意识形态的功能发展 / 9

社会主义意识形态领导权和主导权研究 / 19

论当代中国社会主义意识形态的发展及特点 / 28

论当代中国社会主义意识形态的领域发展 / 37

当前我国意识形态领域的失衡现象及对策研究 / 47

坚持高校意识形态工作的领导权与话语权 / 56

论社会意识形态与思想政治教育的内在联系 / 64

论科学技术与社会主义意识形态的互动共进 / 85

我国科学技术与社会主义意识形态面临的发展性课题 / 97

论小康社会的政治文明建设 / 109

宗教在我国社会的存在方式 / 120

宗教在我国社会的影响特征 / 125

宗教在我国社会的影响趋势 / 131

宗教在我国社会存在与影响的特点 / 137

宗教与社会主义意识形态关系问题研究 / 145

执政成本与执政效益的辩证及转化

　　——兼论执政党的执政能力建设 / 161

1

论社会主义和谐文化建设的基础与价值取向

　　——兼论思想政治教育的文化视野 / 173

论制度创新与人的全面发展 / 182

论政治观的发展结构 / 190

论政治观的功能与作用 / 196

论新时期我国社会价值观的偏差及其矫正 / 211

马克思主义人的全面发展理论的丰富与发展 / 220

建设社会主义和谐社会的内在需求 / 228

论科学发展观的历史超越与当代意义 / 234

马克思主义意识形态概念的理解与运用 *

近年来，随着"马克思主义理论一级学科"的确立，马克思主义意识形态理论研究迎来了新的发展机遇，学者们围绕马克思主义经典作家意识形态理论、中国特色社会主义意识形态创新等问题进行了广泛探讨，产生了大批质量上乘的研究成果。但也应看到，许多研究成果由于对马克思主义意识形态概念的理解与运用不尽一致，而难以形成有效的学术交流和交锋，制约了马克思主义意识形态理论研究的纵深发展。本文通过梳理分析中外学界理解运用马克思主义意识形态概念的方式，阐明马克思主义意识形态概念的内涵实质和运用策略，以期为深化马克思主义意识形态理论研究提供可资借鉴的思想资源。

一、学界对马克思主义意识形态概念的理解与运用

马克思主义创始人在引入和运用意识形态概念时没有延续"蛰居式的书斋学者"的惯用做法——按照"种差加属概念"的形式逻辑进行界定，而是采取了问题导向而非理论先行、宏观勾勒而非具体规定、比喻修辞而非严格定义的模糊运用方法，致使"意识形态"概念及其内涵在他们不同著作中呈现非一致性或非连续性，给理解和运用马克思主义意识形态概念造成了一定的困难，也带来了极大的理论空间。

概括来说，当前人们对马克思主义意识形态概念的片面理解和运用大致有三种方式：第一，"情感简化"型。即从感情色彩角度理解和把握马克思主义意识形态概念，形成了否定说、描述说和肯定说等观点。否定说认为，马克思主义意识形态概念是一个与科学相对立的、充满贬义批判色彩的概念，主要依据是《德意志意识形态》中那段运用"照相机"比喻将意识形态比作"倒影"的经典论述。描述说（又称"中性说"）认为，马克思主义意识形态概念是一个客观描述性概念，旨在阐明作为观念上层建筑的意识

* 原载于《东北师大学报（哲学社会科学版）》2013 年第 4 期，作者任志锋、郑永廷，收录时有修改。

形态在社会有机体运行中的地位和作用，意识形态无褒贬之分，主要依据是《〈政治经济学批判〉序言》中那段运用"经济基础与上层建筑"比喻将意识形态视为观念上层建筑的经典论述。肯定说认为，马克思主义意识形态概念与各种非马克思主义意识形态概念的本质区别在于它承认意识形态有肯定性的一面，条件是意识形态要和客观真理、绝对自然相符合，主要依据是列宁在《唯物主义和经验批判主义》《什么是"人民之友"以及他们是怎样攻击社会民主主义者?》中有关"科学思想体系""思想的社会关系"的经典论述。这种情感化理解方式使人们在运用马克思主义意识形态概念时往往做简化处理。基于否定性理解，意识形态概念被用来指代一切错误理论学说；基于描述性理解，意识形态概念被用来指代整个观念上层建筑；基于肯定性理解，马克思主义意识形态概念又等同于无产阶级意识形态或科学意识形态。这些理解大都抓住了马克思主义意识形态概念某一方面的特点属性，但是如果片面夸大这种情感化理解，就可能将马克思主义意识形态概念这样一个内涵丰富、外延广泛的理论范畴划归为简单的感情立场，而难以深入概念内部及发展之中把握这一概念的结构层次和起源流变，局限了马克思主义意识形态概念的理论空间和批判价值。

第二，"复合语境"型。即把马克思主义意识形态概念理解成一种由多个维度构成的复合性概念群。这种理解方式与情感型理解存在紧密联系，不同的是，这种方式一般不简单界定马克思主义意识形态概念的感情倾向，而主张在不同语境中把握这一概念的内在张力。如英国学者汤普森就认为，马克思的意识形态概念是一种富有极强否定含义和批判意味的概念群，主要包括论战概念、副现象概念、潜在概念三个部分。针对青年黑格尔派，它是一种论战概念，旨在抨击青年黑格尔派用观念反对观念、用言词抗争言词却对现实世界毫发无损的错误主张；针对统治阶级利益，它是一种副现象概念，旨在揭示意识形态表达统治阶级利益的幻想本质；针对过去的精神，它是一种潜在概念，旨在揭露历史性的文化传统和语言对现实阶级对抗的掩盖和压迫。① 此外，许多学者还从认识论、存在论、功能论等角度理解马克思主义意识形态概念，阐释马克思主义意识形态概念的内涵实质、功能作用和情感倾向：有的认为马克思主义从社会认识论角度揭示了意识形态的虚幻本质和精神病理；有的强调在马克思主义那里，意识形态虚幻并不在于人们对现实世界的错误认识而在于他们的现实生活过程；有的则认为马克思主义意识形

---

① ［英］B. 汤普森：《意识形态与现代文化》，高铦等译，译林出版社 2005 年版，第 36—49 页。

态概念是"论战—揭露""解释—功能""批判—哲学"三种语境的集合体。① 这些无疑拓宽了人们对马克思主义意识形态概念的认识维度，延展了马克思主义意识形态概念的运用范围，但是这种理解和运用方式多依赖于对具体文本的阐释，而缺乏对马克思主义理论实质和发展演变的整体把握，容易使马克思主义意识形态概念成为一种没有确切含义的语境性描述，从而陷入相对主义诠释学的困境。

第三，"专属矛盾"型。即将马克思主义意识形态概念理解成专属于某一经典作家的理论范畴，最为常见的是将"马克思主义意识形态概念"等同于"马克思意识形态概念"，并由此派生出"恩格斯意识形态""列宁意识形态""毛泽东意识形态"等概念。基于这种理解，人们在运用马克思主义意识形态概念时，往往有意无意地忽视"意识形态"在不同经典作家那里的内在联系，侧重研究这些概念相互矛盾、互为对抗的关系。如一些西方学者长期制造"马克思与恩格斯的对立""青年马克思与晚年马克思的对立"，热衷探讨马克思与恩格斯、青年马克思与晚年马克思在意识形态问题上存在的"虚假与真实"的概念冲突、"科学与伦理"的价值冲突、非社会学分析与社会阶级理论的方法冲突、"批判与辩护"的功能冲突等。② 近年来，我国一些学者也认为马克思、恩格斯的意识形态概念（Ideologie 或 Bewuβtseinformen）在进入中文语境（1919 年）时发生了扩大化。毛泽东在延安文艺座谈会上的讲话中延续使用了这种扩大化的意识形态概念，未依循马克思、恩格斯意识形态概念的原意，埋下了新中国成立后意识形态斗争扩大化的理论隐患。这种理解和运用方式割裂了马克思主义意识形态概念的源初语境和发展语境，实质上是否定了马克思主义意识形态理论的科学性及其在我国意识形态领域的指导地位。

二、正确理解马克思主义意识形态概念的内涵实质

马克思主义意识形态概念是马克思主义创始人及其继承者在运用马克思主义基本原理批判揭露资产阶级思想统治实质、塑造培育无产阶级意识和建

---

① 参见 ［匈］乔治·马尔库什《马克思的意识形态概念》，孙建茵译，载《马克思主义与现实》2012 年第 1 期。

② 参见侯惠勤《析马克思主义意识形态理论的"冲突"》（上、下），载《中共南京市委党校南京市行政学院学报》2007 年第 1、2 期。

设完善社会主义观念上层建筑过程中使用的理论范畴。正确理解这一理论范畴，必须以马克思主义基本原理为指导，根据这一范畴的逻辑起点，即"出发点和基本逻辑关系"①，把握其内涵实质。

第一，在"思维与存在关系"的逻辑结构中，把握马克思主义意识形态概念的内涵实质。作为观念学的意识形态虽然在 18 世纪末才创制，但西方哲人对知识观念真实性和有效性的追寻，却源于古希腊哲人对世界本源的叩问。到了近代，人们由探寻"思维与存在何为本源"的本体论转向了探寻"思维与存在何以统一"的认识论，开始反思自身意识的真实性和认识的有效性，于是产生了由培根和笛卡尔开启的经验主义和理性主义两条不同哲学路向。这两条路向虽然在运思起点、逻辑理路和基本结论上存在明显差异，但其哲学目标和关键节点却是相同的，即如何实现思维和存在的符合统一与如何去除遮蔽在人类认识框架之上的"意识黑幕"。正是在此意义上，恩格斯才说"全部哲学，特别是近代哲学的重大的基本问题，是思维和存在的关系问题"②。马克思、恩格斯接过了"意识形态"概念创制时的认识论意涵，揭示了阶级社会意识形态特别是德意志意识形态之于现实事物的颠倒性本质，认为只有将颠倒的历史重新颠倒过来，从人们物质生产、劳动分工、精神生产等实践活动出发，才能获得"历史真实性"的认识，赋予了意识形态概念以实践性、革命性特质。列宁继承发展了马克思、恩格斯的方法论，指出意识形态可以而且应该分为科学和非科学两类，而任何科学的意识形态都与客观真理和绝对自然相符合。中国共产党人坚持马列主义认识论原则，将意识形态视为人类实践活动的观念反映和理论再造，强调意识形态持有者的阶级立场和人类社会生产实践活动的发展程度，是决定这种反映和再造的科学、真实的关键因素。毛泽东说过：在很长的历史时期内，大家对于社会的历史只能限于片面的了解，这一方面是由于剥削阶级的偏见经常歪曲社会的历史，另一方面，则由于生产规模的狭小，限制了人们的眼界。③

第二，在"经济基础与上层建筑"的逻辑结构中，把握马克思主义意识形态概念的内涵实质。"经济基础与上层建筑"是推动人类社会发展的基本矛盾之一，也是马克思主义经典作家理解运用意识形态概念的分析框架。根据这一框架，马克思、恩格斯认为意识形态是社会有机体的观念上层建

---

① 李忠军：《关于思想政治教育本质的几点探讨》，载《东北师大学报（哲学社会科学版）》2012 年第 5 期，第 227 页。
② 《马克思恩格斯文集》第 4 卷，人民出版社 2009 年版，第 277 页。
③ 《毛泽东选集》第 1 卷，人民出版社 1991 年版，第 283 页。

筑，建立在一定经济基础之上并由其所决定，且与特定政治法律上层建筑相适应。列宁在马克思、恩格斯相关论述基础上，进一步指出全部社会关系可以划分为物质社会关系和思想社会关系两大类，其中物质社会关系不以人的意志为转移，而思想社会关系则是"通过人们的意识而形成的社会关系"①，这一社会关系由物质社会关系所决定，是反映物质社会关系并建立于其上的观念上层建筑，用他的话说就是"思想的社会关系不过是物质的社会关系的上层建筑"②。中国共产党人继承发展了经济基础与上层建筑原理，强调社会意识形态是社会主义革命的重要领域，相对于经济基础和政治上层建筑来说，意识形态革命更具长期性和复杂性。毛泽东在 1959 年 10 月同澳大利亚共产党总书记夏基谈话时曾指出："上层建筑主要指政权和军队、警察、法院等国家机器，也包括意识形态方面的东西。上层建筑是保护经济基础的。所以首先要用暴力把国家机器这些主要的上层建筑夺取过来，加以粉碎。至于意识形态方面的上层建筑，不能用武力解决，而是要经过长期的改造。"③

第三，在"资产阶级与无产阶级"的逻辑结构中，把握马克思主义意识形态概念的内涵实质。马克思、恩格斯将意识形态与阶级利益和阶级统治联系起来，强调意识形态是一种以社会普遍性的面貌出现，实际上是代表统治阶级特殊利益且被统治阶级占据和支配的思想观念；对资产阶级意识形态的批判就是要祛除遮蔽在政治理论、道德观念、哲学学说、宗教信仰等意识形态上的幻觉，唤醒无产阶级阶级意识，使之能够"愤怒地反抗"资本主义的种种"反人性"现象，最终自己解放自己。列宁继承和发展了这一思想，强调意识形态的本质是阶级性，"只要阶级还没有消灭，任何关于自由和平等的笼统议论都是欺骗自己，或者是欺骗工人，欺骗全体受资本剥削的劳动者，无论怎么说，都是在维护资产阶级的利益"④，所以在资本主义社会，"或者是资产阶级的思想体系，或者是社会主义的思想体系。这里中间的东西是没有的（因为人类没有创造过任何'第三种'思想体系，而且在为阶级矛盾所分裂的社会中，任何时候也不可能有非阶级的或超阶级的思想体系）"⑤。中国共产党人在马列主义的基础上进一步指出，作为阶级斗争

① 《列宁专题文集：论辩证唯物主义和历史唯物主义》，人民出版社 2009 年版，第 161 页。
② 《列宁专题文集：论辩证唯物主义和历史唯物主义》，人民出版社 2009 年版，第 171 页。
③ 《毛泽东文集》第 8 卷，人民出版社 1999 年版，第 97 页。
④ 《列宁全集》第 39 卷，人民出版社 1986 年版，第 423 页。
⑤ 《列宁专题文集：论无产阶级政党》，人民出版社 2009 年版，第 85 页。

工具和形式的意识形态是反映特定阶级利益的思想体系，哲学在这一思想体系中居于核心地位，唯物论与唯心论、形而上学和辩证法等哲学理论之间的斗争是无产阶级与资产阶级斗争在意识形态层面的集中体现。新中国成立后，毛泽东多次告诫全党在批判教条主义的同时，要注意对修正主义的批判，修正主义的首要表现就是"反对或者歪曲唯物论和辩证法"①。

综上所述，我们可以将马克思主义意识形态概念的内涵实质表述为：意识形态是集中反映人们实践活动和社会发展状况的思想体系，是由一定生产方式所决定并与一定政治结构相适应的观念上层建筑，是一定阶级政治理想、价值标准和行为规范的思想理论基础；判断一种意识形态科学与否的根本标准是该意识形态是否反映最广大人民的根本利益、是否代表先进生产力的发展方向；推动社会意识形态领域变革是一项复杂的系统工程，无产阶级意识形态战胜资产阶级意识形态是一个长期的历史过程。

三、正确运用马克思主义意识形态概念的原则策略

正确运用马克思主义意识形态概念要坚持整体性原则，不断增强马克思主义意识形态的概念自信，切实厘定马克思主义意识形态概念的适用范围，努力使之成为认识和把握社会精神世界之网的核心纽结。

坚持整体性原则，就是要坚持概念来源的整体性、概念功能的整体性和概念发展的整体性。人们对马克思主义意识形态概念之所以存在情感简化、复合语境、专属矛盾等既相互联系又互为抵牾的误解，归根到底就是因为没有将马克思主义意识形态概念看作一个结构完整、内涵稳定的理论范畴，而是将之从不同角度支离破碎化了。坚持概念来源的整体性，就是要将德国古典哲学、英国古典政治经济学和法国空想社会主义作为马克思主义意识形态概念的思想来源，将唯物史观、政治经济学和科学社会主义作为马克思主义意识形态概念的思想"母体"，要看到正是因为马克思主义继承发展了德国古典哲学注重"形上思辨"、英国古典政治经济学注重"形下分析"和法国空想社会主义注重"乌托邦超越"的合理成分，才建立了意识形态概念与唯物史观、政治经济学和科学社会主义的精神"脐带"，割裂了这一"脐带"就难以把握意识形态概念的唯物论基础和辩证法力量，就难以彰显意识形态概念脱胎于资本主义生产关系及其拜物教崇拜并对之实现革命性超越

① 《毛泽东文集》第7卷，人民出版社1999年版，第233页。

的重要意义，就难以发挥意识形态概念对于激活塑造无产阶级阶级意识与构建"自由人的联合体"的指导作用。坚持概念功能的整体性，就是要看到马克思主义意识形态概念是批判功能与建构功能的统一。批判功能是指马克思主义意识形态概念揭示阶级社会意识形态幻想、反抗虚假观念对无产阶级的思想统治的功能，旨在将无产阶级从"神""绝对精神""国家""法""资本"等意识形态幻想的束缚中解放出来；建构功能是指马克思主义意识形态概念阐明观念上层建筑之于整个社会有机体的黏合剂功能、无产阶级阶级意识之于革命建设事业的凝聚鼓舞价值，旨在增强无产阶级意识形态领导权和实现无产阶级专政。坚持概念发展的整体性，就是要处理好源初语境和发展语境的关系：既注重考察马克思主义意识形态概念的源初语境，明确马克思、恩格斯在什么思想传统、时代背景和文本语境中接纳和采用了"意识形态"概念，对之进行了哪些加工改造，赋予了其哪些区别于以往界定的内涵和意义，又注重考察马克思主义意识形态概念发展的语境，深入社会主义国家革命建设实践，探寻马克思、恩格斯的意识形态概念在这些国家理解和运用情况；做到既不简单等同，又不割裂联系。

增强马克思主义意识形态概念自信，就是要坚持尊重差异、包容多样与立场坚定、旗帜鲜明的辩证统一。在当今国际共产主义运动曲折发展和后现代主义盛行的情况下，马克思主义意识形态研究的理论自信遭到了空前挑战。从社会存在来看，苏联解体、东欧剧变为资产阶级意识形态攻击马克思主义找到了口实，资本主义世界矛盾的相对缓和使严重的意识形态对抗得以暂时避免，"文革"十年过分夸大意识形态优先性、替代性和功能性的错误做法使我国意识形态建设背负起沉重的历史包袱。从社会意识来看，开放环境、市场经济所带来的功利主义、享乐主义价值观使一些人尊崇物质消费与占有而较少关注精神世界，并动辄将意识形态扣上"左"的帽子。马克思主义意识形态研究在面对德里达"文本之外无他物"与利奥塔"解构宏大叙事"的后现代主义思潮时，又往往被斥为"悖逆文本"或"宏大叙事"而失去所谓的"学术性"。这些反映在马克思主义意识形态概念运用上表现为：以"回到马克思"之名通过支离破碎的文本解读来消解马克思主义意识形态概念的科学实质，用西方马克思主义或非马克思主义意识形态概念替换经典马克思主义意识形态概念，等等。面对这种情形，我们必须不断增强马克思主义意识形态概念自信，既坚持"尊重差异、包容多样"，按照与人类文明发展相同步、与中华文化特质相同源、与科学社会主义基本原则相同质的标准，将那些反映人民愿望的价值理念纳入马克思主义意识形态概念之中，努力使马克思主义意识形态概念成为凝聚调和多样化思想观念的纽结；又要始终坚持马克思主义意识形态概念研究的正确立场，旗帜鲜明地批判和抵制那些以"普世价值"之名行思想渗透之实，借"学术自由""言论自由"之便开展历史虚无主义、自由主义宣传的学术行为，切实划清马克思主义意识形态概念研究的思想界限。

厘定马克思主义意识形态概念的适用范围，就是要既不扩大也不缩小意识形态的外延，既不拔高也不降低意识形态的标准。自卢卡奇的《历史与阶级意识》发表后，许多西方学者特别是西方马克思主义者十分关注意识形态存在形式问题。如福柯通过对监狱、妓院、精神病院等边缘领域的谱系学分析将意识形态视为知识、身体、性、科学化话语等微观权力；布迪厄、鲍德里亚在福柯基础上将意识形态视为符号暴力和叙事方式；齐泽克根据拉康的精神分析理论将意识形态界定成一种虚拟的快感机制等。这些研究拓展了意识形态概念的外延范围，使之"溢出"了原有的政治领域，而延伸至边缘领域、微观领域和无意识领域的权力惩罚和规训现象。但是也应看到，这种脱离历史基础、物质条件和政治文化体系的研究方式，存在着将人类一切精神现象都归为意识形态的倾向，既泛化了意识形态的外延，也降低了意识形态的标准。克服这一倾向的关键在于正确区分意识形态与社会心理、个体心理之间的关系，就是要看到作为社会观念上层建筑的意识形态是包括政治、法律、哲学、伦理、宗教在内的总体性范畴。这些范畴建立在一定的经济基础之上且始终与国家政治权力紧密相关，是系统化、理论化表达特定阶级利益的思想观念体系。因此，只有涉及国家政治权力且以理论化形式表征特定阶级利益的思想观念体系，才能适用于意识形态概念。社会心理和个体心理则不同：前者是一定族群或集团在其日常生活和相互交往中自发形成的不定型的社会意识，主要包括人们的感情、情绪、风俗、习惯、传统和社会风气等以感觉、知觉状态存在的意识现象；后者是个体在特定组织中形成和表现出来的认知、情绪、动机、能力、人格等心理现象。两者虽是意识形态产生和发展的中介基础和现实承担者，但是由于没有构成系统的、理论化的思想观念体系，所以不适用于意识形态概念。

论社会主义意识形态的功能发展 *

社会主义意识形态的功能，就是社会主义意识形态在社会生活中的作用。社会主义意识形态具有导向功能、维护功能、批判功能与教化功能等多方面功能。社会主义意识形态的功能，在不同的历史时期有不同的表现和不同的侧重，随着时代的变化和经济基础的发展而不断发展。本文仅就社会主义意识形态的功能发展做些探讨。

一、预测功能的发展

社会主义意识形态的预测功能，是导向功能在新形势下的发展。过去，社会主义意识形态的导向功能，是运用正面宣传、灌输和反面批判、斗争的方式实现的。这种导向方式是与当时以阶级斗争为纲的政治运动相适应的。现在，导向的环境、导向的内容、导向的对象、导向的要求都发生了变化，因而导向功能必须发展。

首先，从导向的环境来看。社会主义意识形态面临的环境，是一个开放改革、激烈竞争、信息流变、快速发展的环境，面向未来、发展创新是社会环境的显著特点。同时，现代社会环境也是一个机遇与风险并存的环境，机遇和风险都有不确定性、即时性，一旦错过或碰上，都难以弥补。现代社会环境的这种特点，使得人们一改过去依恋传统的思维方式，形成了面向未来、关注未来发展的思想特点。因此，社会主义意识形态必须适应现代社会环境的变化，满足人们面向未来、预测未来、谋求发展的需要。

其次，从导向的内容来看。过去的导向内容主要是阶级斗争的政治、革命的政治；现在的导向内容主要是经济的政治、建设的政治，坚持党的基本路线。党的基本路线既有传统的政治内容，也有新增加的政治内容；既有经济因素，也有政治因素，具有多样性、综合性特点。按照基本路线来进行导向，既要有不断改革开放、面向未来发展的紧迫性，也要有兼顾传统与现实、政治与经济的整体性。导向的紧迫性与整体性，要求社会主义意识形态

---

* 原载于《中山大学学报（社会科学版）》2002 年第 6 期，收录时有修改。

在引导社会和人们发展过程中，既不能停滞不前，又不能单一冒进，而是必须面向未来从整体上策划，从总体上协调推进。同时，在新的历史条件下，导向的对象，即社会主体与个体都发生了很大变化。在市场经济条件下，社会主体和个体的独立性、自主性、创造性不断增强，不仅个性特色纷纷显露，而且对价值的追求十分迫切，因而对社会主体和个体的导向除了政治目标导向之外，还必须发展物质价值导向。社会政治目标导向与社会主体、个体的物质价值导向相结合，即政治要结合经济、物质要结合精神、意识形态要结合经济基础，进行协调发展预测。

最后，从导向的要求来看。过去的导向，主要以政治是非标准进行判断，现在的导向标准应该主要看"是否有利于发展社会主义社会的生产力，是否有利于增强社会主义国家的综合国力，是否有利于提高人民的生活水平"①，要始终"代表中国先进生产力发展要求，代表中国先进文化的前进方向，代表中国最大人民群众的根本利益"②。

总之，不管是从导向的环境、导向的内容来看，还是从导向的对象、导向的要求来看，导向不仅仅是趋向于一个抽象的目标，而且是要实实在在地面向未来；导向不仅仅是一种政治性取向，而且是一种综合、协调性发展；导向不仅仅是一种简单的确认与选择，而且是一个探索、遵循规律的过程。因此，在新的历史条件下，我们不能简单搬用过去正面灌输加反面批判的方式进行意识形态导向，必须发展导向功能，即发展社会主义意识形态的科学预测功能。

所谓预测，就是"鉴往知来"，就是人们通过事先的调查研究和分析，对未来某种不确定的东西或未知的情况作出符合事物发展规律的设想或判断，以指导人们的方向和实际行动。预测在人类社会发展过程中是必要的、不可缺少的，特别是现代社会，要抓住发展的机遇、排除发展的风险、争取发展的主动、取得预期的效果，更要消除对未来的无知程度，自觉地进行预测。所以，毛泽东同志提出了"凡事预则立，不预则废"的普遍原则。预测是自觉、超前研究和把握未来的活动，是连接过去、现在和未来的桥梁。社会主义意识形态担当着对预测和作用对象的历史与现状进行研究、对其未来状况作出估计、揭示其发展趋势的责任。

社会主义意识形态之所以可以进行社会发展和人的发展的趋势预测，是

---

① 《邓小平文选》第3卷，人民出版社1993年版，第372页。

② 江泽民：《在庆祝中国共产党成立八十周年大会上的讲话》，人民出版社2001年版，第24页。

由社会发展和人的发展的客观规律性和社会意识形态能揭示其规律性所决定的。任何事物的过去、现在、将来都有着必然的内在联系。社会发展变化，包括社会政治、经济、文化的发展变化；人的发展变化，看起来是受偶然性支配的，但实际上都蕴含着客观必然性。"历史进程是受内在的一般规律支配的。因为在这一领域内，尽管各个人都有自觉预期的目的，总的说来在表面上好像也是偶然性在支配着。……但是，在表面上是偶然性在起作用的地方，这种偶然性始终是受内部的隐蔽着的规律支配的，而问题只是在于发现这些规律。"① 社会主义意识形态作为一种理论体系，其根本任务就是研究社会发展、人的发展的本质关系，发现规律、掌握规律、利用规律、揭示社会主义意识形态作用对象的发展趋势，引导社会和人们遵循客观规律，按照事物发展的趋势进行实践。否则，社会主义意识形态或丧失其功能而不起作用，或成为社会发展和人的发展的阻滞力量。

社会主义意识形态的预测功能，主要通过两种方式实现。一是因果预测，就是通过社会发展和人的发展的因果关系，预测发展动向。因果联系是社会的普遍联系形式之一，如政治与经济、物质与精神、思想与行为等，都有相关性并存在因果关系。有因必有果，有果必有因，一果多因、一因多果、多因多果的复杂情况在社会领域尤为突出。我们可以利用因果关系，把复杂状况划分为若干相关关系，由因推果，由果析因，进行预测。这种因果预测，也可称之为相关预测。二是趋势预测，就是运用社会和人的发展规律预测发展趋向。社会发展和人的发展，既遵循一般的基本规律，也在不同发展阶段、不同发展环节上遵循具体规律。马克思主义对社会发展和人的发展的基本规律进行了揭示，马克思指出："物质生活的生产方式制约着整个社会生活、政治生活和精神生活的过程。不是人们的意识决定人们的存在，相反，是人们的社会存在决定人们的意识。"② 掌握马克思主义关于社会存在与社会意识、生产力与生产关系、经济基础与上层建筑关系这一揭示社会发展基本规律的科学原理，对发展预测功能有巨大的方法论意义。

社会主义意识形态的预测功能是面向未来的，但它必须从实际出发，植根于历史，立足于现实。对预测对象的历史要有透彻的了解，对预测对象的现实要掌握大量的资料并能够进行去粗取精、去伪存真、由此及彼、由表及里的本质分析，否则，预测就会陷于主观的胡乱猜测。所以，发展、发挥社

① 《马克思恩格斯选集》第4卷，人民出版社1995年版，第217页。
② 《马克思恩格斯选集》第2卷，人民出版社1995年版，第32页。

会主义意识形态的预测功能，既是必要的、可能的，也是困难的。我们既不能因为它的必要性和可能性而夸大它的作用，也不能因为难以预测而否定它的作用。正因为社会发展和人的发展受到众多主客观条件制约而难以准确预测，所以才有研究、发展的必要，才显示出它在现代社会条件下的价值。因为从总的来看，社会主义意识形态的科学预测，是进行正确决策、争取发展主动、取得预期成果的前提。

二、整合功能的发展

所谓整合，亦可称之为聚合、统合。社会主义意识形态的整合功能，是指社会主义意识形态对社会关系和思想文化的聚合作用、统领作用。一般意识形态都有整合的功能。意大利理论家安东尼奥·葛兰西形象地把这种功能称之为"社会水泥"："在保持整个社会集团的意识形态上的统一中，意识形态起了团结统一的水泥作用。"① 作为某个社会共同体或国家的意识形态，它是对共同体成员或民族国家根本利益的反映，它通过反映共同体成员或民族国家的愿望，使每个成员从中体会到个人与国家、个体与共同体间休戚与共的关系，从而唤起人们强烈的聚合心理，并将这种聚合心理上升为共同信念和奋斗方向，转化为统一行动，达到共同体或民族国家有效的内部统一和社会控制。同时，共同体或民族国家总是处在各种意识形态的影响之中，其占统治地位的意识形态，凭借主导优势把分散而相近的社会意识形式转化、统合起来，对异质而对立的意识形式进行批判、分化或销蚀，把未建立或未完善的观念形式意识形态化，从而使占统治地位的意识形态体系成为有聚合力、有统摄力的社会统治观念形态。法国结构主义哲学家 L. 阿尔都塞认为，政治国家机器是意识形态整合的硬元素，意识形态国家机器是意识形态整合的软元素，后者在现代社会的意识形态整合中具有特殊功能。显然，意识形态的整合功能是意识形态维护功能与批判功能的综合，是占统治地位意识形态主导作用的实现方式。

我国社会主义意识形态，是我国工人阶级和广大人民群众根本利益的反映，是我国占统治地位的意识形态，它具有最广泛的阶级基础和群众基础。其"社会水泥"的聚合作用，对思想文化的统摄作用，对其他意识形态的辐射作用都是巨大的。但是，我们也应当清醒地看到，随着开放扩大、体制

---

① 宋昌惠：《当代社会意识形态》，中共中央党校出版社 1992 年版，第 25 页。

转变、社会发展，社会主义意识形态的整合面临着许多新的问题与挑战，探索强化社会主义意识形态整合作用和新的整合方式十分必要。

首先，我国社会结构的分化发展态势，向社会主义意识形态提出了新的整合要求。我国社会在改革开放前实行的是大而全的计划经济体制，追求的是大一统的所有制与分配方式，社会的政治、经济、文化领域界限模糊，基本合一；社会阶级、阶层简单而分明，社会组织形式单一且社会成员固定。这种高统合低分化的状况，为社会主义意识形态整合提供了客观基础。此时，社会主义意识形态既无须统合多样性，也无须排除异质性，其整合功能可以通过正面宣传、教育和反面批判来实现。

实行改革开放以后，以公有制为主体的多种所有制并存和以按劳分配为主体的多种分配方式并存迅速发展，特别是社会主义市场经济体制的建立，使我国社会出现了丰富多样、分化发展的态势。原来基本合一的社会结构系统，不断分离衍生出新的社会要素，各种社会关系不断分割并重组形成新的结构方式，其分化发展主要呈现两种基本形式：一是社会结构分化、组织形式多样化。市场体制的建立，经济领域率先从政治领域的统合中走出，党政分开、政企分开，权力发生分解，社会主体与个体逐步增强独立性，拥有更多自主权。社会主体与个体独立性、自主性的增强，冲击了传统单位固定、单一的体制，使单位成员打破单位束缚，加快流动、重新组合，开辟新的发展空间。于是，个体户、民营企业、乡镇企业、三资企业，以及各种形式的承包制、股份制等新的组织形式迅速发展，大大推动了我国的经济发展与社会发展。这些新的组织形式又使我国原来相对单一的社会阶层发生变化，即由原来的工人阶级、农民阶级和知识分子阶层，发展出多类新的社会阶层人员。这些阶层的许多人在不同所有制、不同行业、不同地域之间频繁流动，职业、身份、经济状况经常变动。二是社会主体之间与个体之间相互差距拉大。随着市场体制竞争的展开，社会资源的分配与流向打破了原来的"平均主义"状况，产生不平衡现象，个体与个体之间收入、分配的差距扩大，社会主体之间获取资源、占有资源的差距拉大，社会阶层以及区域之间的发展速度不同等。社会中的先富者、弱势群体已经出现，经济发达地区与落后贫困地区形成反差。

所有这些分化发展态势，都会在意识形态领域和人们的思想观念上反映和折射出来，即出现思想观念、价值取向、行为方式上的分化。当这种分化超出公有制为主体、按劳分配为主体以及社会主义意识形态为主导可以承受的范围，社会主义意识形态的主体与主导地位就会受到威胁甚至有丧失的危险。当这种分化发展可以有效控制在社会主义意识形态主体和主导地位可承受的范围之内，我国社会发展就会既丰富多彩，又协调统一。因此，社会主义意识形态必须面对分化发展态势，探索新的整合方式以增强整合能力。

其次，我国社会文化的分化发展态势，向社会主义意识形态提出了新的整合要求。文化领域发展既受经济领域分化发展的影响，同时有其相对独立性，它与意识形态领域的关系更为密切。改革开放前，我国文化领域同意识形态领域基本同一，社会主义意识形态对文化领域无须整合。改革开放以后，随着开放的扩大和社会主义民主的发展，文化领域发生了广泛而深刻的变化。一是对我国传统文化的继承与开发，一方面丰富了社会主义文化事业，有利于民族的、大众的文化发展；另一方面也使一些封建主义的文化糟粕不同程度地泛起，冲击先进文化的作用与发展。二是域外文化的涌入与激荡，一方面为社会主义文化提供了学习、借鉴的有利条件；另一方面也不可避免地存在域外文化，特别是资本主义文化与社会主义文化的矛盾和冲突。三是以经济生活为内容的消费文化，以休闲活动为内容的旅游文化、娱乐文化，以共同参与为特征的文化建设等世俗文化，形式多样地迅速发展，一方面充实了人民群众的文化生活，另一方面也使一些人的政治、道德文化观念淡化。因此，文化领域也同样呈现分化发展态势，这种态势也主要以两种基本方式表现出来：一是文化组织、文化机构、文化活动的多样性。各种文化团体，各个地区、行业、专业的研究会、学会，以及各种跨地域、跨国界、跨行业的研讨会、报告会、培训等，构成了一个纵横交错、复杂多元的文化网络，形成了精英文化与大众文化、严肃文化与消费文化、主流文化与边缘文化等多种文化形态互动并存的文化局面。二是文化价值取向多样化。各种文化团体、文化组织以及个体，有尊崇传统文化价值的，也有追求创新文化价值的；有开发本土文化价值的，也有偏向域外文化价值的；有坚持主流文化价值的，也有专注于世俗文化价值的。其取向可以说是异彩纷呈。这种分化发展的态势，既丰富了社会主义文化事业，也不同程度地与社会主义文化存在差异与分离。社会主义意识形态面对这些分化发展的现实，更应当探索新的整合方式，增强整合能力。

社会主义意识形态面对经济、文化领域的分化发展，必须采用新的整合方式。这种新的整合方式的宗旨是，既要为分化发展提供保证和条件，又要使多样化发展在社会主义意识形态主导下协调一致。

第一，分层整合方式。社会主义意识形态的分层整合是为适应社会多样化发展需要而采用的按不同要求、从不同层面进行的整合。分层整合包括具有广泛性特征的民族文化整合、具有先进性特征的社会主义意识形态整合与具有超越性的共产主义思想体系的整合。用我国民族文化整合社会思想观念和行为方式，简称为文化整合。文化整合是一种最广泛、最基本的整合，它以热爱祖国、归依民族、遵纪守法、讲究和维护公众利益、保持社会稳定等内容为要求和基础，允许个人对不同文化进行选择、排斥和修正，允许有不同文化和价值取向。也就是说，在多样化选择、多种价值取向过程中，既有受共同要求制约的一面，也有可以自由选择的一面，自由选择不能妨碍文化整合的共同要求和基础。文化整合与意识形态整合既有区别，又有联系。文化既有感性因素，也有理性因素，其覆盖面大，而意识形态是一种理性的思想体系。文化整合要比意识形态整合的边界宽泛，整合方式也比较灵活，弹性较大，强制性较小；意识形态整合是理顺并规范个人意识与行为的遵从范式，具有强制性。同时，文化整合与意识形态整合是互相涵化的，文化整合是意识形态整合的外延、补充和基础，意识形态整合是文化整合的指导与高级形式。利用文化整合，可以增强民族文化的凝聚力，团结更广泛的海内外人士与民众为祖国的统一、振兴服务。

社会主义意识形态整合是整合的重点，包括观念整合、制度整合、价值整合和行为整合。它以马克思主义理论和党的基本路线为指导，以为人民服务为核心，以集体主义为原则，保证我国社会整体的社会主义性质。社会主义意识形态整合是社会主义观念、信念和价值统一的"上层建筑"，它主导、制约着文化整合和文化系统。

共产主义思想体系的整合是比社会主义意识形态整合更高层次的整合。它是我国倡导、发展的整合方式，它以信仰共产主义并坚定不移地为之奋斗、以坚持共产主义道德和全心全意为人民服务的宗旨为要求，使个人的思想和行为服从国家和无产阶级解放事业的需要，是一种具有现实超越性的整合方式。

民族文化整合、社会主义意识形态整合、共产主义思想体系整合，是相互关联、相互促进的分层整合：民族文化整合是基础，社会主义意识形态整合是重点，共产主义思想体系整合是方向。这些不同层次的整合，满足不同层次人的思想文化需要，共同担当维护稳定、推进发展的任务。

第二，规范整合方式。社会主义意识形态的规范整合方式，就是通过制定、实施保证社会主义意识形态发挥作用的制度，并对违反制度的行为进行制约、惩罚的整合方式。随着我国民主与法制建设的发展，社会各个领域都在加快民主化与法制化的步伐，制定、实施必要的制度、规则，是现代社会有序、协调发展的保证。意识形态领域虽然与经济领域、物质部门不同，多以理论、观念形式面向社会，但随着文化产业、信息产业与大众传媒的迅速发展，社会主义意识形态已经不再是一种单一的理论、观念的宣传与教育，它既对文化、科技、信息、传媒进行价值主导与观念制约，又以其为载体得以具体有形地显示。因此，制定并实施一定制度以进行社会主义意识形态的规范整合，既十分必要，又完全可能。因为制度是社会价值标准的物化体现，表现为群体共同政治、道德观念的衍生物。制度一经确立并执行，就具有规范、整合的作用。社会主义意识形态通过制度化规范，一方面使社会成员在思想和行为上有遵循准则，另一方面保证了社会主义意识形态的连续性和认可性，凭借其合法的社会身份而保持一致性与权威性。这样，社会主义意识形态的整合作用就有了制度的保证。

第三，强制整合方式。任何一种意识形态一方面表现出强烈的为我性，另一方面也显示出鲜明的排他性。为我性与排他性相结合就是一种强制性，这种强制性就是迫使那些异质的观念和行为改变其倾向性而为这个阶级的意识形态所涵化、认可、接受。对意识形态的这种强制性，阿尔都塞进行了明确的论述，他说："意识形态并不是供社会成员自由选择的，不管人们是否愿意，他们都得接受。谁不与一个社会的意识形态认同，谁就不可能进入这个社会，所以，意识形态是通过强制的、无意识的方式为社会成员所接受的。"① 作为社会成员，不接受占统治地位的意识形态，就无法为其现实社会的生存确立基础。美国政治学家罗尔斯根据"三个普遍存在"的事实，论证了意识形态的强制性。他说："在现代民主社会里发现的各种合乎理性的完备性宗教学说、哲学学说和道德学说，不是一种很快会消失的纯历史条件，它是民主之为公共文化的一种永久特征。"② 罗尔斯把这种事实叫作"理论多元论事实"，并认为这些多元化理论必须受国家意识形态的强制："对一种完备性宗教学说、哲学学说或道德学说的持续共享的理解，只能通过压迫性使用国家权力才得以维持。如果我们把政治社会看作是在认肯同一种完备学说的基础上统一起来的共同体的话，那么，压迫性使用国家权力对于政治共同体来说就是必需的。"③ 这也就是说，国家只能用"一种完备学说"，即国家意识形态维护政治共同体而对其他理论进行强制，罗尔斯把这

---

① 俞吾金：《意识形态论》，上海人民出版社 1993 年版，第 357 页。

② John Rawls, *Political Liberalism*（Columbia University Press, 1993），p. 36.

③ John Rawls, *Political Liberalism*（Columbia University Press, 1993），p. 37.

种事实称为"压迫事实"："最后，第三个普遍的事实是，一种持久而安全的民主政体，即一个不被分裂成为互争互竞的学说自认的和敌对性社会阶层的民主政体，必须获得它在政治上积极参与的公民（至少是大多数公民）的实质意愿性支持。"① 显然，罗尔斯为国家意识形态强制整合作了有说服力的事实与理论论证。

社会主义意识形态面对文化多元化、理论多元化、价值取向多样化的事实，决不能无所作为，更不能放任自流，必须坚持和发扬马克思主义的批判精神，批判反马克思主义和非马克思主义思想，同时批判自己的错误，保证社会主义意识形态性质的一致性和批判能力。同时，必须坚持社会主义意识形态的熏染、灌输和教育，同化民众的政治倾向和思想意识，增强社会主义意识形态的说服力、影响力与教化能力。因此，我们一方面要反对所谓意识形态中性化、淡化、边缘化倾向，另一方面也要探索社会主义意识形态新的批判、灌输方式。

三、调控功能的发展

社会主义意识形态的调控功能是指对社会心理领域、文化领域、意识形态领域中矛盾与冲突的调节、控制作用。其目的是使社会秩序保持在社会主义意识形态的整体框架之内，把矛盾和冲突限制在相对稳定的秩序之中。

社会主义意识形态的调控功能之所以要发展，根本原因是前面分析的我国经济领域和文化领域的分化发展，不可避免地会导致社会阶层之间、社会主体之间以及社会个体之间在利益和关系上的矛盾，以及各种文化、思想观念的矛盾与冲突。这两方面的矛盾与冲突往往结合在一起，形成三个层次的矛盾与冲突状况：利益的矛盾与冲突是基础和根源，关系的矛盾与冲突是表现和关键，观念的矛盾与冲突是实质和核心。因此，调控必须从这三个层面入手。利益的矛盾与冲突，在社会生活中会不同程度地广泛存在。它是一种局部的、具体的、暂时的矛盾和冲突形式。这种矛盾与冲突形式主要是通过资源、物质、利益关系的合理调节、分配、制约等方式来调控的。如果利益的矛盾与冲突调控得当，作为具体问题化解之后就不会影响社会秩序，也不会导致另外的冲突。如果利益的矛盾与冲突得不到调控，或不断增加、激化，利益的矛盾与冲突就会上升为阶层与阶层、群体与群体以及个体与个体

---

① John Rawls, *Political Liberalism* (Columbia University Press, 1993), p. 38.

之间的矛盾与冲突，即关系的矛盾与冲突。关系的矛盾与冲突，除了具体的利益、事件之外，还会夹杂着情绪、情感、道德、价值取向等因素，甚至伴有观念冲突。因此，关系的矛盾与冲突要比利益的矛盾与冲突复杂、持久。解决关系的矛盾与冲突必须遵循平等、民主、公正的原则，按有关的政策、法规、道德规范，采取协商、沟通、对话的方式进行调控。化解关系的矛盾与冲突，是调控的关键，因为社会关系、人际关系的协调，是社会秩序稳定的基础和保证，而关系的矛盾与冲突的存在和激化，是引发其他矛盾与冲突，特别是引发观念冲突的根源。

观念的矛盾与冲突，既可能由利益的矛盾与冲突、关系的矛盾与冲突引发，也可能由对立的文化价值观、政治价值观取向所导致。观念的矛盾与冲突不管发生在什么层面，其涉及的内容往往具有全局性。因此，观念的矛盾与冲突比前面的矛盾与冲突更复杂、更深刻、更持久，化解起来也更困难。

从以上分析可以看出，一方面，社会主义意识形态的调控要以利益调控、关系调控为基础；另一方面，社会主义意识形态调控作为社会调控的最高层面，应当指导、制约利益调控与关系调控，使利益关系、社会关系符合社会主义意识形态的整体框架，遵循一定的法制道德规范。

社会主义意识形态调控的方式主要是观念调控、制度调控、权力调控。观念调控是针对意识形态领域的矛盾与冲突，要明确表示提倡什么、坚持什么、反对什么、批判什么，通过辩论、说理和引导，调节、控制矛盾与冲突的走向，使之缓和化解。制度调控是根据一定的法律规则与规范，对矛盾与冲突进行评判、裁决，支持、伸张正义，反对、抑制邪恶，使落后的、腐朽的意识形态在制度的严密控制下难以在我国社会沉渣泛起。权力调控是党和政府要牢牢掌握意识形态领导权，使社会主义意识形态成为控制社会、同化民众政治倾向和思想意识的工具，维护社会主义意识形态的主导地位。观念调控、制度调控、权力调控既各有侧重，又相互联系。观念调控是基础，是经常、普遍需要和适用的一种调控方式，也是维护和强化社会主义意识形态功能的一种方式。尽管有的人对社会主义意识形态的宣传、教育不感兴趣，甚至反感，但这种宣传、教育一旦削弱，观念调控一旦停止，其他意识形态就会乘虚而入。所以，观念调控实际上是社会的控制器；制度调控是保证，是维护我国意识形态领域正常秩序、排除错误干扰的规范；权力调控是关键，它决定观念调控、制度调控的性质与效果。除了以上三种主要调控方式之外，还要随着现代科技的发展，在意识形态领域大力发展科技与传媒调控。

社会主义意识形态领导权和主导权研究[*]

党的十八大报告提出，要"牢牢掌握意识形态工作领导权和主导权，坚持正确导向，提高引导能力，壮大主流思想舆论"①。这标志着党对社会主义意识形态建设规律的认识进一步深化和对新时期我国意识形态建设所面临的新情况、新问题的准确把握。改革开放以来，我国用30多年时间走完了西方发达国家几百年的现代化进程，迅速实现了由农业社会到工业社会、由工业社会向信息社会的跨越式发展和叠加式转变。这场囊括社会经济成分、组织形式、就业方式、分配方式和利益关系的整体变革，打破了我国意识形态领域一度封闭、沉闷的状况，使社会思想日趋多样多变，使马克思主义与非马克思主义、传统与现代、正确与错误、先进与落后等思想理论和价值观主张相互交织。在这种情形下，能否牢牢掌握意识形态工作领导权和主导权，已成为有效驾驭意识形态领域、不断提高意识形态工作科学化水平的关键问题。本文通过探讨社会主义意识形态领导权和主导权的内涵实质，分析现阶段我国社会主义意识形态领导权和主导权面临的机遇和挑战，提出如何坚持社会主义意识形态领导权和主导权的策略举措，以期为做好新时期意识形态工作提供参考借鉴。

一、社会主义意识形态领导权和主导权的内涵与实质

意识形态是自觉反映一定阶级或社会集团经济政治利益的系统化的思想观念体系，是这个阶级或社会集团政治理想、价值标准和行为规范的理论表达。随着这个阶级或社会集团夺取并掌握国家政权，它所提出的意识形态也将逐步完成由阶级性、集团性思想观念体系向社会性、国家性思想观念体系的转变，成为国家的统治思想并实现对国家的思想统治。但是，这一转变不是自发的、无条件完成的，而需要通过牢牢掌握意识形态领导权和主导权才

　* 原载于《教学与研究》2013年第7期，作者郑永廷、任志锋，收录时有修改。
　① 胡锦涛：《坚定不移沿着中国特色社会主义道路前进为全面建成小康社会而奋》，人民出版社2012年版，第32页。

能实现。

意识形态领导权是夺取并掌握国家政权的阶级或集团，为维护本阶级或集团的经济政治利益，遵循一定的国家权力分配管理原则，以国家机器（包括暴力机器和非暴力机器）为保障，运用计划、决策、组织、领导和控制等国家职能，通过制定意识形态政策、设立意识形态机构、配备意识形态管理人员，占有支配意识形态资源和组织领导意识形态工作的国家权力。意识形态主导权是夺取并掌握国家政权的阶级或集团，为维护本阶级或集团的执政地位和意识形态权威，以自身意识形态所倡导的理想信念、价值观念、发展目标对社会成员的吸引力和凝聚力为基础，以社会宣传教育工具为载体，对社会意识形态领域进行引导、规范和矫正的本领和能力。在阶级社会里，意识形态领导权和主导权具有鲜明的阶级性，反映和表达一定阶级的利益诉求，运用国家政权力量来引导和控制人民的思想文化主张，其目的在于维护一定阶级的统治。

在当代中国，党是代表广大人民长期执政的无产阶级政党，以马克思主义为指导的社会主义意识形态是我国的国家意识形态。社会主义意识形态领导权是党为实现最广大人民的根本利益、推进社会主义现代化建设和中华民族伟大复兴，通过政治和法律渠道，确立国家意识形态基本方针，制定国家意识形态方针政策，构建意识形态工作的体制机制，建设意识形态管理工作队伍，实现对全部意识形态资源协调整合的国家权力。它主要包括资源占有权（对我国思想理论资源和宣传教育资源的占有）、政策制定权（对意识形态法律法规和方针政策的制定）、组织领导权（对意识形态管理机构的设置以及意识形态工作干部队伍的培养、任命、监督、考核和罢免）等内容。社会主义意识形态主导权是党为坚持和巩固马克思列宁主义、毛泽东思想和中国特色社会主义理论体系在当代中国意识形态领域的主导地位，通过引领多样化社会思潮、加强思想政治教育、提高舆论引导力等途径，凝聚社会共识、鼓舞建设热情、引领社会发展的能力，主要包括地位主导（坚持马克思主义在社会主义意识形态领域居于指导地位）、方向主导（确保我国社会思想文化建设始终坚持社会主义的发展方向）、价值主导（用社会主义核心价值体系引领和鉴别各种社会思潮）等。

社会主义意识形态领导权和主导权既有联系，又有区别。从联系上看，党只有牢牢掌握了意识形态领导权，才能使社会主义意识形态在与其他各种性质意识形态交汇、交锋时，获得政治保障、政策支持和资源占有优势，从而在意识形态领域始终占有核心地位、发挥主导作用；同时，党只有不断扩大社会主义意识形态的主导权，增强社会主义意识形态的吸引力和凝聚力，并使之切实内化为社会成员的精神共识，外化为社会成员的自觉行动，才能为意识形态领导权提供合法性土壤和长期性支持。总之，意识形态领导权是主导权的前提保障，意识形态主导权是领导权的社会基础，两者相互依存、不可分割。从区别上看，社会主义意识形态领导权和主导权在实质属性、获得途径和实现方式等方面存在区别。社会主义意识形态领导权实质上是一种国家权力，与政治领导权、经济领导权和军事领导权相类似，由国家政权所赋予，通过科层制的行政体系和法制化的政策条令来实现，具有规定性与强制性。社会主义意识形态主导权实质上是一种思想观念的控制力和影响力，无法靠国家政权直接赋予，更不能靠行政压服，而需要依凭社会主义意识形态的说服力、吸引力和凝聚力，通过长期系统的宣传教育才能实现，具有教育引导性。

当代中国社会主义意识形态领导权和主导权具有不同于以往任何社会形态的意识形态领导权和主导权的独特属性。第一，指导思想的真理性决定了社会主义意识形态领导权和主导权的科学性。以马克思主义为指导的社会主义意识形态，深刻揭示了人类社会发展规律、社会主义革命与建设规律和党的执政规律，具有无可争辩的真理性。马克思指出："批判的武器当然不能代替武器的批判，物质力量只能用物质力量来摧毁；但是理论一经掌握群众，也会变成物质力量。理论只要说服人，就能掌握群众；而理论只要彻底，就能说服人。所谓彻底，就是抓住事物的根本。"① 理论上的彻底使社会主义意识形态可以不通过强制的方式迫使人们认同接受社会主义理想信念和价值观念，而采取科学、民主的领导体制和管理手段，通过丰富多样的宣传教育途径，引导人们在日益改善的民生条件和不断提高的综合国力中，切身感受社会主义制度的优越性，从而大大提高意识形态建设的科学化水平。第二，阶级基础的广泛性决定了社会主义意识形态领导权和主导权的人民性。马克思主义是代表无产阶级根本利益的理论体系，以马克思主义为指导的社会主义运动不是"少数人的或者为少数人谋利益的运动"而是"绝大多数人的、为绝大多数人谋利益的独立的运动"。② 有着任何理论都无可比拟的广泛群众基础。这种群众基础使社会主义意识形态与人民利益具有一致性，人民是社会主义意识形态领导权和主导权的主体，也是其建设发展的推

① 《马克思恩格斯选集》第 1 卷，人民出版社 1995 年版，第 9、283 页。

② 《马克思恩格斯选集》第 1 卷，人民出版社 1995 年版，第 283 页。

动者和受益人。第三，改革开放和社会主义现代化建设的长期性，决定了坚持社会主义意识形态领导权和主导权的发展性。党的十八大报告提出的"三个没有变"（社会主义初级阶段基本国情没有变、人民需要与落后生产之间的社会主要矛盾没有变、发展中国家的国际地位没有变）是决定改革开放和社会主义现代化建设长期性的根本因素。随着改革进入"深水区"和攻坚期，利益结构将不断调整，利益格局的变迁必然带来思想观念的变化，变化的思想观念将给社会主义意识形态领导权和主导权不断提出新问题。这就要求我们必须摆脱"一劳永逸"的想法，不断研究、解决社会主义意识形态领导权和主导权所面临的新情况、新问题，推动社会主义意识形态建设向前发展。

二、社会主义意识形态领导权和主导权面临的机遇与挑战

在当代中国，全球化背景下由信息化、市场化、现代化主导的发展巨变，使社会主义意识形态领导权和主导权面临着前所未有的机遇与挑战。

从全球化来看，社会主义意识形态领导权和主导权的外界环境逐步由间接点位式面向世界的封闭环境，转变为直接全方位面向世界的开放环境。这种转变一方面为我们融入世界发展格局，吸收借鉴国外优秀思想文化成果以充实社会主义意识形态的内容结构，传播塑造"中国声音""中国形象"以增强社会主义意识形态的国际影响力提供了机遇，有利于增强和扩大社会主义意识形态领导权和主导权的应变能力与辐射范围。但另一方面，在社会主义与资本主义两种制度并存的今天，我们必须面对全球化所带来的文化冲突、思想渗透、主权冲击等挑战。特别是西方敌对势力在苏联解体、"颜色革命""阿拉伯之春"等事件中，加强了意识形态攻势，使他们越发对"和平演变"迷恋不已，并将中国作为下一个重要目标，在不断进行军事威胁、经济制裁的同时，日益重视通过媒体宣传、文化商品贸易和学术交流等方式，实现"不战而屈人之兵"的目的。"文化全球化"是这些年西方国家对我国挑起文化冲突、实施思想渗透和主权冲击的主要旗号。这一旗号有"趋同论""意识形态终结论""普世价值论"等诸多变种，其实质是要消解、否定社会主义意识形态领导权和主导权。"趋同"是将社会主义意识形态融化进资本主义意识形态，"终结"是要用资本主义意识形态终结社会主义意识形态，至于被一些人奉为圭臬的"普世价值"说到底就是西方资本主义价值观。可见，意识形态领导权和主导权之争决不仅是理论、观念之

争，而且是道路之争、命运之争。忽视和放弃意识形态领导权和主导权，势必会动摇社会主义制度的基础、模糊改革开放和社会主义现代化建设的方向，导致意识形态领域的混乱。

从信息化来看，互联网技术和产业的快速发展，使我国成为世界上网民规模最大的国家之一。在网络平台不断扩展的背景下，社会主义意识形态领导权和主导权的活动领域已由物理空间发展到虚拟空间。"真实与虚拟同构"是指当信息网络的使用成为人们学习、工作、交往与休闲娱乐必不可少的方式之后，网络虚拟世界就会以前所未有的深度和广度嵌入现实生活，影响和制约现实活动的方式和质量。在这种新的活动模式之中，各种信息的传播都可以通过网络变得更加自主便捷、交互开放。一方面，社会主义意识形态领导权和主导权可以借助互联网这一新技术平台，更新载体、拓宽传播渠道、扩大影响空间。另一方面，社会主义意识形态领导权和主导权也面临着诸多新的挑战：世界范围内互联网技术的非对称性，使西方发达国家凭借技术优势对我国实行思想文化渗透，加大了我国意识形态的防御压力；网络信息的海量性和多元性，使人们有了更多的价值观选择，冲击着社会主义意识形态的主导作用；网络介入公共事件的迅捷性，使原本处于转型期和矛盾的状况变得更加多变和复杂，考验着社会主义意识形态引导力和掌控力。

从市场化来看，社会主义意识形态领导权和主导权的经济条件已由国家主导、指令优先转变为市场主导、需求先行。这一转变有效催生了全体社会成员的竞争意识、效率意识、平等意识和权利意识，但也张扬和诱发了功利主义、实用主义价值观，对社会主义意识形态领导权和主导权的利益基础、心理基础和理论基础造成了新的影响。

从更深层次来看，以利益、效率为主旨的市场经济对崇高性、超越性的思想观念或价值体系具有制约、抑制倾向。马克思在谈到资本主义社会市场经济发展所造就的市民社会时就曾指出，市场经济和市民社会使人变成了作为私人和世俗存在物进行活动的现实个人，这种人是"仅仅通过私人利益和无意识的自然必然性这一纽带同别人发生联系的独立的人"，是"为挣钱而干活的奴隶，自己的利己需要和别人的利己需要的奴隶"[①]。因此，在资本主义国家里，"现代的市民社会是实现了的个人主义原则；个人的存在是最终目的；活动、劳动、内容等都只是手段"[②]。这一论断，虽然是针对资

① 《马克思恩格斯文集》第 1 卷，人民出版社 2009 年版，第 312–313 页。
② 《马克思恩格斯全集》第 3 卷，人民出版社 2002 年版，第 101 页。

本主义社会市场经济所作的分析，但我国在发展社会主义市场经济的过程中，也难免有些人忽视国家性质的差别，出现与以上类似的倾向：市场经济的快速发展使难以满足的消费物欲受到刺激而膨胀，商品化倾向开始越出经济领域向意识形态领域蔓延，悄无声息但却极为深刻地改变着一些人的价值观念、生活方式和行为准则。有的人不习惯讲什么意识形态、价值观念等他们自认为"大而空"的内容，而热衷于谈论物质消费与占有。

从现代化来看，社会主义意识形态领导权和主导权的现实着力点已由服务经济现代化转变为服务人的现代化。我国要实现的社会主义现代化绝不是单一的经济现代化，也不是片面的工业化，而是包括科技现代化、经济现代化、政治现代化、社会现代化和人的现代化的全面现代化。人是社会发展的主体，也是现代化的实际承担者，所以，人的现代化是所有现代化的目的和归宿。正因为如此，马克思主义在中国发展的最新成果之一——科学发展观，才将"以人为本"作为实现经济社会全面、协调和可持续发展的核心，集中体现出我国社会主义意识形态的着力点——既服务经济发展，又服务人的全面发展。这有利于我们跳出西方现代化以牺牲大多数人为代价，换来经济发展的老路，有利于将人们从传统中国社会的随波逐流、人身依附等陈腐观念中解放出来。

当前，我国社会在经济全球化、社会信息化以及经济市场化发展进程中，相互交融、互为叠加，正在产生一种多样融合的发展态势。与这一发展态势相伴随，人们的生活方式和交往方式发生着深刻变动，各种跨时代、跨空间、跨文化的意识形态和价值观念进行着深度交汇与交锋，使社会主义意识形态领导权和主导权面临着一系列新情况、新问题：如何既坚持马克思主义指导地位不动摇，又兼顾文化建设发展的多样化需求和表现形态，实现一元主导与多样发展的有机统一；如何既培育共同理想、建设共有精神家园，又满足人民不断增长的物质生活需要，实现精神彰显与物质满足的协调共进；如何既深化人民对社会主义意识形态理论体系的认识理解，又增强人民对社会主义意识形态的情感支持，实现理性认知与感性认同的整体跃进；如何既不降低社会主义意识形态教育的标准要求，又适应不同群体的现实状况，实现先进性要求与大众化实际的有效吻合。

三、坚持社会主义意识形态领导权和主导权的对策建议

针对意识形态工作面临的机遇和挑战，我们应加强意识形态工作的管

理，提高党在意识形态领域的领导能力，增强社会主义意识形态吸引力和凝聚力，确保党始终保持对社会意识形态领域的领导权和主导权。

深化意识形态的领导体制改革，改进意识形态的领导方式，确保党牢牢掌握意识形态领导权。首先，要切实加强党对意识形态的政治领导和组织领导。在坚持党管宣传、党管意识形态工作的前提下，将目标管理与过程管理相结合，既要根据经济全球化、社会信息化和市场竞争性的时代背景与发展要求，提出意识形态工作的任务、目标和方向，制定实现这些任务、目标、方向的路线、方针和政策；又要注意管理意识形态工作展开的各个环节和要素，特别是要严格把好干部质量关，真正把政治立场坚定、思想理论素养好、组织领导能力强、熟悉新形势意识形态工作的干部选拔配备到相关领导岗位上来，充分发挥其把握正确方向、增强社会主义意识形态说服力、影响力的作用。

其次，着重加强党对重点意识形态领域管理的制度建设，特别要加强互联网领域的法制建设、道德建设。近年来，西方发达国家凭借技术上的优势，加紧了对我国网络意识形态的渗透，对网络信息、网络舆论和网络思潮进行刻意的培育和牵制。互联网正在成为西方国家对我国进行意识形态渗透攻击的重要领域。仅 2012 年，就有 7.3 万个境外 IP 地址参与了控制中国境内 1400 余万台主机的网络攻击事件，有 3.2 万个境外 IP 地址通过植入后门参与了对中国境内近 3.8 万个网站的远程控制事件，其中绝大多数来自美国。[①] 在此情形下，确保网络意识形态安全刻不容缓。我们必须加强对网络意识形态领域的管理，抓紧构建网络意识形态预警机制、协同机制、反馈机制和责任追究机制。

最后，不断提高建设社会主义先进文化的能力。从世界范围来看，随着世界政治多极化格局的发展变化，国家间意识形态斗争逐步从抽象的社会制度之争转变为发展道路、发展理论和发展制度的综合竞争，伴随这一转变，意识形态由观念转向行为、由宏观转向微观、由思想转向生活、由生产转向消费、由物质转向符号。文化是实现意识形态上述转向的中介，也是当前意识形态纷争的最好"代言人"。正因为如此，冷战结束后，西方国家先后抛出了"文明冲突论""文化软实力""普世价值论"等一系列与文化相关的

---

① 国家互联网应急中心：《2012 年我国互联网网络安全态势综述》，http://www.cert.org.cn/publish/main/46/2013/20130320093925791767941/20130320093925791767941_.html，刊载日期：2013 年 3 月 9 日。

意识形态主张。为适应这一变化，我们必须不断提高建设社会主义先进文化的能力，积极进行文化创新发展，持续深化文化体制改革，有效解放和发展文化生产力，全面增强社会主义先进文化迎接挑战、化解风险、凝聚人心的能力。

强化意识形态内涵建设，提高意识形态转化水平，确保党牢牢掌握意识形态主导权。首先要加强理论研究与创新。理论研究与创新是社会主义意识形态的生命力所在。要加强自洽性研究，把握马克思主义中国化、时代化、大众化的新观点、新论断（如"科学发展观""中国特色社会主义理论体系""社会主义核心价值体系""中国梦"等）与科学社会主义基本原则之间的发展自洽性，以及这些观点论断之间的逻辑自洽性。要加强运用性研究，增强运用科学社会主义基本原则及其中国化最新成果，破解人民群众普遍关心的重大理论问题和现实问题的能力。要加强话语性研究，探索构建一套贯穿马克思主义立场、观点和方法的中国特色社会主义学术话语体系，通过各种方式将这一话语体系转化成人民的生活话语，增强社会主义意识形态话语主导权。其次要强化理想信念教育。社会主义意识形态作为一种观念的力量，无法直接作用于现实的经济和政治，更不能抽象地影响和规制其他思想观念，而只能通过转化成人们的理想信念才能发挥作用。当前，加强理想信念教育的根本任务是要大力推进社会主义核心价值体系建设，培育和践行社会主义核心价值观。为此，要深化教育层次，推动社会主义核心价值体系学习教育由"宣传普及"向"融入践行"转变，探索社会主义核心价值体系融入国民教育、精神文明建设和执政党建设全过程的规律、机制和途径；要创新教育方法，以社会主义核心价值体系为方法论指导，将内容分层与对象分类相结合、将新兴媒体与传统途径相结合、将启发引导与反复灌输相结合，确保社会主义核心价值体系学习教育能切实做到因势施教、因群施教、因业施教、因人施教。最后要把握正确的宣传舆论导向。舆论导向正确是社会主义意识形态主导权的重要保证。把握正确的宣传舆论导向，核心在坚持党管媒体，使各类媒体尤其是新媒体强化政治意识和大局意识，主动唱响主旋律、打好主动仗，自觉以正面宣传为主，坚持正确的政治方向；关键在自觉用社会主义意识形态引领批判各种社会思潮，突出重点，抓住时机，着力批判抵制新自由主义、历史虚无主义、民主社会主义和文化保守主义等思潮，为社会主义意识形态建设营造风清气正的思想氛围；要领在增强主流新闻媒体的公信力和感召力，按照"三贴近"原则，积极开展"走转改"活动，用真实的新闻、感人的事迹赢得群众的拥护和支持。

用社会主义意识形态引导人民创造美好生活，夯实党的意识形态领导权和主导权的现实基础。马克思说："人们为之奋斗的一切，都同他们的利益有关。"① 任何一种社会意识形态只有同人们的利益融汇为一体，才能赢得人们的信赖，拥有对其他意识形态的主导权；任何一种意识形态持有者只有真心实意地为人们的利益而奋斗，让人们获得看得见、摸得着的现实利益，才能赢得人们的拥护，进而掌握包括意识形态领导权在内的整个国家领导权。因此，党要想长期拥有社会主义意识形态领导权和主导权，就必须使广大人民群众切身体验到社会主义意识形态的这一根本属性，把拥护党对意识形态的领导权和主导权，同自身的完善发展和幸福生活追求联系起来；就必须大力保障和改善民生，推动我国民生建设逐步由"生存型民生"向"发展型民生"转变，不断完善基本公共服务体系，解决人们最关心的社会保障问题，实施更加积极的就业政策，合理调整收入分配关系。只有这样才能增强社会主义意识形态的亲和力、凝聚力和战斗力。

---

① 《马克思恩格斯全集》第 1 卷，人民出版社 1995 年版，第 187 页。

论当代中国社会主义意识形态的发展及特点 *

　　发展是一个哲学概念，是指事物由小到大、由简到繁、由低级到高级、由旧质到新质的运动变化过程。事物的发展是事物内部矛盾运动的结果，是量变到质变的统一。在当代社会条件下，发展这个概念运用的领域越来越扩大，由于开放的扩大形成了直接比较、借鉴的局面，市场经济体制激发各个领域的激烈竞争，现代科学技术的发展广泛而深刻地改变着社会结构和人们的思想观念，大众传媒推进社会信息快速流变，社会处在快速发展变化之中，人们面临着诸多社会矛盾和新的社会问题。排除风险、争取主动、力求发展，与抓住机遇、创造条件、推进发展，已经成为全社会的共同行为和价值取向，成为人们关注的焦点。因此，发展的意识、发展的概念已经广泛渗透和引入到了社会各个领域和各个学科之中，形成了全社会改革发展、开放发展、竞争发展、协调发展、持续发展的态势。

　　把发展概念引入社会主义意识形态，称之为社会主义意识形态发展。社会主义意识形态发展，也可称为社会主义意识形态的与时俱进。全社会改革发展、开放发展、竞争发展、协调发展、持续发展，既向社会主义意识形态提出了发展要求，即需要发展的社会主义意识形态为其他各个领域的发展提供保证和服务，又为社会主义意识形态发展创造了客观条件，提供了发挥作用的广阔舞台。社会主义意识形态发展的动因、基础、动力是社会主义现代化建设的伟大实践。我国社会主义现代化建设是社会主义意识形态与现代化建设实践的结合与统一。这种结合与统一，就是理论与实际的结合与统一，两者只能紧密结合、相互促进、协调发展。社会主义意识形态不发展或发展滞后，就会束缚甚至抑制现代化建设的实践；而现代化建设实践的发展，又需要社会主义意识形态作为先导与保证。因此，社会主义意识形态必须伴随着社会主义现代化建设的进程不断发展。从这个意义上讲，社会主义意识形态发展，也可称为社会主义意识形态现代化。

*　原载于《学术研究》2003 年第 5 期，收录时有修改。

一、社会主义意识形态发展的理论与实践基础

社会主义意识形态发展，既有社会发展和人的发展提供的实践基础，也有指导社会发展和人的发展的理论。发展实践与发展理论相结合，是我们认识和实现社会主义意识形态发展的根本途径。

第一，解放思想、实事求是、与时俱进、开拓创新的理论与实践，推进社会主义意识形态不断发展。解放思想、实事求是，是马克思主义的精髓，也是社会主义意识形态的根本指导思想。以马克思主义为重要内容和理论指导的社会主义意识形态，是指导社会主义建设的思想体系，具有鲜明的实践性。它产生的源泉是实践，发展的根据是实践，检验的标准也是实践。实践总是永不停顿地向前发展的，实践的发展也总是不断推进社会主义意识形态的发展。因此，从实践作为理论发展的基础来看，可以说"理论是灰色的，而生活之树是常青的"。然而，实践的发展，又需要发展理论的指导，对此，列宁早就说过："没有革命的理论，不会有革命的运动。"① 没有发展理论的指导，实践要么是盲目的，要么是过时实践的重复。所以，理论并不是实践简单决定的消极结果，它既要以一定实践为基础，又可以超越一定实践而具有发展的前瞻性、先导性。而且，理论只有具备前瞻性、先导性，才能真正为实践开辟道路。为此，经济基础的发展固然重要，意识形态的发展也意义深远。恩格斯在记述两者发展关系时，讲得十分明确而辩证，他指出："根据唯物史观，历史过程中的决定性因素归根到底是现实生活的生产和再生产。无论马克思或我都从来没有肯定过比这更多的东西。如果有人在这里加以歪曲，说经济因素是唯一的决定性因素，那么他就是把这个命题变成毫无内容的、抽象的、荒诞无稽的空话。经济状况是基础，但是对历史斗争的进程发生影响并且在许多情况下主要是决定着这一斗争形式的，还是上层建筑的各种因素……政治的、法律的和哲学的理论，宗教的观点以及它们向教义体系的进一步发展。"② "历史是这样创造的：最终的结果总是从许多单个的意志的相互冲突中产生出来的，而其中每一个意志，又是由于许多特殊的生活条件，才成为它所成为的那样。这样就有无数互相交错的力量，有无数个力的平行四边形，由此就产生出一个合力，即历史结果，而这个结果又可

---

① 《列宁选集》第 1 卷，人民出版社 1995 年版，第 311 页。

② 《马克思恩格斯选集》第 4 卷，人民出版社 1995 年版，第 695-696 页。

以看作一个作为整体的、不自觉地和不自主地起着作用的力量的产物。"①由此可见，社会的发展、历史的发展是经济基础发展与意识形态发展相互作用的结果。所以，马克思主义经典作家总是根据实践的变化、发展，不断丰富和发展自己的理论，使马克思主义、社会主义意识形态具有与时俱进的理论品质。

在当代社会条件下，"国际局势正在发生深刻变化。世界多极化和经济全球化的趋势在曲折中发展，科技进步日新月异，综合国力竞争日趋激烈"。我国意识形态要适应这种复杂的发展状况，驾驭这种快速发展的局势，"必须使全党始终保持与时俱进的精神状态，不断开拓马克思主义发展的新境界；必须把发展作为党执政兴国的第一要务，不断开创现代化建设的新局面"②。并且，当实践的迅速发展已经提出许多新的课题需要面对和解决，当发展的挑战与压力无情地摆在我们面前时，理论的发展、意识形态的发展更显得突出和必要，唯其如此，我们才能真正把握客观潮流与趋势，争取主动、快速发展。所以，江泽民同志强调："要使党和国家的事业不停顿，首先理论上不能停顿。""我们一定要适应实践的发展，以实践来检验一切，用发展着的马克思主义指导新的实践。"③

第二，和平与发展的理论和实践赋予我国社会主义意识形态的时代特征。邓小平指出："现在世界上真正大的问题，带全球性的战略问题，一个是和平问题，一个是经济问题或者说发展问题。"他强调："应当把发展问题提到全人类的高度来认识，要从这个高度观察问题和解决问题。"④正因为和平与发展"关系全局"，具有"全球性、战略性的意义"，所以和平与发展成为时代特征，成为当代世界的主题，邓小平把它概括为当今时代的发展理论。我国经济的发展、生产力的发展，不仅必然带动上层建筑的发展，而且也需要发展的上层建筑为其服务。社会主义意识形态是我国观念形态的上层建筑，不仅影响、决定上层建筑性质，而且对经济基础的发展具有直接的保证、推动作用。是以过时的意识形态为指导发展经济和社会，还是以发展的意识形态为指导发展经济和社会，这是一个时代性问题、政治性问题。

---

① 《马克思恩格斯选集》第4卷，人民出版社1995年版，第697页。

② 江泽民：《执政党必须高度重视解放和发展生产力》，载《人民日报》2002年5月31日，第1版。

③ 江泽民：《执政党必须高度重视解放和发展生产力》，载《人民日报》2002年5月31日，第1版。

④ 《邓小平文选》第3卷，人民出版社1993年版，第105、282页。

社会主义意识形态必须从过去封闭、对抗的环境条件下走出来，适应并推进面向世界、与资本主义并存竞争的开放环境、和平环境，赋予自身开放性的时代特征；必须从以阶级斗争为纲、以政治运动为中心的格局中走出来，坚持以经济建设为中心，大力发展生产力，在时代主题、内容上实现转换，赋予自身发展性的时代特征；必须从过去维护高度集中统一、绝对平均主义的传统价值体系中走出来，大力推动民主政治、社会竞争与多样化发展，赋予自身现代性时代特征；等等。这些转变、发展有一个不断深化、完善的过程，其时代特征也要在实践中不断彰显。因而，和平与发展的理论和实践，使社会主义意识形态的时代内容、环境内容、理论内容，具有开放性、现代性、发展性的鲜明特征。这一特征，决定了社会主义意识形态的发展是一种面向现代化、面向世界、面向未来的发展。

第三，改革开放理论与实践推动社会主义意识形态全面发展。改革开放理论是我国新时期最重要的发展理论，改革开放实践是我国新时期最伟大的实践。我国的改革最先从经济领域开始，继而形成整个社会全方位的改革。经济基础与社会生活的变革必然带来人们政治观念、法治观念、道德观念、价值观念和行为方式的深刻变化，社会主义意识形态面临这些变化必须改革。改革的理论与实践不仅为社会主义意识形态发展提供基础和动力，而且需要发展社会主义意识形态为其提供保证。同时，邓小平强调："中国要谋求发展，摆脱贫穷和落后，就必须开放。"[①] 实行对外开放是为了发展，对外开放的本质就是通过比较、鉴别、借鉴推进发展，而且是面向世界的发展。经济的发展需要开放，意识形态的发展也需要开放，开放打破了社会主义意识形态作用的狭隘领域和活动层面，为其提供了"三个面向"的广阔发展舞台，也为其提供了发挥作用的广阔时空领域，社会主义意识形态能够以其高度社会化、现代化面貌，辐射世界，融入社会各个领域。同时，开放改变了社会主义意识形态相对封闭、单一的文化环境，使社会主义意识形态面临着复杂多变的文化环境、信息环境、竞争环境，面临着各种理论、思潮、信息的冲击与激荡。社会主义意识形态在这样复杂的环境中进行比较、鉴别、选择，为全社会和人们在总体上进行价值导向和观念整合。有比较才能有鉴别，有鉴别和斗争才能发展。"正确的东西总是在同错误的东西作斗争的过程中发展起来的。真的、善的、美的东西总是在同假的、恶的、丑的东西相比较而存在，相斗争而发展的。""这是真理发展的规律，当然也是

① 《邓小平文选》第 3 卷，人民出版社 1993 年版，第 266 页。

马克思主义发展的规律。"①

第四，"三个代表"的重要思想指导社会主义意识形态面向新世纪的发展。如何站在时代的前列和全局的高度，驾驭当今社会复杂多变的局面，探索和掌握党的建设规律、我国社会的发展规律以及社会主义意识形态的发展规律，江泽民提出了"三个代表"的重要思想，为面向21世纪我国社会主义意识形态发展提供了科学、正确的思想指导。我们"要坚持和巩固马克思列宁主义、毛泽东思想、邓小平理论在意识形态领域的指导地位，用'三个代表'要求统领社会主义文化建设"②。

"三个代表"的重要思想涵盖了社会的经济基础与上层建筑两大领域，既是指导党的建设、社会主义现代化建设的理论，也是指导社会主义意识形态建设与发展的理论。党的建设、党的先进性，主要不是体现在党员成分上，而是体现在党的指导思想、党的理论、党的纲领上，也就是体现在社会主义意识形态上。"看一个政党是否先进，是不是工人阶级先锋队，主要应看它的理论和纲领是不是马克思主义的，是不是代表社会发展的正确方向，是不是代表最广大人民的根本利益。"③

"三个代表"的重要思想立足于当今社会新的发展实际，创造性地运用唯物主义历史观，强调生产力、文化发展的先进性，准确概括了世界发展的历史潮流，深刻揭示了我们党和我国社会发展的规律，为社会主义意识形态与时俱进、开拓创新确立了方向。同时，"三个代表"的重要思想是一个有机统一的整体，三者互为因果、相互依存、相互促进。代表中国先进生产力发展要求是前提和基础，代表中国先进文化前进方向是灵魂和保证，代表中国最广大人民的根本利益是目的和核心。三者的整体性为社会主义意识形态体系的进一步丰富、完善提供了方法论指导。

二、社会主义意识形态发展的特点

我国社会主义意识形态在当代发展的状态、方式，既具有鲜明的时代特征，也具有鲜明的民族特色，概括起来，主要有以下几个方面。

---

① 《毛泽东著作选读》（下），人民出版社1986年版，第785页。

② 江泽民：《执政党必须高度重视解放和发展生产力》，载《人民日报》2002年5月31日，第1版。

③ 江泽民：《在庆祝中国共产党成立八十周年大会上的讲话》，载《人民日报》2001年7月1日，第1版。

第一，继承性与超越性相统一。我国社会主义意识形态在当代的发展，是在继承我国优良文化传统和革命传统基础上的发展。我国是一个有几千年文化传统的文明古国、大国，传统文化孕育中华民族自强不息、延绵不断地发展壮大，传统文化的血脉铸塑了中华民族的民族特色，使她不同于其他民族而自立于世界民族之林。作为民族灵魂的民族文化，是我国宝贵的遗产、财富、资源，她不可能中断、消解，只能在新的历史条件下进行转化、发掘、传承，使其为我国社会发展和人的发展服务。

同时，马克思主义理论是我国社会主义意识形态的指导思想，马克思主义与中国的具体实际相结合，形成了中国特色的马克思主义，即毛泽东思想、邓小平理论。中国特色的马克思主义既具有社会主义性质，又具有民族特色，它既是我国当代民族文化的核心内容，也是我国当代社会主义意识形态的主要理论。我们发展社会主义意识形态，民族传统文化、马克思主义既不能丢，也不能教条主义地生搬硬套，而只能结合新的情况继承。"否认马克思主义的科学性，丢掉老祖宗，是错误的、有害的；教条主义地对待马克思主义，也是错误的、有害的。"①

社会主义意识形态发展，除了不断继承之外，更重要的是要不断实现对自身的超越。所谓超越，就是不只是讲老话，还要讲新话；就是要根据社会不断出现的新情况、新问题，创造新的理论；就是要根据社会和人的发展需要，不断调整社会主义意识形态的内容结构，探索新的功能与作用方式。因此，超越是一种创造性发展、开拓性发展。社会主义意识形态之所以要实现超越式发展，一方面是因为社会主义事业面临着严峻的挑战，另一方面是当代社会的发展形态，同过去时代已经完全不同，即现在绝不是过去的再现，未来更不是现在和过去的翻版，社会现状的改变尤为迅速。因此，我国唯有在经济上、意识形态上实现超越式发展，才能有望缩小与发达国家在经济上的差距，才能争取主动，把社会主义事业推向前进。因此，理论创新、意识形态创新便显得尤为重要。

社会主义意识形态的发展，继承是基础、前提，没有继承就没有根基；没有思想、理论来源，则是无源之水、无本之木。继承性决定了我国意识形态的发展是连续性的、渐进的，在性质上是一脉相承的。同时，社会主义意识形态的发展，超越是目的、是方向，没有超越就没有生机和活力，必定显

① 江泽民：《执政党必须高度重视解放和发展生产力》，载《人民日报》2002 年 5 月 31 日，第 1 版。

得保守、僵化。超越性决定了我国社会主义意识形态的发展又是跨越的、突进的，是新质的不断丰富与充实。继承性发展与超越性发展的结合，是我国社会主义意识形态发展的特点。这一特点与苏联、东欧社会主义国家在意识形态上既不继承马克思主义，又不发展马克思主义而最终导致剧变的历史教训，形成了鲜明的比照。

第二，协调性与综合性相结合。社会主义意识形态的发展，是我国社会发展的一个重要组成部分。它既是我国经济基础、上层建筑发展的思想反映，又是推进经济基础、上层建筑发展的思想保证；它既要以经济基础、上层建筑的发展为基础，决不能脱离社会主义政治、经济制度和我国生产力发展水平而孤立发展，又要对我国经济基础和上层建筑的发展给予指导和保证，保持相对超前发展的优势，而不可滞后造成发展障碍。因此，社会主义意识形态的发展，只能与我国社会的经济基础、上层建筑协调一致地发展。我国在改革开放前，特别是"文化大革命"中，忽视经济基础的发展，脱离我国生产力发展水平，孤立地在意识形态领域进行所谓的"继续革命"，结果，不仅没有促进社会主义意识形态的发展，而且导致了意识形态领域的混乱，阻碍了经济基础和生产力的发展。改革开放之后，我国实行了工作重点的转移，始终坚持以经济建设为中心，在发展经济和先进生产力的同时，不断解放思想，进行理论创新，推进社会主义意识形态发展，从而使我国出现了经济基础与上层建筑、物质文明与精神文明协调发展，经济发展迅速，文化丰富多彩，物质不断丰富，发展动力不断增强的局面。

社会主义意识形态发展的综合性，是指社会主义意识形态中的各种社会意识形式，都能坚持以马克思主义为指导，坚持从我国的实际出发进行探索，各具特色地进行发展，并各自按照自身的规律和作用方式在社会中发挥作用。如此不仅改变了过去以政治冲击一切、代替一切的意识形态格局，而且使原来处于弱势而现代社会又特别需要的意识形式，如法律、管理等，得到了迅速的发展，在现代化建设中发挥了重要作用。当然，各种社会意识形式在发展过程中，不可避免地会有一些曲折、反复，相互之间会存在不平衡现象，从而使社会发展过程中出现这样那样的问题，如信仰危机问题、诚信缺失问题、精神文明建设一手软的问题。但从总的来看，各种社会意识形式的发展基本上是协调配合的，是互动共进的，既没有出现像过去时代一种意识形式冲击、代替其他意识形式的现象，也没有出现不同意识形式的对立与抗争现象。这正是当前我国社会全面发展和社会主义意识形态综合发展的鲜明特征。

社会主义意识形态与经济基础、上层建筑的协调发展，是社会主义意识形态中各种意识形式综合发展、互动发展的基础；而各种社会意识形式的综合发展，又是社会主义意识形态与经济基础、上层建筑协调发展的条件。各种社会主义意识形式只有坚持以经济建设为中心，按照各自的层面和方式服务于经济基础，才有相互结合、协调一致的目标和中心。否则，各种意识形式没有发展的共同基础和目标，就会相互矛盾，甚至相互冲突。而这种矛盾和冲突，又会破坏社会主义意识形态与经济基础、上层建筑之间的协调。

　　第三，中心发展与边缘渗透相结合。我国社会主义意识形态，是一个丰富的、具有层次性的思想体系，在这个体系中，有中心部分或核心部分，也有相对边缘的内容。中心部分集中体现社会主义意识形态的本质，以其鲜明的特性区别于其他意识形态；边缘内容服从和服务于中心部分，反映社会的一般属性，与其他意识形态的边缘内容有一定程度的兼容与交叉。中心部分制约、指导边缘内容，边缘内容丰富、维护中心部分。

　　社会主义意识形态的中心部分或核心部分，就是马克思主义理论，在当代，就是当代中国的马克思主义。当代中国的马克思主义理论，既是我国社会主义意识形态的指导理论，也是社会主义意识形态的核心内容。社会主义意识形态的主导地位和主导作用，主要是通过马克思主义理论体现和实现的。马克思主义理论的发展，不仅直接丰富了社会主义意识形态的内容，强化了社会主义意识形态的主导作用，而且可以指导、带动其他社会意识形式的发展，使社会主义意识形态呈现中心主导、整体推进的发展态势。为此，党不管面临什么情况，总是始终坚定不移地坚持马克思主义，发展马克思主义。特别是改革开放以来，以邓小平为代表的党的第二代领导集体，以巨大的政治魄力和理论勇气，确立党的基本路线，实现工作重点转移，进行改革开放，逐步建立社会主义市场经济体制，在实践中大胆探索，在理论上敢于创新，形成了当代中国的马克思主义——邓小平理论。在邓小平理论的指导下，我国社会主义现代化建设取得了举世瞩目的伟大成就，我国社会主义意识形态以鲜明时代特征和民族特色的新形象，展现出巨大活力。以江泽民为代表的党的第三代领导集体，驾驭当代社会发展的历史潮流，探索我国社会发展的基本规律，坚持解放思想、实事求是、与时俱进、开拓创新的思想路线，提出了"三个代表"的重要思想，揭示了党的建设和我国社会主义现代化建设所应遵循的规律，成为统领我国社会主义文化建设、意识形态发展的马克思主义理论。总之，马克思主义理论在当代中国的发展，是社会主义意识形态发展的中心、主导。

　　社会主义意识形态的发展，还表现为另外一种发展状况，即边缘渗透发展。边缘渗透发展是指对我国古代和其他国家文化的继承与借鉴。例如，继承我国古代以德治国的思想和传统美德，借鉴发达国家的法治思想、管理理论和与市场经济体制相一致的道德等。这些继承和借鉴的内容，不仅对我国经济建设、社会发展和人的素质提高有好处，而且丰富了社会主义意识形态的内容，是社会主义意识形态的一种多样性、广泛性发展。正是这种多样性、广泛性发展改变了过去对古代和资本主义文化采取一切批判、排斥的简单做法，为我国对外开放、借鉴古今、发展自己奠定了思想基础。

　　社会主义意识形态中心发展与边缘渗透，是两种既相区别、又相联系的发展状况。中心发展是主导性发展，是社会主义意识形态发展的核心和重点；边缘发展是多样性发展，是社会主义意识形态发展的基础和补充。中心发展指导、统领边缘渗透，边缘渗透服从、服务于中心发展。中心不发展或发展缓慢，边缘渗透势必缺乏有力的主导而出现混乱；中心发展而没有边缘渗透的多样性配合，中心发展发挥不了主导性。因此，我国社会主义意识形态的发展只能坚持中心发展和边缘渗透发展相结合。

论当代中国社会主义意识形态的领域发展[*]

意识形态领域，本来是一个与经济、科技、文化、社会生活等各个领域相互渗透、相互作用的领域，但由于历史的原因和受我国经济基础发展的制约，在扩大开放和经济全球化条件下，社会主义意识形态仍然面临着面向世界以及经济、科技、社会心理等领域拓展的任务。社会主义意识形态的领域拓展，主要是指社会主义意识形态作用时空范围的扩大，向相关领域增强辐射和影响，探索新的作用方式，以保证和推进相关领域的发展。

一、社会主义意识形态面向国际领域的拓展

社会主义意识形态面向国际领域的拓展，其含义是社会主义意识形态要适应对外开放的需要，面向世界，推进经济全球化、社会信息化进程。它既为我国民族经济、文化面向世界的发展提供保证和动力，也为人类的文明、进步作贡献。

社会主义意识形态面向国际领域的拓展，是生产力，特别是现代科学技术发展的必然要求。马克思和恩格斯在《费尔巴哈》一文中早就分析过，生产力的发展"是绝对必需的前提"，它为社会发展开辟道路，"只有随着生产力的这种普遍发展，人们的普遍交往才能建立起来；由于普遍的交往，……使每一民族都依赖与其他民族的变革；最后，地域性的个人为世界历史性的、经验上普遍的个人所代替"，"无产阶级只有在世界历史意义上才能存在，就像共产主义事业——它的事业——只有作为'世界历史的'存在才有可能实现一样。"[①] 生产力和社会正是按照马克思和恩格斯这种分析和预示发展的。在当代社会，经济凭借科技、市场体制已经和正在走向全球化，文化、信息依托大众传媒与互联网络已经和正在冲破时空界限，人们借助现代通讯、交通工具已经和正在跨时空交往。这些，既向社会主义意识形态面向世界提出了要求，也为社会主义意识形态扩大时空领域创造了条件。

---

* 原载于《社会主义研究》2003 年第 1 期，收录时有修改。
① 《马克思恩格斯选集》第 1 卷，人民出版社 1995 年版，第 96 页。

然而，我国社会主义意识形态在面向国际领域拓展的过程中，要受到许多客观条件的制约，许多难题需要研究、解决。过去，帝国主义不仅对我国进行长期的政治、经济、文化封锁，而且对社会主义意识形态进行丑化、歪曲和诋毁，损害社会主义意识形态的声誉，在世界范畴内公开封杀社会主义意识形态。冷战结束后，世界的开放不可阻挡，文化的交融成为潮流，但发达资本主义国家凭借强大的经济、科技实力，一方面，采取"文化帝国主义政策"强化资本主义意识形态的渗透；另一方面，仍然对我国民族文化和社会主义意识形态进行歧视和挑衅，不断设置社会主义意识形态传播和拓展的障碍，如宣扬所谓"马克思主义终结论"、社会主义意识形态失败论、儒学文化危险论、中国不讲人权等，致使社会主义意识形态在世界许多地方，仍然缺乏应有的地位和形象。同时，我国由于受经济条件和科技水平的限制，在意识形态领域缺乏面向世界传播的强有力手段，制约了其影响力与感召力，也缺乏面向世界发挥作用的经验，这是摆在我国意识形态面前的艰巨任务。

社会主义意识形态面向国际领域的拓展，其方式主要有三种。第一，开放发展。社会主义意识形态由过去的封闭走向开放，有一个开放性发展过程。在这个过程中，一方面，社会主义意识形态要面临和承受西方资本主义意识形态、古代封建主义意识形态的交汇与冲击，适应各种意识形态、各种文化相互激荡的形势，自主驾驭复杂的意识形态局面。另一方面，社会主义意识形态还要主动走向国际意识形态舞台。除了适应、掌握、驾驭世界意识形态发展变化的特点、趋势之外，还要在世界范围内为我国经济全球化发展提供服务、创造条件。因此，适应开放的发展，是既要面临复杂交汇与激荡，又要主动走向世界，既要承受冲击，又要进行拓展的一种发展过程与发展状况。开放发展是社会主义意识形态在新的历史条件下发展的前提，是一种适应性发展方式。

第二，传播发展。传播发展是社会主义意识形态领域拓展的一种重要方式，这种方式是与信息社会和现代化传播发展相一致的。在过去时代，我国社会主义意识形态的传播，以组织传播为主导，以大众传播和人际传播相辅助，是一种主要面向国内的传播方式。组织传播是指从上而下通过党、政组织系统所进行的有目的、有领导、有计划的意识形态交流活动。它是一种自上而下、自下而上的正式传播渠道，包括国家各级、各类组织的相互传播与团体内部各级、各类组织的相互传播。意识形态的组织传播，是一种取向明确、内容单一、性质一致的传播，传播的影响力主要是在组织或团体内部。

组织传播以我国党、政组织的统一性、权威性为基础，是我国意识形态传播的优势。意识形态的大众传播是指传播组织通过大众传播媒介——报刊、书籍、广播、电影、电视，对社会大众所进行的意识形态传播。在我国，大众传播是受组织传播领导、制约的，是组织传播的扩大与补充。大众传播具有生动、丰富、综合性强、覆盖面大的特点。意识形态的人际传播是指个体与个体或群体之间面对面的意识形态交流。人际传播受组织传播的制约，也受大众传播的影响，人际传播通过社会活动、人际交往等方式进行，人际传播具有具体、灵活、感染性强的特点。

以上这些传播方式，是我国意识形态在国内的主要传播方式。这些传播方式在开放和信息社会条件下受到挑战，必须发展新的传播方式。人造地球卫星的出现和从事信息活动人数的大量增加，打破了信息传播的时空界限，标志着信息社会的到来。电子计算机的发展与互联网的形成，使信息流动的时间大大缩短，对经济活动、文化活动和意识形态的传播产生了巨大影响，极大地推进了信息化进程。由电话、电脑、电视、互联网技术集成的信息和通信系统，使人与电脑之间立即沟通发生相互作用，为社会提供了源源不断的信息资源，使社会经济可以建立在一种可再生和自生的重要资源上。社会意识形态依托信息和通信系统而广泛传播，形成舆论攻势和政治影响，这正是信息社会的特点。西方发达国家，特别是美国，利用现代传媒，传播资本主义意识形态，进行思想渗透，不仅有强大经济支撑的技术系统，而且研究了各种意识形态的传播理论与方法，如政治社会化理论与方法、传播接受理论与方法等。美国运用传播理论与技术，针对社会主义国家，早在20世纪50年代就提出了旨在进行资本主义意识形态渗透的"和平演变"战略。"和平演变"战略有一整套演变社会主义国家的目标与方式，其中，利用"美国之音"的广播机构进行资本主义意识形态传播是其重要手段。"美国之音"的宗旨是"对付共产主义宣传""传递自由世界信息"。20世纪70年代末，美国当局为包括美国之音在内的主流媒体制定了一项宣传准则，包括赞扬美国的生活方式、揭示社会主义"极权主义"和"侵略势力"、把"时代精神""现代性""进步性"等观念与西方等同起来等十条内容。冷战结束后，"美国之音"不但没有萎缩和减弱，反而得到进一步发展。"美国之音"1994年开始在因特网上广播，1997年建立电子函件新信息渠道，至1998年初网上的语言传播节目已达23种，这些步骤有效地推进了美国意识形态传播的力度与广度，扩大了影响。由于美国是因特网的主导国家，英语是互联网上使用频率最高的语言，因特网上运行的信息、使用的语言都蕴含着大量的美国意识形态和价值观念。互联网在很大程度上是以美国语言、思想、文化为核心的全球传播体系。美国利用网络载体进行意识形态渗透是公开的，美国政府商务部在《全球信息基础设施（GⅡ）合作议事书》中指出，高速发展的"全球信息基础设施"将"促进民主的原则"，"限制极权主义政权形式的蔓延"，从而"使世界具有更大意义上的共同性"等，鲜明地表达了其意识形态渗透的倾向和意图。① 美国前国务卿奥尔布赖特在论及中国时更是毫不掩饰地说，中国不会拒绝网络，拒绝网络就是拒绝现代化；中国只要不拒绝，我们就有武器。西方国家想通过互联网对我国进行"西化""分化"的企图是毫不隐讳的。

不管是适应和推进信息社会的发展，还是应对西方意识形态的渗透，我们都要利用现代传媒，特别是因特网，进行社会主义意识形态的媒介传播。现代媒介传播与组织传播、团体传播、人际传播以及传统大众传播有很大的不同，一方面，要有强大的经济、科技实力；另一方面，还要网络化、数学化技术，就是要能够把社会主义意识形态的各种内容，直接或间接（与文化、科技、经济结合）地由电子计算机、电脑网络转化成虚拟的符号，使其以数字形式在虚拟空间快速流通，扩大辐射与影响，让全社会乃至全世界共享社会主义意识形态资源。这既是应对资本主义意识形态媒介传播的必要手段，也是社会主义意识形态在当代社会存在与发展的方式。忽视现代媒介传播，特别是网络传播，社会主义意识形态就会丧失互联网这个现代领域，面向世界和走向世界也会成为空谈。

第三，比较发展。冷战结束后，社会主义与资本主义的尖锐对立，在很大程度上转化为并存竞争。这种并存竞争也表现在两种不同性质形态的关系上，即社会主义意识形态与资本主义意识形态在世界范围内交汇存在、相互比较、相互激荡。两种意识形态的并存竞争，改变了冷战期间两种意识形态尖锐对立、整体抗争的状况。这种状况，对社会主义意识形态发展是有利的，正如毛泽东说过的："有比较才能有鉴别，有鉴别和斗争才能发展。""这是真理发展的规律，当然也是马克思发展的规律。"② 社会主义意识形态与资本主义意识形态在全球范围的比较竞争中，呈现出两种发展状况：一是通过比较，异中求同，即对资本主义意识形态中某些与社会主义意识形态相近又对我国现代化建设有用的部分，可以学习、借鉴，以丰富、发展社会主

---

① 谢海光：《互联网与思想政治工作》，复旦大学出版社 2000 年版，第 39 页。
② 《毛泽东著作选读》（下），人民出版社 1986 年版，第 185 页。

义意识形态；二是通过比较，同中求异，即对资本主义意识形态的本质特性中与我国社会主义意识形态相对立的部分，必须抵制、批判，在比较、斗争中，更加坚定坚持和发展社会主义意识形态。因此，比较发展是社会主义意识形态在向国际领域拓展过程中，所要坚持的一种既学习、借鉴，又批判、斗争的发展方式。只学习、借鉴，不批判、斗争，势必在国际范围内丧失社会主义意识形态的主体地位和主导作用，听由资本主义意识形态所主宰；相反，只批判、斗争，不学习、借鉴，就会在事实上把社会主义意识形态封闭、孤立起来，而与开放社会、信息社会格格不入。所以，两种偏向都不利于社会主义意识形态走向国际舞台，都不利于发展。

社会主义意识形态的比较发展，是通过各种社会意识形式的具体比较进行的，如比较哲学、比较政治学、比较法学、比较伦理学等。各种社会意识形式在比较过程中，对资本主义国家相关意识形式的内容，选择、借鉴什么，反对、批判什么，往往是相当复杂的，不同的人有不同的认识方式与价值尺度，不同的时间和场合有不同的判断标准。这些，表现在意识形态领域就是一种复杂性、矛盾性和多样性。这种复杂性、矛盾性和多样性，是在比较发展中难以避免的，因为我们不可能按照一个完全统一的标准对不同意识形式的是非曲直作出判断，也不可能要求每个人在认识和判断的标准上完全一致，认识总是会有不同角度和不同程度。因而出现不同的选择、借鉴和不同的批判、斗争是在比较发展过程中难以避免的现象。人们在同西方意识形态进行比较过程中所产生的差异、矛盾，往往是比较发展深化的一种方式，是促进人们对两种意识形态本质认识、推进社会主义意识形态发展的方式。

二、社会主义意识形态面向经济、科技领域的发展

我们曾经进行过以政治活动为中心的上层建筑领域的革命，即在很大程度上是以脱离生产力和经济基础，而主要在意识形态领域所进行的政治革命、文化革命。这种革命，事实上是把政治、意识形态作为社会的中心和决定性的基础，出现了以政治冲击一切、代替一切的狂潮，而把经济、科技作为政治、意识形态服务的条件，并视为无关紧要的东西。这样一种被颠倒的关系，曾经导致我国社会的政治与意识形态畸形发展和政治与经济、经济基础与意识形态相脱离的油水分离现象，致使社会出现应以何者为基础和中心的问题，曾经相当混乱。

改革开放以后，我国实现了工作重点转移，确立了以经济建设为中心，

大力发展生产力的方针。这一方针确立之后，事实上发生了社会主义意识形态保证和推动经济建设的困难。这一困难的重要表现，一是取消以阶级斗争为纲后，一时难以为经济发展提供必要动力机制，经济发展遇到传统的体制与观念障碍，经济发展需要从改革开放中获得推动。二是在经济发展所需要的法制、道德规范和观念缺乏的情况下，有些人仍然使用传统政治观与道德观，另一些人则倾向照搬西方意识形态，于是出现了过时传统观念与资产阶级自由化、四项基本原则与资产阶级自由化的矛盾。过时的政治观、道德观与资产阶级自由化，这两种倾向虽然表现不同，但在阻碍经济和生产力发展上，结果是相同的：前者抑制生产力的解放与发展；后者偏离我国经济与社会发展的社会主义方向，破坏经济和生产力发展的秩序。自改革开放以来，事实上，我国经济和生产力是在克服以上障碍中发展的，即既要突破过时传统的观念与体制障碍，又要抵制资本主义意识形态的干扰。社会主义意识形态只能在改革开放推动下，不断探索保证和推动经济发展的途径与方式。为此，邓小平同志把以经济建设为中心确定为党的基本路线的首要内容，提出了社会主义现代化建设是最大政治的命题，从而从大政方针上确保了我国经济与政治相互结合、相互协调的发展。

政治与经济、科技的结合与渗透，既表现为政治思想对经济、科技的保证、推动作用，更表现为执政党从组织上、思想上、政策上对经济与科技的保证与推动。过去，我们党长期强调党要以工人阶级为阶级基础，认为工人阶级是先进生产力的代表，工人阶级的先进性决定党的先进性。这一政党理论，显然主要是阶级理论，生产力、经济并不是这一理论的直接、基础因素。因此，长期以来，形成了党是以工人阶级为基础的，其主要职能是政治的，与经济、生产力的关系不是结合、渗透的直接关系，而是通过抓政治、抓生产关系而促经济、生产力发展的关系。一旦党直接抓了经济、生产力，或认为是以政治冲击代替经济，或认为是陷于经济的具体事务。这是导致政治与经济、科技脱离的理论根源。江泽民同志根据马克思主义的唯物史观，分析了当代社会发展的历史潮流，探索了党和我国社会发展的规律，提出了党要始终代表中国先进生产力发展要求，第一次把党的建设理论与生产力发展以及生产关系联系起来，把党的建设、领导置于先进生产力发展的基础上，揭示了党的建设和发展的规律与我国社会发展的规律，从而为我们党和我国社会政治与经济、社会主义意识形态与经济基础相结合、相统一发展奠定了理论基础，为我国生产力发展、科技发展提供了强有力的政治保证。

在新的历史条件下，社会主义意识形态与经济、科技相结合的发展，是一种渗透式、协调式的互动共进发展，社会主义意识形态向经济、科技领域发展的主要方式有三种。

第一，为经济、科技发展提供人文动力。经济、科技发展与社会主义意识形态的关系，是决定性与能动性的关系。决定性是指社会主义意识形态及其作用方式应随着经济、科技的发展、转型，按经济、科技发展的要求，实现其内容的发展和作用方式的转换，而不是经济、科技可以脱离、代替社会主义意识形态。社会主义意识形态能动性的发挥，就是要建立一种不仅适应经济、科技发展要求，而且推动经济、科技发展的方法体系，而不是社会主义意识形态可以脱离经济、科技的基础而成为一种没有动力机制的空洞理论。社会主义意识形态与经济、科技的整合互动，社会主义意识形态对经济、科技作用的切入点和着力点，就是直接为其发展提供人文动力，推动、保证经济、科技合理、持续发展。一切经济、科技发展都必须从人那里寻求动因。在当代社会条件下，经济、科技竞争日趋激烈，所面临的社会问题日益复杂，发展的风险也不断增大，经济、科技不可能仅靠自身的条件实现发展，而必须依靠社会主义意识形态、凝聚群体以增强竞争力，坚持合理性目的以厘清复杂关系，预测发展趋向、遵循规律以减少或排除发展风险，坚持以人为本开发人的潜能。所有这些，既是社会主义意识形态所应担当的任务，也是社会主义意识形态推进经济、科技发展的方式。

第二，为经济、科技发展提供规范和秩序。经济、科技发展，可以为自身提供物质、技术条件，但光有这个条件是不够的。所有经济、科技发展都是在社会中进行的，都是人的创造性活动。因此，经济、科技在社会中的活动，既要合理，又要合法。合理就是要合乎我国社会的价值取向，代表广大人民群众的根本利益，合乎我国的社会伦理、人之常理，就是要讲道德，遵循一定的道德规范。合法就是合乎社会法规、群体法纪，就是要讲法治，遵循一定的法纪规范。经济、科技的道德与法纪，在我国过去时代，既不太受重视，也不完善，人们的观念也比较淡薄。社会开放之后，特别是市场经济体制建立后，随着多种所有制、多种分配方式的并存发展和竞争的广泛展开，经济、科技活动异常复杂，经济、科技的失落、无序现象广泛存在。这种现象不仅败坏了社会风气，而且阻碍了经济、科技的顺利发展，全社会强烈呼吁诚信与法纪，寻求规范有序。因此，在新的历史条件下，正视过去经济、科技的道德、法纪的薄弱，增强全社会经济、科技的道德观念和法制观念，建构经济、科技道德、法纪体系，用以规范经济、科技行为，是社会主义意识形态保证和推动经济、科技发展的关键。否则，经济、科技这把双刃剑在其发展过程中，可能因缺乏道德、法纪规范而导致社会混乱。

第三，为经济、科技发展所开辟的新领域提供必要保证。经济、科技的快速发展不仅为社会提供了丰富的物质条件和技术手段，而且为人们的生存与发展开辟了新的领域。市场经济的发展形成了社会竞争状态，现代科技的发展形成了传媒环境、网络领域，并使生态环境问题相对突出。这些日渐突出的状态、领域，是经济、科技发展的结果。它的进一步发展和发挥积极作用需要合理把握和驾驭，需要符合其发展特点的规范和秩序。然而，已有的道德、法纪并不能完全有效适应这些领域，新的经济、科技内容与方式，决定新的道德、法纪与之相适应并为其服务。因此，探索竞争道德与规则，研究信息、网络、生态等新领域的伦理、规则与价值取向，是社会主义意识形态刻不容缓的责任，是经济、科技发展向社会主义意识形态提出的前沿性发展要求。社会主义意识形态如果忽视这些新的领域，不仅自身丧失发展机遇，而且这些领域也会因失范失序而无法发展。

三、社会主义意识形态向社会心理领域的发展

在过去，由于我国意识形态领域比较单一，社会心理与社会主义意识形态的契合比较一致，加上意识形态领域的斗争成为全社会关注的重点，因而社会心理往往被忽视。社会主义意识形态的宣传、教育、建设既缺少向社会心理的必要转化，也缺乏对已有社会心理的必要针对。教条主义、本本主义、形式主义是忽视社会心理的重要表现，是意识形态工作的顽症。它不仅损害了社会主义意识形态的形象，而且使社会心理缺乏社会主义意识形态的制导而产生偏差和离散。

在新的历史条件下，开放的扩大、现代科技的发展、市场体制下的竞争，使我国社会迅速变化，新情况、新问题层出不穷，千变万化的客观条件，导致社会心理万幻叠新、流变加速，各种思潮、势潮不断涌现又不断回落，各种情绪、议论不断变化、更替。随着资本主义意识形态影响的强化，随着对古代文化开发的深化和宗教传播的扩大，这些意识形态也在我国社会催生出与社会主义意识形态不相一致的政治心理、宗教心理和道德心理。所有这些都充分说明，我国社会心理领域的复杂多变状况，已经成为不容忽视的事实。它不仅以各种取向和方式影响着我国政治、经济、文化的发展，而且向社会主义意识形态的主导性提出了挑战。社会主义意识形态必须面对社会心理领域，探索、发展新的作用方式。

第一，掌握社会舆情引导社会心理。社会舆情也可叫社情民意，它是社会心理的反映。其基本流向是社会生活的"晴雨表"，社会矛盾的"显示器"。它反映社会心理的集合倾向，以褒贬向背的方式影响着社会。舆情在社会不同领域有不同表现，有政治舆情、法制舆情、道德舆情、消费舆情等。在当今社会条件下，处于深刻历史变革中的中国，开放空前扩大，现代传媒迅速发展，人们的交往日益密切，观念和利益冲突加剧，社会突发事件时有发生，加上自主、自由增大，社会每时每刻在自觉或不自觉地传播、制造舆情流量，并使之不断扩充、加速，人人都生活在舆情的氛围之中。社会舆情能对社会各种问题作出灵敏的反应，及时表达人们的各种意向、心态、呼声。因此，从掌握舆情入手，能及时了解和把握人民群众的思想脉搏和社会心理，了解和把握社会各个阶层、各集团的意见、要求和愿望，并根据舆情的性质、走向和强度，及时进行引导，如对偶发舆情进行趋向引导、对偏激舆情进行正向引导、对争端舆情进行化解引导等。在现代社会条件下，如果对舆情不能及时掌握和引导，舆情有可能积累和激化甚至转化，如非政治性舆情的积累、激化，可能转化为政治性舆情，而政治性舆情如果不及时引导，势必导致局部动乱。因此，社会主义意识形态必须高度正视社会心理领域，对社会心理领域的发展动向及时了解、掌握，并针对不同性质、不同特点的社会舆情，运用相关的社会意识形式进行引导，这是社会主义意识形态发挥主导作用的重要表现。

第二，根据发展需要，实现心理转化。在开放、信息化、多样化条件下进行社会主义意识形态的宣传、教育和建设，同过去时代有很大差别。过去，社会主义意识形态的宣传、教育和建设是在有组织权威、文化单一、相对封闭的条件下进行的，无须进行心理加工和比较选择。现在，社会主义意识形态的宣传、教育和建设比过去复杂得多。首先，社会的开放性和价值取向的多样性，以及社会的竞争发展、社会信息的不断流变，为人们选择思想观念提供了客观条件。其次，社会民主的发展，以及人们独立性、自主性的增强，也为人们自主选择思想观念、确立理想信念创造了主观条件。由此，以不同方式和不同程度接受各种意识形态与思想观念的现象，已经不是个别现象，也就是说，在意识形态的认可与接受上，表现出明显的个体差异性。这种个体差异性常常是在个体的经验、心理基础上产生的。因此，我们进行社会主义意识形态的宣传、教育和建设就不能再像过去那样，只讲理论、原则和概念，只注重认知问题，而必须根据社会发展和个体发展的需要，把理论转化为社会心理。例如，通过讲清理论的现实性、价值性，激发人们接受理论的热情和愿望；通过社会主义意识形态理论与其他意识形态理论的多角度、多侧面比较，帮助人们在反复辨别、评价中选择；通过有效运用理论的生动、具体事例和运用理论分析、解决问题的活动，使人们确认理论的科学性与价值性。总之，要把抽象、原则的意识形态理论转化为人们可以接受的情感、意志和行为，意识形态的宣传、教育和建设才能真正有效。因此，社会主义意识形态的宣传、教育和建设，同样要以社会心理为基础，对有利于接受社会主义意识形态的心理给予激励和提升，对不利于接受社会主义意识形态的心理要进行引导和转化。

当前我国意识形态领域的失衡现象及对策研究 *

　　意识形态领域是社会结构中与经济基础相适应并竖立其上的"观念上层建筑",是由主流意识形态与异质、残余、新型意识形态因素构成的观念系统。这一系统有平衡与失衡两种状态。平衡是在主流意识形态主导下意识形态领域主辅有别、层次分明、稳定有序、和谐发展的状态;失衡是由于主流意识形态遭到冲击、解构或颠覆意识形态领域呈现出的剧烈变动和熵增趋势。在意识形态领域中,保持平衡、管控失衡,是国家维护社会稳定、实现经济发展和人民幸福的必然选择。当前我国意识形态领域确立了以马克思主义为指导的社会主义意识形态主导地位,并整体保持和谐稳定的平衡状态,但在一定程度上存在着一些值得注意的失衡现象。正确认识这些现象的危害和实质,深入分析问题产生的根源,认真思考应对策略,对于主动做好新时期意识形态工作具有重要的现实意义。

一、当前我国意识形态领域的失衡现象

　　第一,结构性失衡。整体来看,社会主义意识形态作为我国主导意识形态,在经济社会发展中仍居于指导地位、发挥主导作用。但在开放环境、阶层分化的背景下,意识形态领域不可避免地存在着封建意识形态残余和西方资本主义意识形态因素。问题是,一些人重西方意识形态引入、轻本土意识形态创新,重封建意识形态继承、轻现代意识形态发展,强调对异质、残余意识形态包容,忽视对社会主义意识形态的科学坚守,使我国意识形态在理论研究、社会声誉和认同践行上产生了一定的结构性失衡现象。从理论研究来看,一些人割裂社会主义意识形态政治性与学术性、党性和人民性的内在联系,拒斥马克思主义世界观、方法论,盲目引入或运用西方理论学说,使一些学科和研究领域成为西方意识形态概念、范畴、表述的"跑马场",在一定程度上挤压了社会主义意识形态的话语空间。从社会声誉来看,一些人

　　* 原载于《教学与研究》2015 年第 1 期,作者任志锋、郑永廷,收录时有修改。

以"传统文化""普世价值"为名传播和美化封建意识形态和西方资本主义意识形态，而对社会主义意识形态却加以贬低。例如，通过歪曲、否定近代以来中国革命的历史，夸大革命建设的历史失误，为已有定论的历史人物事件翻案，贬低社会主义意识形态的历史声誉；通过夸大经济社会发展中的现实问题，提倡指导思想多元化、"文化选择论""宪政民主论"，贬低社会主义意识形态的现实声誉。上述两种失衡给人们认同践行社会主义意识形态带来了挑战，使一些人产生了厌倦政治、虚无主流的情绪，模糊现代化建设的社会主义性质，甚至在"国外思潮与党中央宣传相矛盾时"，倾向于以国外思潮为准，质疑主流宣传的真实性。①

第二，功能性失衡。社会主义意识形态由政治、道德、哲学、文艺作品等各种意识形式所构成，这些意识形式是个人精神生活建设与社会思想文化发展的重要依托，为公共权力及其产品提供合法性辩护，为社会成员提供社会化的规范依据和超越性的精神家园，对经济社会发展具有不可替代的稳定导向功能。功能性失衡是指社会主义意识形态及其各种构成形式在作用对象、功能内容与价值取向等问题上的不协调、不一致。首先，从个人与社会两个作用对象来看，一些人过于强调各种意识形式对于社会发展的导向功能、社会整合的凝聚功能和社会治理的调节功能，忽视其坚定个人理想信念、引导个人价值规范、培育个人精神家园以及促进个人与社会良性互动等功能，使社会主义意识形态外在于个人生命发展而无法融入个人日常生活，从而淡化了个人的社会责任、弱化了个人的精神追求、动摇了个人的身份认同基础，使一些人成为意识形态领域纷争和经济社会发展的"围观者"，成为没有精神根底只有普遍焦虑的"漂泊者"，以致"怀旧情绪""恶搞调侃""拒斥主流""躲避崇高"之风在一定范围内弥漫。其次，物质功能和精神功能是意识形式的两个基本功能，分别满足人类的物质需要和精神需要，兼具社会效益和经济效益。问题是，近些年一些人过于彰显物质功能之于精神功能的优先性，过于强调文艺作品作为经济利益表达、物质享受延伸和商业目的达成的途径载体，忽视其精神价值和政治立场，制约和冲击了社会主义文艺的功能彰显。最后，批判和建构是马克思主义对意识形态的基本价值取向，而一些人过于突出批判取向，机械地将马克思对阶级社会意识形态的批判理论转嫁为对社会主义意识形态宣传教育的质疑，片面地将经济社会发展中存在的个别性现象、倾向性问题和阶段性矛盾视为因社会主义制度

---

① 樊浩等：《中国大众意识形态报告》，中国社会科学出版社 2012 年版，第 16 页。

体制所产生的根本性问题，从而出现了一些只解构不建构的"愤青"和只见制度不见人的"泛制度化倾向"。

第三，传播性失衡。我国历来高度重视社会主义意识形态宣传教育，在机构设置、人员配备、制度安排和经费投入等方面为其提供了有效支持，使之具有了其他意识形态传播无法比拟的巨大规模和强大阵容。但是，在改革开放、市场经济发展和信息技术革命的形势下，社会主义意识形态的传播途径、传播样态和传播效果出现了一些值得注意的失衡现象。从传播途径来看，原来通过企事业单位思想政治工作传播社会主义意识形态的单位传播逐渐让位于以报纸、杂志、电视、网络和手机为载体的社会传播。① 社会传播作为一种公共平台和途径，既可以服务于社会主义意识形态，也可以为异质、残余意识形态所用，甚至一些社会传播平台为了追求发行量、收视率、点击率，通过将自我标榜为"公共媒体""社会良心"或发表非主流意识形态言论吸引眼球。单位传播与社会传播的失衡使人们对社会主义意识形态呈现出选择性、自发性和分散性的特点。伴随单位传播向社会传播的转变，意识形态传播进入了"视觉文化时代"，其样态逐渐由以文字词语为形式的理性传播变成了以声光画电为形式的感性传播。特别是当人们将互联网、智能手机作为获取信息、消费文化的主要工具时，蕴含异质、残余意识形态因素的海量信息和象征形式不断涌入人们的生活环境和精神世界，对社会主义意识形态造成了冲击。传播途径和样态的失衡使人们在获得生活便利的同时，也面临着知识结构碎片化、精神世界娱乐化和理性思维表层化等问题。这些问题在社会主义意识形态传播效果上集中表现为情感体验与理性认知的失衡，即重情感刺激、轻理论教育，重娱乐消遣、轻理性自省，重即时体验、轻理想信念。

二、我国意识形态领域失衡现象产生的根源

第一，现代人类文明形态的精神危机是意识形态领域失衡现象产生的普遍性根源。马克思说："问题是时代的格言，是表现时代自己内心状态的最实际的呼声。"② 意识形态领域作为当代中国人物质生产和社会交往的精神反映，它所面临和存在的失衡现象只有从这一时代人类生产交往的文明形态出发才能得到全面而整体的了解。按照马克思主义将生产资料视为区别不同

---

① 刘少杰：《当代中国意识形态变迁》，中央编译出版社 2012 年版，第 246-253 页。

② 《马克思恩格斯全集》第 1 卷，人民出版社 1995 年版，第 203 页。

时代的"测量器"和"指示器"的原则，人们一般将20世纪中叶以来由信息技术革命所带来的文明形态变革称为"新媒体时代""知识经济时代"或"后工业文明"。在这一文明形态中科学技术取得了飞速发展，并通过世界市场的力量将各国紧密连接在一起，使人类获得了共享发展成果的可能。但技术理性的极度张扬和商品需求的无限刺激不断强化着人们对"物的绝对依赖性"，消解着富有崇高神圣意味的思想根据、价值尺度和行为标准，产生了以反传统、反崇高、反主流为主要旨趣的相对主义和虚无主义思潮，从而使人类陷入了普遍的精神危机，即世界符号化与快速流动性带来的"无根性焦虑"，价值多元化与标准相对性带来的"选择性困惑"，理想拟物化与思想易变性带来的"信仰性缺失"。在世界经济一体化的今天，这种普遍的精神危机同经济危机一样使各国都难以独善其身。我国作为全球化进程的积极参与者在享有由之所带来的资本、技术、人才便利的同时，也不可避免地成为普遍精神危机的"受害者"。在一定范围内存在的意识形态失衡现象正是这种危机的具体表现。

第二，我国经济社会发展中的突出问题是意识形态领域失衡现象产生的特殊性根源。意识形态领域失衡现象是经济社会发展现状及矛盾的集中反映。党的十八大指出，当前我国"发展中不平衡、不协调、不可持续问题依然突出"。① 具体表现为两个层面的"紧张关系"：一是经济领域、政治领域和社会领域各自内部要素之间的紧张关系。从经济领域来看，以物质利益和普遍竞争为基本规则的市场经济赋予了个人追求物质享受的合法性，推动经济发展目标从改革开放之初的"满足温饱以减少痛苦"转变为现如今的"满足欲望以增加享受"。经济运行规则和目标的转变催生了一些人的享乐主义、极端个人主义倾向，冲击着他们对崇高理想和社会主义道德的坚守。从政治领域来看，一定范围内出现的公权力"寻租"的腐败现象以及服务特定集团或个人利益的特权现象，削弱了政治公信力及其背后的意识形态；部分国家治理机制同群众利益诉求多元化、利益关系复杂化以及民主参与意识增强的不适应、不协调，在一定程度上造成了党群关系、干群关系紧张，破坏了意识形态认同的关系基础。从社会领域来看，随着社会结构由高度同质化、一体化转变成各种异质性要素复合体，新的社会阶层、生活方式、就业方式不断涌现，各种代表特定群体的声音、主张在意识形态领域众声喧哗，加大了保持意识形态领域平衡稳定的压力。二是经济领域、政治领域和

① 中共中央文献研究室：《十八大以来重要文献选编》（上），中央文献出版社2012年版，第4页。

社会领域相互之间的紧张关系。从经济与政治的关系来看，经济领域以发展生产力、增加社会财富为着眼点，奉行增长供给原则；政治领域则以实现公平正义为旨归，坚持消灭剥削、消除"两极"分化，最终达到共同富裕。这就造成了"增长优先"与"权利优先"的紧张，使一些人形成了"GDP崇拜""淡化政治""拒斥意识形态"的错误认识。从经济与社会的关系来看，基于市场运行的趋利冲动，人们总是以实现自我利益最大化为原则建立社会联系，而社会之所以为社会不仅在于物质利益连接，更在于行为主体之间、行为主体与社会之间的价值共享和伦理承诺，于是经济领域的"功利逻辑"与社会领域的伦理精神便发生了碰撞，产生了假冒伪劣、诚信缺失、道德失范等问题。从政治与社会关系来看，改革开放以来社会力量不断发展，使政治运行的集中性、统一性与社会管理的多元性、自主性产生了矛盾。社会治理机制不完善又导致一些地方发生了因政治权力过多介入社会领域与社会诉求难以上达政治决策的"治理悖反"，从而在一定程度上造成了"政治设计"与"社会需求"的脱节。总之，经济基础、政治上层建筑以及社会领域在运行规则、发展目标、价值规范上的紧张关系，构成了观念上层建筑失衡的现实基础，造成了意识形态领域的失衡现象。

第三，和平发展时代主题下的文化价值观渗透是意识形态领域失衡现象产生的外源性根源。冷战结束、"两极"格局瓦解使"和平发展"取代"战争革命"成为时代主题，但时代主题的转换并没有消弭资本主义与社会主义两条道路、两种制度、两大价值观体系之间的纷争，也没有消除不同民族国家和文明共同体之间的政治文化藩篱。各国为抓住发展机遇、规避发展风险，都格外重视对意识形态话语权的争夺。发展中国家与发达国家在科技水平、经济发展和意识形态资源占有上的显著差距，为发达国家谋求文化霸权提供了优势支撑。以美国为例，近年来它通过"教义制造、媒体制造、产业制造、敌人制造"等方式对发展中国家实行文化价值观渗透和控制，以期催生和培育发展中国家特别是社会主义国家的消费主义和后现代主义文化土壤，消解和排异民族国家的文化认同，达到"领导世界、实现美国世纪"的战略目的。[①] 中国作为世界上最大的发展中国家和社会主义国家，是发达资本主义国家进行文化价值观渗透的重要目标。近年来，西方敌对势力利用世界社会主义运动低潮和中国经济飞速发展，散布"马克思主义过时论"

---

① 姜安：《美国制造：意识形态控制走向结构化》，载《中国社会科学报》2011年5月24日，第5版。

"社会主义失败论""中国崩溃论""中国威胁论""亚洲自由之弧"等言论，以期"唱衰中国""妖魔化中国"和"孤立中国"，并通过媒体宣传、文化商品贸易和学术交流等方式，向我国思想界兜售"非意识形态化""人权高于主权论""西方自由主义新闻观"等主张，以期争夺党对意识形态工作的领导权和主导权。这些都从外部催生了我国意识形态领域的失衡现象。

第四，社会主义意识形态建设中的某些错误倾向是意识形态领域失衡现象产生的内生性根源。近年来社会主义意识形态建设取得突出成就，开辟和拓展了中国特色社会主义道路，形成和发展了中国特色社会主义理论体系，确立和完善了中国特色社会主义制度，深化和推进了社会主义核心价值体系建设，培育和产生了大批优秀文化产品和现代文化产业。但在一些地方和单位仍存在经验主义、形式主义、官僚主义等值得注意的错误倾向。经验主义是对社会主义意识形态建设的轻视与疏离，表现为重视业务工作特别是经济工作而忽视理论学习和思想建设，重视过去意识形态建设经验而忽视新时期意识形态建设的发展变化，使意识形态工作处于"说起来重要、做起来次要、忙起来不要"的境地，使意识形态建设体制机制、方式方法难以适应开放环境、市场经济、社会分化和思想多元的现实要求。形式主义是对社会主义意识形态建设的悬置和架空，表现为自我理论武装上的"观念伪饰"和社会宣传教育上的"话语空洞"。一些领导干部将马克思主义仅仅变成会议、讲话、文件中的口号缀语，而不去认真学习、深刻领会其精神实质，对党的路线、方针、政策迅速认同接纳并透彻深刻地予以表述，但却在实际行动中远离理论路线、悖逆原则要求。这种自我理论上的"伪饰"使他们在进行社会主义意识形态宣传教育和对异质、残余意识形态批判抵制时，往往空话、套话连篇而不得要旨、难及要害，从而使一些地区或部门意识形态建设虽表面繁荣实则"空无一物"，损害了社会主义意识形态建设的形象。官僚主义是对社会主义意识形态建设的懈怠和独占，表现为片面地理解马克思主义经典作家所说的"统治阶级的思想在每一时代都是占统治地位的思想"①，迷信政治权力对维护社会主义意识形态主导地位的决定作用，认为只要掌握政治权力就无须担心会丧失意识形态领导权和主导权，而对社会主义意识形态面临的冲击和挑战缺乏忧患意识。此外，官僚主义还表现为割裂社会主义意识形态与广大人民群众的血肉联系，将意识形态的批判权、解释权和发展权据为己有，而罔顾群众的实际需要和主体地位。

---

① 《马克思恩格斯文集》第 1 卷，人民出版社 2009 年版，第 550 页。

三、我国意识形态领域失衡现象的应对策略

第一，树立现代意识形态观，正确评判和把握当前意识形态领域失衡现象的实质。意识形态观与一定阶级或集团的世界观和方法论紧密相关，是这种世界观、方法论在意识形态问题上的集中体现；有什么样的世界观和方法论就会有什么样的意识形态观，而持有什么样的意识形态观就会产生什么样的关于意识形态精神实质、功能作用和现状趋势的判断。历史证明，以唯物史观和剩余价值学说为基础的马克思主义意识形态观是代表全世界无产阶级根本利益的科学理论。这种理论在我国经历了以夺取和巩固人民政权为主要指向的"革命型意识形态观"到以推进社会主义现代化建设为主要指向的"建设型意识形态观"，再到以实现经济社会科学发展为主要指向的"和谐型意识形态观"的历史演进。树立现代意识形态观，就是要树立以中国特色社会主义理论体系为指导的"和谐型意识形态观"，坚持以人为本的核心立场，将促进经济社会全面协调可持续发展作为意识形态建设的第一要务，统筹兼顾社会主义意识形态在改革发展稳定、内政外交国防、治党治国治军中的指导地位和主导作用。从这种意识形态观出发，一方面，要看到意识形态领域失衡现象的严重危害性，这些失衡绝非是局部的、表面的理论观念之争，而是道路之争、命运之争，是关乎中国特色社会主义道路方向、理论基础和制度体系的重大问题，必须加以重视和解决。另一方面，还要看到这些现象产生的必然性及其变化的可控性。随着改革进入深水区和各种矛盾不断突发，意识形态失衡现象进入多发期，企图通过严格的思想控制将意识形态领域变成纯而又纯的一元话语，既无可能也不利于激发和调动人民的积极性，更不利于社会主义先进文化的繁荣发展。因此，正确的态度是首先要增强中国特色社会主义道路自信、理论自信和制度自信，勇敢面对各种异质、残余意识形态的冲击挑战。用毛泽东的话说，就是"马克思主义者不应该害怕任何人批评。相反，马克思主义者就是要在人们的批评中间，就是要在斗争的风雨中间，锻炼自己，发展自己，扩大自己的阵地"[1]。其次要分清主流与支流，要看到平衡稳定是我国意识形态领域的主流，不能因为局部的失衡现象就搞得"草木皆兵"，更不能以这些失衡现象为由冲击或动摇经济建设这个中心。最后还要处理好人民内部矛盾与敌我矛盾的关系，既要看到

---

[1] 《毛泽东文集》第 7 卷，人民出版社 1999 年版，第 232 页。

大多意识形态失衡现象整体上仍属于阶段性产生的、停留在思想认识层面的人民内部矛盾，善于运用说服教育、持续发展的办法加以解决，又要旗帜鲜明地批判、抵制那些企图冲击或替代社会主义意识形态指导地位的错误思潮，警惕和防止出现借"尊重差异、包容多样"之名放弃意识形态底线的错误倾向。

第二，加强主流意识形态建设，提高社会主义意识形态的吸引力、凝聚力和战斗力。针对当前意识形态领域失衡现象及其产生根源，主流意识形态建设应围绕筑牢和构建全球安全屏障和内部和谐机制，着力开展如下工作：一是加强主体建设。党员领导干部是意识形态建设的主体，是决定这一建设顺利开展及实效取得的关键。加强主体建设，根本在坚定理想信念、坚守共产党人的精神追求，真正将对马克思主义的信仰、对社会主义和共产主义的信念转化为自己学习和工作的精神支柱；核心在提高理论学习的自觉性，避免陷入庸俗的事务主义，提高运用马克思主义世界观、方法论分析和解决意识形态失衡现象的水平；关键在增强驾驭和管理复杂环境下意识形态领域的能力，特别是对互联网领域意识形态建设的目标管理、过程管理、预警管理和协同管理等能力。二是加强内涵建设。内涵建设是意识形态吸引力、凝聚力和战斗力的根本依据，理论研究是内涵建设的主要方式。加强内涵建设，首先要加强社会主义意识形态自洽性研究，把握马克思主义中国化、时代化、大众化的新观点、新论断与科学社会主义基本原则之间的发展自洽性，以及这些观点论断之间的逻辑自洽性，增强社会主义意识形态的科学性。其次要加强运用性研究，提高运用马克思主义中国化最新成果回应解决人民群众普遍关心的重大理论问题和现实问题的能力，增强社会主义意识形态的说服力。最后要加强原创性研究，探索构建富有中国风格、中国气派的社会主义意识形态话语体系，并将之及时转化成学术话语和生活话语，强化社会主义意识形态话语主导权。三是要加强渠道途径建设。包括内外两个方面：对内要积极探索社会主义核心价值观融入国民教育、精神文明建设和党的建设全过程的规律、机制和途径，按照因势施教、因群施教、因业施教、因人施教的原则，将社会传播与单位传播相结合、感性传播与理性传播相结合、新兴媒体与传统途径相结合，不断增强人们对社会主义意识形态的感性认同和理性认知；对外要注意摆脱两种"逆差"，即因与西方发达国家在信息传播资源占有上的差距所导致的"话语逆差"和侧重输出古代中国传统文化而较少传递现代中国文化产品的"历史逆差"，要积极拓展文化走出去的传播平台，努力向世界讲述"中国故事"、表达"中国声音"。

第三，重视将经济社会发展成就转化成意识形态建设优势，夯实克服意识形态领域失衡现象的现实基础。经济社会发展是保持意识形态平衡稳定的根本出路，但发展成就的取得并不能直接转化为人民对社会主义意识形态的认同。近年来人们常说的"端起碗来吃肉，放下筷子骂娘"就是明证。解决这一问题，一是要妥善处理群众最关心、最直接、最现实的利益问题，如收入分配、劳动就业、医疗保障、教育住房等，不断从质和量两个层面向群众提供丰富优质的民生资源，努力创建公正合理的民生环境，使人们现实而公平地享受经济社会发展所带来的民生改善，从而实现广泛的社会正义，为经济社会发展成就向意识形态建设优势转化奠定坚实的利益基础；二是引导人们将个人生活幸福同社会主义优越性连接起来，使人们认识到只有在社会主义框架下才能获得普遍的个人尊严和真实的社会权利，只有坚持中国特色社会主义道路、理论和制度，才能实现中华民族伟大复兴的"中国梦"；三是要培育自尊自信、理性平和、积极向上的社会心态，引导人们正确看待自我与社会发展中的阶段性、局部性问题，将之与社会主义道路、理论和制度区分开来，坚定对党的领导和社会主义事业的信念。

坚持高校意识形态工作的领导权与话语权*

党的十八大报告提出，要"牢牢掌握意识形态工作领导权和主导权，坚持正确导向，提高引导能力，壮大主流思想舆论"①。习近平总书记在全国宣传思想工作会议上的讲话强调"经济建设是党的中心工作，意识形态工作是党的一项极端重要的工作"②，对意识形态工作进行了明确定位。在2014年第二十三次全国高校党的建设工作会议上，习近平总书记作出重要指示："强化思想引领，牢牢把握高校意识形态工作领导权。"③ 这些论述，对我们深化意识形态工作认识、坚持高校意识形态工作的领导权与话语权、有效做好高校意识形态工作，具有重要指导意义。

一

意识形态工作的极端重要性，既由意识形态的本质与功能决定，又由当前的世情、国情决定。

首先，意识形态的本质与功能决定了意识形态工作的极端重要性。意识形态又称观念形态，是政治、法律、道德、哲学、艺术等各种社会意识形式的总和，是特定阶级的"自觉意识"和特定社会的意识形态观念上层建筑。意识形态产生于一定社会中占统治地位的经济基础，并服务于经济基础和统治阶级的根本利益。意识形态按其阶级内容和所反映的社会经济形态即生产关系可分为奴隶主阶级意识形态、封建阶级意识形态、资产阶级意识形态、无产阶级意识形态。每个社会统治阶级的意识形态，都是占社会统治地位的意识形态，它集中反映该社会的经济基础，表现出该社会的思想特征，因而

---

* 原载于《思想理论教育》2015年第4期，作者郑永廷、林伯海，收录时有修改。

① 胡锦涛：《坚定不移沿着中国特色社会主义道路前进为全面建成小康社会而奋斗——在中国共产党第十八次全国代表大会上的报告》，人民出版社2012年版，第32页。

② 《习近平在全国宣传思想工作会议上强调：胸怀大局 把握大势 着眼大事 努力把宣传思想工作做得更好》，载《人民日报》2013年8月21日，第1版。

③ 《习近平就高校党建工作作出重要指示强调：坚持立德树人思想引领加强改进高校党建工作》，载《人民日报》2014年12月30日，第1版。

阶级性是意识形态的本质特性。正如马克思、恩格斯所强调的："统治阶级的思想在每一时代都是占统治地位的思想。这就是说，一个阶级是社会上占统治地位的物质力量，同时也是社会上占统治地位的精神力量……占统治地位的思想不过是占统治地位的物质关系在观念上的表现，不过是以思想的形式表现出来的占统治地位的物质关系。"① 这里所说的"统治阶级的思想"，就是统治阶级的意识形态，是统治阶级根本利益得到集中反映的理论形式，这是马克思、恩格斯在考察社会意识起源及其与社会物质之间关系的基础上所揭示的意识形态的本质特征。

马克思、恩格斯在揭示意识形态本质特征的同时，阐述了意识形态的基本功能。维护并发展统治阶级的根本利益是意识形态最重要的功能。意识形态既产生于一定社会的经济基础，又服务于一定社会的经济基础和统治阶级的政治统治，对政治、经济具有巨大的反作用。意识形态的灵魂就是维护和发展占统治地位阶级的根本利益。同时，一定的意识形态在政治上为一定社会确立政治目标进行社会导向，论证该社会的合法性并确立政治原则和法律规范；在思想上巩固共同思想基础，抵制、批判性质相异的各种意识形态，形成共识与凝聚力量；在经济上保证并促进经济发展，巩固社会的经济基础，为社会提供物质条件；在文化上主导主流文化和引导多样文化发展，丰富社会文化资源。

意识形态工作，就是通过意识形态的构建、发展、宣传、教育、批判等途径与方式，来贯彻阶级和政党的宗旨与意图的活动，它涉及社会的各个领域、各个方面。意识形态工作极其重要，从意识形态的本质与功能可以看出，它直接关联着经济发展、政治安定、民众利益、人心向背、政权得失、国家安危。所以，维护或破坏一种社会制度、巩固或推翻一个政权，都要从意识形态工作入手。西方敌对势力对社会主义国家的和平演变、"颜色革命"东欧剧变的历史教训，都充分说明了意识形态工作的极端重要性。

其次，当今社会的世情、国情决定了意识形态工作的极端重要性。《中共中央关于全面推进依法治国若干重大问题的决定》指出："我国正处于社会主义初级阶段，全面建成小康社会进入决定性阶段，改革进入攻坚期和深水区，国际形势复杂多变，我们党面对的改革发展稳定任务之重前所未有、矛盾风险挑战之多前所未有。"第一，随着我国对外开放的不断扩大和全面改革的不断深化，各种新的社会矛盾和问题逐步涌现，人们的思想认识、价

---

① 《马克思恩格斯选集》第 1 卷，人民出版社 1995 年版，第 98 页。

值观念也在发生着广泛而深刻的变化。习近平总书记指出，一方面，"党风廉政建设和反腐败斗争成效明显"，但另一方面，"反腐败斗争形势依然严峻复杂，主要是在实现不敢腐、不能腐、不想腐上还没有取得压倒性胜利，腐败活动减少了但并没有绝迹，反腐败体制机制建立了但还不够完善，思想教育加强了但思想防线还没有筑牢，减少腐败存量、遏制腐败增量、重构政治生态的工作艰巨繁重"①。在思想道德领域，也出现了一些不容忽视的问题，诸如一些人受错误思潮的影响，理想信念模糊，拜金主义、享乐主义、极端个人主义倾向滋长；一些人宣扬西方价值观，否定党的领导，质疑甚至否定改革开放等。这些突出的问题和倾向，都试图攻破社会主义意识形态防线。因此，习近平总书记指出："现实生活中，一些党员、干部出这样那样的问题，说到底是信仰迷茫、精神迷失。""反对腐败、建设廉洁政治，保持党的肌体健康，始终是我们党一贯坚持的鲜明政治立场。"② 这从根本上指明了解决腐败和思想领域问题的途径，就是必须极端重视意识形态工作。第二，在对外开放和社会信息化条件下，世界范围内思想文化的交汇、交流、交锋越来越频繁，我国在意识形态领域面临的斗争和较量将是长期的、复杂的。特别是我国的快速发展，必定会受到西方国家一些势力的阻挠与挑战，西方敌对势力必定加紧对我国进行思想文化渗透。因而，要增强我国的竞争力与凝聚力，有效抵制西方的和平演变、"颜色革命"图谋，必须高度重视并切实加强意识形态工作。

二

中共中央办公厅、国务院办公厅近期印发的《关于进一步加强和改进新形势下高校宣传思想工作的意见》指出："意识形态工作是党和国家一项极端重要的工作，高校作为意识形态工作前沿阵地，肩负着学习研究宣传马克思主义，培育和弘扬社会主义核心价值观，为实现中华民族伟大复兴的中国梦提供人才保障和智力支持的重要任务。"各类高校，都要面向世界，推进教育国际化发展，即以国际视野来把握和发展教育；都要面向未来，为国家培养德智体美全面发展的建设者与接班人；都要面向学生，按照育人为

---

① 《习近平在十八届中央纪委五次全会上发表重要讲话强调：深化改革巩固成果积极拓展不断把反腐败斗争引向深入》，载《人民日报》2015 年 1 月 14 日，第 1 版。

② 习近平：《紧紧围绕坚持和发展中国特色社会主义学习宣传贯彻党的十八大精神》，载《人民日报》2012 年 11 月 19 日，第 1 版。

本、德育为先的原则教育学生成长成才。高校所有的教育教学活动都与意识形态密切相关。加上大学生正处于世界观、人生观、价值观形成与坚定的特殊阶段，更需要加强社会主义意识形态教育，才能有效适应开放环境、多元文化、社会信息化的发展。

所谓高校意识形态工作领导权，是指高校党政组织和意识形态工作机构，为维护国家根本利益和党的领导，以社会主义意识形态所倡导的理想信念、价值观念、发展目标，运用决策、组织、教育、管理等职能，通过设立意识形态工作机构、配备意识形态工作人员、制定意识形态工作制度，对高校意识形态领域进行引导、规范和矫正的职责与权力。掌握、运用高校意识形态工作领导权，目的是要通过引领多样化社会思潮、加强思想政治教育、提高舆论引导力等途径，坚持和巩固马克思列宁主义、毛泽东思想和中国特色社会主义理论体系在高校的指导地位，确保高校始终坚持社会主义发展方向。党的领导和意识形态工作领导，两者具有同一性。党的领导主要是思想、政治和组织领导，其中思想领导是政治领导、组织领导的重要前提和基础。思想领导就是用理论掌握群众，使社会主义意识形态成为高校的灵魂和基础。牢牢掌握意识形态工作的领导权，是新形势下巩固马克思主义在意识形态领域的指导地位、巩固高校团结奋斗的共同思想基础的要求，也是应对西方敌对势力对高校进行意识形态渗透的要求。

所谓意识形态工作话语权，就是说话权或控制舆论的权力。高校意识形态话语权，就是高校控制舆论的权力和坚持社会主义发展方向的能力，具体说，就是社会主义的发展方向、价值判断、理论观点，有资格和能力主导、指导高校的发展。葛兰西的"领导权"、福柯的"权力话语"、哈贝马斯的"合法化"等理论都有对话语权的论述。西方马克思主义者葛兰西围绕意识形态斗争提出了话语权问题，他认为："社会集团的领导作用表现在两种形式中——在'统治'的形式中和'精神和道德领导'的形式中。"[①] 前一种形式表现为上层建筑的国家机器，后一种形式则表现为意识形态话语权。应当肯定，话语与权力是不可分割的，因为权力要通过一定的话语来实现，话语不仅是施展权力的工具，而且是掌握权力的关键。只有牢牢掌握意识形态话语权，才能使社会主义意识形态在与其他各种性质意识形态交汇、交流、交锋时，得到权力保证、政策支持和资源占有的优势，才能保证社会主义意识形态在意识形态领域始终占有主导地位和发挥主导作用。

----

① ［意］安东尼奥·葛兰西：《狱中札记》，葆煦译，人民出版社 1983 年版，第 316 页。

同时，要牢牢掌握意识形态话语权，还要在实践发展的基础上不断丰富、扩大社会主义意识形态的话语权，才能增强社会主义意识形态的吸引力和凝聚力，促进人们把社会主义意识形态内化于心、外化于行，为社会主义意识形态主导权奠定坚实的基础。因而，意识形态话语权是意识形态领导权的前提和基础，意识形态领导权是意识形态话语权的目标与保证。放弃社会主义意识形态话语权，社会主义意识形态领导权就会丧失；忽视社会主义意识形态领导权，社会主义意识形态话语权就会落空。因此，两者相互依存、不可分割。

当前，我国高校意识形态领域的情况复杂，意识形态工作领导权与话语权虽然把握和运用正确，效果显著，保证了高校的顺利发展，但也面临着许多新问题与新挑战，主要表现在三个方面。

其一，面临文化交汇、思想渗透、主权冲击的挑战。"文化全球化"是西方国家对我国实施思想渗透打出的主要旗号，推行"普世价值"则是渗透的重点。高校有的知识分子，混淆世界范围的经济全球化、政治多极化、文化多元化概念，盲目主张在文化甚至意识形态上与西方"接轨"，认同西方价值观，模糊、抹杀社会主义意识形态与资本主义意识形态的性质，消解、否定社会主义意识形态的主导作用与话语体系，试图以资本主义意识形态挤压甚至替代社会主义意识形态。因而，高校意识形态工作领导权与话语权之争，聚焦于道路之争、命运之争。

其二，面临西方错误思潮与国内错误观点交织的挑战。改革开放以来，西方资本主义国家除了向我国输出文化产品之外，还向我国不断鼓吹各种错误思潮，诸如改革开放初期的资产阶级自由化思潮，东欧发生剧变后的历史虚无主义思潮，我国决定建立社会主义市场经济体制后的新自由主义思潮，进入21世纪后的宪政民主思潮、民主社会主义思潮等。这些思潮蕴含着资本主义意识形态的世界观与价值观，直接冲击社会主义意识形态。高校有的知识分子对这种外来品不仅鼎力推崇，而且还主张指导思想多元化和多元文化自由选择，推行宪政民主，张扬资产阶级民主、自由、人权，企图冲击高校的社会主义性质。

其三，面临市场经济条件下功利主义、实用主义价值观的挑战。社会主义市场经济体制建立以后，原来计划经济的指令优先转变为市场在资源配置中起决定性作用，增强了利益主体的自主性，形成了社会的竞争机制。这一转变有效催生了全体社会成员的竞争意识、效率意识、平等意识和权利意识，但也诱发了高校一些单位和个人的功利主义、实用主义倾向，对社会主义意识形态领导权与话语权造成不利影响。功利主义、实用主义价值倾向，就是局限于眼前、具体、现实的价值追求，忽视全局、长远的目标实现。因而在这种价值观指导下，往往忽视精神价值，不愿树立远大理想，只能陷于自发发展状态。社会主义意识形态不仅蕴含、体现着眼前、具体、现实的利益，而且代表、预示着全局、长远的利益。坚持社会主义意识形态工作的领导权与话语权，就是要把局部与全局、眼前与长远结合起来，引导和帮助师生员工树立远大的理想信念并为之奋斗，形成自觉发展状态。

其四，面临肢解、遮蔽社会主义意识形态的挑战。社会主义意识形态，是由哲学、政治、道德、文艺等意识形式构成并有着内在联系的思想体系，它既对社会起主导作用，又对个体有教育作用。但高校有的人肢解了社会主义意识形态的功能，即只强调其对社会发展的导向、整合和调节功能，而忽视其对个人树立理想信念、遵循价值规范、建设精神家园的作用，使社会主义意识形态外在于个人发展而难以融入个人内心世界，淡化个人的社会责任，使自己成为意识形态领域纷争的"围观者"和没有精神根底的"漂泊者"。还有的人，肢解社会主义意识形态所包含的意识形式之间的关系，比较突出的是对社会主义政治意识形式冷漠、遮蔽，甚至提出所谓"去政治化"主张，对诸如心理、艺术、宗教等发生兴趣。严格来讲，对政治不感兴趣，或者政治冷漠、回避政治是不可能的，在现实生活中，政治不仅客观存在，而且有不同性质的政治，对社会主义政治不感兴趣，可能是对其他政治感兴趣的借口。

高校意识形态工作面临的这些新问题与新挑战，既是高校在发展进程中难以避免的矛盾，也向意识形态工作提出了新要求。有效分析、解决这些问题，高校才能坚定方向、增强动力、推进发展。如果这些问题得不到及时解决，就会成为高校发展和学生成长的障碍，冲击高校意识形态工作的领导权与话语权。高校领导与意识形态工作者必须高度重视意识形态领域的问题，尽职尽责、积极主动地解决这些问题。

三

有力、有效坚持高校意识形态工作的领导权与话语权，必须旗帜鲜明、措施得力。

首先，要充分认识高校意识形态工作是科学性与价值性的统一，理直气壮地开展意识形态工作。以马克思主义为指导的社会主义意识形态，是我国社会的主导意识形态，它是维护和巩固社会主义基本政治经济制度的精神力量，也是中国共产党领导人民取得革命和建设胜利的精神支柱。它源于革命和建设的实践，指导实践并经受了实践的检验，因而它是科学性与价值性的统一，是我们认识世界、改造世界和完善自身的思想武器。社会主义意识形态所包含的各种意识形式，诸如政治、法律、伦理、哲学、历史等，在高校都有相关学科开展研究，进行学理支持。还有新建立的马克思主义理论学科，运用马克思列宁主义、毛泽东思想和中国特色社会主义理论体系，综合研究、解决意识形态领域的问题。因而，以马克思主义为指导的社会主义意识形态，不仅揭示了社会主义革命、建设规律和中国共产党执政规律，而且代表了广大人民的根本利益。我们应当对社会主义意识形态充满自信，自觉地、理直气壮地做好意识形态工作。

社会主义意识形态是世界上迄今为止最先进与最彻底的理论，只要我们坚持通过丰富多彩的宣传、教育、管理途径，不断提高意识形态工作的水平，就可以引导师生员工认同、接受社会主义理想信念和价值观念。同时，随着改革的深化、开放的扩大和信息社会的发展，新情况、新问题不断涌现，利益结构不断调整，高校意识形态工作必须摆脱"一劳永逸"的想法与做法，坚持不懈地做好意识形态工作，不断研究、解决意识形态工作所面临的新情况、新问题，更新观念，创新工作理念与方法，推进意识形态工作的开展，增强意识形态工作的成效。

其次，要敢于面对高校意识形态领域的矛盾，旗帜鲜明地解决问题。前面所列举的高校意识形态领域的各种问题，既是高校发展过程中难以避免的矛盾，也是学校发展和学生成长的障碍。解决这些问题，就能有效推进高校发展。如果这些问题得不到及时解决，就会不断积累，形成顽症，消解高校发展的动力。

要解决高校意识形态领域的问题，一是要敢于正视、面对问题，不回避、迁就问题。对错误思想行为让步妥协的做法，都要以抑制、打压正确的思想行为为代价。意识形态领域，社会主义意识形态不去主导和占领，其他性质的意识形态就会去主导和占领，绝对不会形成意识形态领域的"真空"状态。要吸取苏联忽视意识形态工作导致演变的教训，把政治立场坚定、思想素养良好、组织领导能力强、熟悉意识形态工作的教师、干部，选拔配备到意识形态工作岗位上来，既要克服意识形态工作的保守僵化倾向，也要防止意识形态工作的自由化倾向，切实坚持社会主义意识形态在高校的主导地位。二是要善于分析、解决高校意识形态领域的问题，即找准问题的表现，抓住问题的实质，剖析问题的根源，分析问题造成的危害，提出解决问题的办法。只有这样有理有据地深入研究，才能以理服人。任何简单化的做法都可能引起反感，甚至可能把问题的不良影响扩大。三是要勇于拿起批判的武器。所谓批判，就是对错误的思想或言行批驳否定。马克思主义就是在批判资本主义，批判吸收德国古典哲学、政治经济学和空想社会主义的过程中形成的。因而唯物辩证法呈现出革命性、实践性、批判性的明显特征。对高校意识形态领域的错误思潮和各种腐朽落后的思想，意识形态工作者必须拿起批判的武器，组织、引导师生员工进行辨别、分析与批判，抵制资本主义意识形态的渗透和封建主义意识形态的沉渣泛起，增强社会主义意识形态的吸引力和影响力。

最后，要加强对高校重要部门、课堂、互联网络等的管理和制度建设。意识形态工作虽然主要侧重于政治思想、价值观念、道德规范方面，看起来是无形的，但这些无形的内容，不管是正确的还是错误的，都会通过一定的载体，即媒介、活动、行为、交往等有形的途径、方式表现出来。马克思、恩格斯在《德意志意识形态》中阐述了"统治阶级的思想在每一时代都是占统治地位的思想"之后强调："作为思想的生产者进行统治，他们调节着自己时代的思想的生产和分配。"[1] 这里所说的"思想的生产"，就是要通过研究构建、发展、充实占主导地位的意识形态；这里所说的"思想的分配"，就是要根据实际需要，让不同的部门、人员，掌握、运用不同内容与数量的意识形态资源；这里所说的"调节"，就是意识形态工作要遵循原则，依据法规、制度进行决策、管理。因而，高校要完善宣传工具的管理制度，制定校园互联网络的管理规范，建立各类报告的审批程序，提出教育教学的明确要求，规定社团活动的准则与纪律。对违背、反对社会主义意识形态的思想、行为与活动，要尽快制止、引导，对扩大错误思想、造成恶劣影响的单位与个人，要追究责任、及时处理，决不能纵容、迁就、袒护。

---

[1] 《马克思恩格斯选集》第 1 卷，人民出版社 1995 年版，第 99 页。

论社会意识形态与思想政治教育的内在联系*

人类历史自阶级社会产生以来，就形成了统治阶级的思想统治，即主流社会意识形态的主导，并随之形成了与主流社会意识形态相适应的思想政治教育，两者形影不离、不可分割。在理论与实际的结合上，按照历史发展的逻辑来论述两者的内在联系，旨在揭示主流社会意识形态主导社会格局，以及思想政治教育维护并巩固主流社会意识形态的主导地位，是一个既有普遍性又有特殊性的历史发展趋向。认识和把握这一趋向，有利于我们坚持社会主义意识形态的主导地位，自觉开展并接受思想政治教育。

一、社会意识形态与思想政治教育内涵的融通

（一）社会意识形态概念与相关概念

社会意识形态，是指社会意识在社会现实生活中的表现和表述形式。政治、法律、哲学、道德、历史、宗教等各种社会意识形式之间是互相影响、互相作用的，其中政治、法律思想起决定作用，哲学思想起指导作用。社会意识形态在一定社会经济基础上形成和发展，反映一定阶级的根本利益，指导这一阶级或集团的行动。统治阶级的意识形态，是占统治地位的意识形态，具有鲜明的阶级性和主导性。先进阶级的意识形态对社会发展起推进作用，落后阶级的意识形态对社会发展起阻碍作用。马克思主义是无产阶级的意识形态，代表无产阶级的根本利益，对社会发展具有巨大促进作用。

简而言之，社会意识形态就是一种思想观念，这种思想观念具有群体性，即不是个别人的思想观念，而是已经被某个阶级或社会集团所接受的思想观念；具有系统性，即不是支离破碎的想法和观点，而是形成了思想体系；具有历史性，即在一定的社会经济基础上形成，其核心内容是价值观。

社会意识形态，也可称之为"观念上层建筑"或"思想上层建筑"。马克思和恩格斯在《德意志意识形态》一文中谈到市民社会时说："市民社会

---

* 原载于《中国高校社会科学》2015 年第 6 期，收录时有修改。

这一名称始终标志着直接从生产和交往中发展起来的社会组织，这种社会组织在一切时代都构成国家的基础以及任何其他的观念的上层建筑的基础。"①这里所说的"观念的上层建筑"，就是指意识形态。观念上层建筑或思想上层建筑，也可称之为意识形态上层建筑，都指适应经济基础的社会观点、思想体系。

社会意识形态，按其阶级内容和所反映的社会经济基础，可分为奴隶主意识形态、封建主意识形态、资产阶级意识形态、无产阶级意识形态。每个社会的统治阶级的意识形态，也可称之为"统治阶级的思想"。每个社会、国家的意识形态领域，都不是单一的，而是多样、多变的：一定社会或国家要坚持占主导地位的意识形态，存在反映已被消灭的旧经济制度和政治制度的意识形态残余，和反映现存社会里孕育着的新社会因素并为建立新的经济制度和政治制度服务的新的意识形态内容。

(二) 思想政治教育概念及内涵

思想政治教育包括思想教育、政治教育和道德教育，是具有社会主义性质与中华民族特色的专门概念。其他社会与国家虽然没有思想政治教育这一概念，但都在事实上存在着思想教育、政治教育和道德教育，只不过使用的名称或概念不同而已。

所谓思想政治教育，"是教育者与受教育者根据社会和自身发展的需要，以正确的思想、政治、道德理论为指导，在适应与促进社会发展的过程中，不断提高思想、政治、道德素质和促进全面发展的过程"②。这一界定，强调思想政治教育是社会发展与人的发展需要，体现了以人为本的精神；强调教育者与受教育者都要以正确思想、政治、道德理论为指导，规范了共同的价值取向和遵循准则；强调教育者与受教育者都要把适应与促进社会发展和不断提高思想、政治、道德素质，促进全面发展作为目的。

思想政治教育的内涵，其一是人本性。任何思想政治教育都是以人为主体的活动，"思想政治教育说到底是做人的工作，必须坚持以人为本。既要坚持教育人、引导人、鼓舞人、鞭策人，又要做到尊重人、理解人、关心人、帮助人"③。也就是说，思想政治教育的对象是人、教育者也是人，坚

---

① 《马克思恩格斯选集》第 1 卷，人民出版社 2012 年版，第 211 页。

② 教育部思想政治工作司组编：《大学生思想政治教育理论与实践》，高等教育出版社 2009 年版，第 2 页。

③ 胡锦涛：《在全国宣传思想工作会议上的讲话》，载《人民日报》2003 年 12 月 8 日，第 1 版。

持育人为本是思想政治教育的本质属性。其二是意识形态性。意识形态性是思想政治教育性质的规定性。思想政治教育只有按照主导意识形态确立的方向、目标并运用主导意识形态的内容开展教育，才能适应和推进社会发展的需要。其三是目的性。思想政治教育的意识形态性决定了思想政治教育的目的性。思想政治教育既要立足于现实，又要超越现实，即以现实为基础，推进社会发展和人的发展，实现一定的目标。

（三）社会意识形态与思想政治教育的内涵融通

从社会意识形态和思想政治教育的概念、内涵可以看出，两者有相互联系、相互衔接之处：社会意识形态的性质决定思想政治教育的性质；社会意识形态所确定的方向和目标，规定着思想政治教育的方向和目标；社会意识形态的内容，规范着思想政治教育的内容。同时，思想政治教育是面向社会、面向广大群众的，学习、理解、认同社会意识形态，并以其为指导，在社会实践中坚持社会意识形态的方向、遵循社会意识形态的准则、实现社会意识形态的目标是不可缺少的途径。因而，思想政治教育实际上是意识形态教育。

二、马克思主义关于社会意识形态与思想政治教育内在联系的论述

马克思主义经典作家，对社会意识形态与思想政治教育的内在联系，从不同层面进行了深入论述。学习、领会这些论述，不仅可以深化我们对社会意识形态与思想政治教育的本质认识，而且能够加深对社会意识形态与思想政治教育内在联系的把握。

（一）统治阶级在坚持占统治地位思想的同时，必须"调节着自己时代的思想的生产和分配"

马克思和恩格斯根据历史唯物主义原理，提出了著名论断："统治阶级的思想在每一时代都是占统治地位的思想。这就是说，一个阶级是社会上占统治地位的物质力量，同时也是社会上占统治地位的精神力量。支配着物质生产资料的阶级，同时也支配着精神生产资料……占统治地位的思想不过是占统治地位的物质关系在观念上的表现，不过是以思想的形式表现出来的占统治地位的物质关系；因而，这就是那些使某一个阶级成为统治阶级的关系

在观念上的表现，因而这也就是这个阶级的统治的思想。"① 在这段论述中，"占统治地位的思想"，就是统治阶级的意识形态。马克思和恩格斯既阐述了一个阶级"占统治地位的物质力量"与"占统治地位的精神力量"的辩证关系，又充分肯定了占统治地位的思想具有相对独立性，即占统治地位的思想不仅反映占统治地位的物质关系，而且反作用于占统治地位的经济基础。因而，统治阶级为了维护其根本利益，巩固其统治，无一例外地都要坚持和发展占统治地位的意识形态，排斥和反对其他意识形态的影响与冲击。这是马克思和恩格斯站在人类社会发展的高度，揭示、归纳的治国理政基本原理。

怎样才能有效坚持和发展占统治地位的意识形态呢？马克思和恩格斯接着说："构成统治阶级的各个个人也都具有意识，因而他们也会思维……他们还作为思维着的人，作为思想的生产者进行统治，他们调节着自己时代的思想的生产和分配；而这就意味着他们的思想是一个时代的占统治地位的思想。"② 这一段话，把统治阶级的思想统治，回归、落实到人，通过"一切领域中"的人，"调节着自己时代的思想的生产和分配"。

所谓"思想的生产"，就是人们为认知世界和满足精神文化生活方面的需要所进行的探索、创作、生产活动；就是以社会实践为基础，更新思想观念、充实精神生活，促进物质生产与社会文明发展，丰富、发展占统治地位的意识形态。思想生产要以物质生产为基础，但思想生产也可以相对独立地存在，"思想、观念、意识的生产最初是直接与人们的物质活动，与人们的物质交往，与现实生活的语言交织在一起的。人们的想象、思维、精神交往在这里还是人们物质行动的直接产物。表现在某一民族的政治、法律、道德、宗教、形而上学等的语言中的精神生产也是这样。人们是自己的观念、思想等的生产者……"③ 人们自己生产观念、思想，是物质生产的发展与需要，是人们思想、精神具有相对独立性的标志。

思想政治教育是满足人们思想生产或精神生产需要的途径与方式。因为思想政治教育既要组织人们学习、理解、内化主导意识形态的内容，形成自己的思想，并以形成的思想在实践中外化为行动，而这种内化与外化的过程，以及所形成的思想与行动，是人们理论联系实际的思考与行动，是他人

---

① 《马克思恩格斯选集》第 1 卷，人民出版社 2012 年版，第 179 页。
② 《马克思恩格斯选集》第 1 卷，人民出版社 2012 年版，第 151–152 页。
③ 《毛泽东选集》第 1 卷，人民出版社 1991 年版，第 295–296 页。

不能替代的活动，蕴涵着思想生产与实践创新；同时，人们又要在实践过程中，"根据于一定的思想、理论、计划、方案以从事于变革客观现实的实践，一次又一次地向前，人们对于客观现实的认识也就一次又一次地深化"。"人们对于客观现实的认识"的不断深化①，就是在实践过程中的"思想生产"和对意识形态的丰富。

所谓"思想分配"，是指按一定规定把思想分配给社会、社会集团以及社会成员的过程和形式。意识形态是一种文化资源，统治阶级占统治地位的意识形态是统治阶级治国理政的重要财富。统治阶级及其政党为了发挥占统治地位意识形态的作用，首先要向社会各个领域及全体社会成员，通过大众传媒宣传、思想政治教育、各种文化活动等途径广泛持久地开展意识形态工作，让广大群众接受主导意识形态教育，明确社会与国家的性质、方向与发展目标，这是主导意识形态的广泛性"分配"，它旨在形成社会思想基础与社会凝聚力。其次，社会及其人员是分类型与层次的，正如列宁所说："谁都知道，群众是划分为阶级的；……阶级是由政党来领导的；政党通常是由最有威信、最有影响、最有经验、被选出担任最重要职务而称为领袖的人们所组成的比较稳定的集团来主持的。"② 列宁这一论述阐明了领袖、政党、阶级、群众之间不可分割的关系，科学说明了社会的层次与结构。这就是说，一个社会统治阶级的成员，特别是掌握国家党、政、军权力的各级领导，担负着治国理政的重大职责，代表着国家根本利益，理所当然要更加自觉地学习统治阶级的意识形态，维护主导意识形态的主导地位。同时，社会的上层建筑的有关机构，也应通过主导意识形态的系统教育、专题培训、典型示范、重要会议等途径加强主导意识形态资源的重点"分配"，使领导成员拥有主导意识形态的资源优势。再次，社会是不断发展变化的，统治阶级的意识形态，既要传承也要发展，既要始终坚持主导，也要不断排除其他意识形态的干扰与冲击。因此，任何统治阶级都要把年轻一代作为意识形态教育的重点，系统开设主导意识形态课程，灌输主导意识形态内容，帮助青少年辨析、批判、抵制错误思想观念，形成与主导意识形态相一致的世界观与价值观。

---

① 《列宁选集》第4卷，人民出版社2012年版，第151页。
② 《马克思恩格斯选集》第1卷，人民出版社2012年版，第11页。

（二）理论既源于群众的实践，又必须掌握群众指导实践

在讲理论与实践的关系之前，先要说明"理论"与"意识形态"的关系。所谓理论，是指在实践基础上关于自然界和人类社会的系统理性认识，也指辩论是非、争论和讲道理；所谓意识形态，是指在一定的经济基础上形成的、对世界和社会的系统认识和见解。"理论"与"意识形态"两个概念，都强调认识和结论是理性的、系统的，都必须以客观实际、社会实践、经济条件为基础，这是相同之处。相比较而言，理论涵盖的面更宽泛一些，理论既包括自然科学理论、社会科学理论，也包括某种具体的理论观点。意识形态一般不包括自然科学理论，也不是单一理论观点，而是系统理论，如马克思主义理论可称之为马克思主义意识形态，科学社会主义理论可称之为社会主义意识形态。因为这些系统理论，是由政治、法律、道德、哲学等思想观念组成的整体。

理论与实践的关系，是一种辩证关系。总体来讲，就是理论源于实践，理论又指导实践。马克思在《〈黑格尔法哲学批判〉导言》一文中说："理论需要是否会直接成为实践需要呢？光是思想力求成为现实是不够的，现实本身应当力求趋向思想。"① 马克思在这里讲的就是理论对实践的指导性。理论之所以具有超越性与指导性，是因为"人是现实性的存在，但人又总是不满足于自己存在的现实，而总是要求把现实变成更加理想的现实。理论正是以其理想性的世界图景和理想性的目的性要求而超越于实践，并促进实践的自我超越"②。毛泽东借用斯大林的话对理论与实践的关系进行了辩证论述，他说"理论若不和革命实践联系起来，就会变成无对象的理论，同样，实践若不以革命理论为指南，就会变成盲目的实践"③。

马克思关于理论与实践、理论与群众的关系，体现在他提出的一个著名论断："理论一经掌握群众，也会变成物质力量。理论只要说服人［ad hominem］，就能掌握群众；而理论只要彻底，就能说服人［ad hominem］。所谓彻底，就是抓住事物的根本。而人的根本就是人本身。"④ 马克思在这里所说的"理论"，显然是指抓住事物根本的、彻底的理论，也就是毛泽东所说的"真正的理论"或揭示事物发展规律的科学理论，"真正的理论在世

---

① 《马克思恩格斯选集》第 1 卷，人民出版社 2012 年版，第 11 页。
② 孙正聿：《理论及其与实践的辩证关系》，载《光明日报》2009 年 11 月 24 日，第 1 版。
③ 《毛泽东选集》第 1 卷，人民出版社 1991 年版，第 293 页。
④ 《马克思恩格斯选集》第 1 卷，人民出版社 2012 年版，第 9—10 页。

界上只有一种，就是从客观实际抽出来又在客观实际中得到了证明的理论，没有任何别的东西可以称得起我们所讲的理论"①。马克思的这段话，既肯定了理论或意识形态的重要性，又强调了思想政治教育的作用。

其一，"理论一经掌握群众，也会变成物质力量"，讲的是理论在指导实践过程中的反作用和精神向物质的转化。科学理论的形成源于实践，但科学理论并不是实践的附属物，而是具有相对独立性并能指导实践。马克思说："哲学把无产阶级当做自己的物质武器，同样，无产阶级也把哲学当做自己的精神武器。"② 恩格斯指出："根据唯物史观，历史过程中的决定性因素归根到底是现实生活的生产和再生产……但是对历史斗争的进程发生影响并且在许多情况下主要是决定着这一斗争的形式的，还有上层建筑的各种因素：阶级斗争的各种政治形式及其成果——由胜利了的阶级在获胜以后确立的宪法等，各种法的形式以及所有这些实际斗争在参加者头脑中的反映，政治的、法律的和哲学的理论，宗教的观点以及它们向教义体系的进一步发展。"③ 恩格斯运用经济基础与上层建筑辩证的原理，在强调"现实生活的生产和再生产"决定作用的同时，也肯定了"政治的、法律的和哲学的理论"对历史斗争的进程发生影响并且在许多情况下起决定作用。列宁则从理论与实践辩证关系的层面，论述了理论指导实践的重要性，他说："没有革命理论，就不会有革命的运动。"④ 毛泽东则更明确地强调了"正确思想"对实践的反作用，以及思想与物质的转化："人们的社会存在，决定人们的思想。而代表先进阶级的正确思想，一旦被群众掌握，就会变成改造社会、改造世界的物质力量。"⑤

其二，"理论只要说服人，就能掌握群众"，就是要以理论说服群众、教育群众、武装群众，开展思想政治教育。前面已经阐明，理论有相对独立性与反作用。理论要发挥反作用，只有通过掌握群众并指导实践才能实现。群众理解、认同和运用理论，有一个学习、思考、联系实际解决问题的过程，这个过程就是思想政治教育。思想政治教育的主要任务，就是引导、帮助人们辨别是非、明确方向、付诸实践；就是要坚持以理服人，即以揭示事物本质与规律的真理说服人，以遵循规律性与正确价值性的实际事理启发

---

① 《毛泽东选集》第 3 卷，人民出版社 1991 年版，第 817 页。
② 《马克思恩格斯文集》第 2 卷，人民出版社 2009 年版，第 17 页。
③ 《马克思恩格斯选集》第 4 卷，人民出版社 2012 年版，第 604 页。
④ 《列宁专题文集——论无产阶级政党》，人民出版社 2009 年版，第 70 页。
⑤ 《毛泽东著作选读》（下），人民出版社 1986 年版，第 839 页。

人，以教育者真学、真信、真用的情理感化人。群众掌握了理论并自觉运用理论指导实践，就能产生改造社会、推进发展的强大力量。

其三，"理论只要彻底，就能说服人。所谓彻底，就是抓住事物的根本"，讲的是理论符合规律性与价值性。理论彻底，就是理论透过现象，揭示了事物的本质与规律，深刻而透彻，经得起实践的检验。追求彻底的理论，一定具有影响力、说服力与指导作用；理论要有力量，必须追根溯源、探求根底。要使理论具有彻底性，就不能让理论趋附于不能反映事物本质的某些现象，也不能让理论屈从于某种不切实际的主观意愿与臆想。思想政治教育要有影响力、说服力与渗透力，必须运用"彻底的理论"，即科学的理论教育人、武装人。

马克思主义理论是由马克思和恩格斯创立、后来在实践中不断发展的科学理论。马克思主义的科学性和真理性，在于它具有辩证唯物主义和历史唯物主义世界观与方法论，在于它能以无可辩驳的事实和严密的逻辑揭示人类社会的发展规律，在于它始终代表并致力于实现无产阶级和广大劳动人民的根本利益，在于它富有与时俱进的理论品质和崇高的理想信念。所以，早在1920年11月25日，27岁的毛泽东在写给新民学会会员向警予、欧阳泽、罗章龙等人的信中就这样说道："主义譬如一面旗子，旗子立起了，大家才有所指望，才知所趋赴。"[1] 毛泽东这里所说的"主义"，就是马克思主义理论。邓小平在东欧剧变之后，坚定地认为："我坚信，世界上赞成马克思主义的人会多起来的，因为马克思主义是科学。它运用历史唯物主义揭示了人类社会发展的规律。"[2]

（三）先进理论不会自发产生，阶级政治意识只能从外面灌输给人们

马克思在《〈黑格尔法哲学批判〉导言》中强调，先进理论不会自发产生，共产党必须加强对工人阶级的思想理论灌输。列宁提出了"灌输论"并对其进行了深刻的阐述。列宁说："工人本来也不可能有社会民主主义的意识。这种意识只能从外面灌输进去，各国的历史都证明：工人阶级单靠自己本身的力量，只能形成工联主义的意识……"[3] 并强调："没有革命理论，

---

① 中共中央文献研究室等编：《毛泽东早期文稿》，湖南出版社1990年版，第498页。

② 《邓小平文选》第3卷，人民出版社1993年版，第382页。

③ 《列宁选集》第1卷，人民出版社2012年版，第317页。

就不会有坚强的社会主义政党，因为革命理论能使一切社会主义者团结起来，他们从革命理论中能取得一切信念，他们能运用革命理论来确定斗争方法和活动方式。"① "从外面"是指从工人群众头脑的外面，"阶级政治意识只能从外面灌输给工人，即只能从经济斗争外面，从工人同厂主的关系范围外面灌输给工人"②。"从外面"灌输就是指向工人灌输他们原来并不了解和掌握的社会主义思想，指导工人明确无产阶级的历史使命。因而，列宁提出灌输社会主义思想，是指这种先进思想体系对人来说不可能不学而知、不用就会，只能通过灌输、引导工人群众自觉学习、运用，才能掌握科学的世界观和方法论。列宁的"灌输论"是针对自发论提出的一种自觉性理论，灌输论是思想政治教育的理论，灌输是思想政治教育的重要范畴。

毛泽东早在抗日战争时期就指出："军队的基础在士兵，没有进步的政治精神贯注于军队之中，没有进步的政治工作去执行这种贯注，就不能达到真正的官长和士兵的一致，就不能激发官兵最大限度的抗战热忱，一切技术和战术就不能得着最好的基础去发挥它们应有的效力。"③ 这里所说的"贯注"，实际上就是灌输。新中国成立后，在谈到农村思想政治工作时，毛泽东提出："政治工作的基本任务是向农民群众不断地灌输社会主义思想，批评资本主义倾向。"④ 因此，灌输这个范畴是思想政治教育的特定范畴，就是说，正确、先进的思想体系不可能在头脑中自发产生，只有通过学习、教育、实践才能自觉形成。

由于思想、政治、道德教育具有普遍性，所以，古今中外的各个社会发展阶段，各个不同性质的国家都十分强调灌输。在我国古代社会，孔子提出了治理国家、教化民众的两种主张："道之以政，齐之以刑，民免而无耻；道之以德，齐之以礼，有耻且格。"⑤ 前一主张强调刑罚制约，虽可使民众避免犯罪，但会使民众留下无耻后患；后一主张强调道德、政治灌输，可引领民众增强耻感、遵循规范，使社会运行有序。显然，孔子主张后者而不主张前者。孟子说得更为明确："善政不如善教之得民也……善政得民财，善教得民心。"⑥ 所谓善教，就是善于进行道德、政治灌输与教化。

---

① 《列宁选集》第 1 卷，人民出版社 2012 年版，第 203 页。
② 《列宁选集》第 1 卷，人民出版社 2012 年版，第 363 页。
③ 《毛泽东选集》第 2 卷，人民出版社 1991 年版，第 511 页。
④ 《建国以来重要文献选编》第 7 册，中央文献出版社 1993 年版，第 213 页。
⑤ 见《论语·为政》。
⑥ 见《孟子·尽心上》。

很多人以为美国没有政治思想灌输，完全是个人的自由选择。事实上，资本主义制度优越性教育、美国历史教育、美国公民权利和义务教育、美国国民精神教育，在美国是一以贯之从不含糊的。美国还提出了政治教育的特定概念——"政治社会化"，就是要把民众融合到美国政治体系中去。美国政治学家格林斯泰因明确承认："政治社会化是正式负责教育的机构有目的地对政治意识、政治价值和政治习惯的灌输。"① 美国另一社会学教授安东尼·奥勒姆也坦言："任何社会为了生存下去都必须成功地向社会成员灌输适合维持其制度的思想。"② 可以肯定，西方资本主义国家都要对他们的民众灌输资本主义思想和政治信条。

（四）坚持理论联系实际的原则，克服教条主义与经验主义

理论联系实际，既是无产阶级政党的根本作风，又是思想政治教育的基本原则。理论联系实际的基本精神，是要坚持辩证唯物主义和历史唯物主义世界观，坚持主观与客观、理论与实践、知与行的具体的历史的统一。

早在 1843 年，马克思就明确宣布："新思潮的优点就恰恰在于我们不想教条式地预料未来，而只是希望在批判旧世界中发现新世界。""所以我不主张我们竖起任何教条主义的旗帜。"③ 马克思在《评普鲁士最近的书报检查令》一文中，强调要用事物本身的语言来说话，表达事物的本质特征，要按照事物本质的要求去对待各种事物，使思维与存在统一、理论与实际结合。恩格斯则反复强调："马克思的整个世界观不是教义，而是方法。它提供的不是现成的教条，而是进一步研究的出发点和供这种研究使用的方法。"④ 列宁在领导俄国革命实践的过程中，更是反复强调理论联系实际的原则与作风，他说："马克思和恩格斯多次说过，我们的学说不是教条，而是行动的指南，我想我们应当首先和特别注意这一点。""我以前说过，现在还要再三地说，这个学说不是教条，而是行动的指南。"⑤

毛泽东遵循理论联系实际的原则，在把马克思列宁主义普遍原理同中国革命具体实际相结合的过程中，在反对主观主义和教条主义的斗争中，对理

---

① 转引自王浦劬主编《政治学基础》，北京大学出版社 1995 年版，第 356 页。

② ［美］安东尼·奥勒姆：《政治社会学导论》，董云虎、李云龙译，浙江人民出版社 1989 年版，第 6 页。

③ 《马克思恩格斯全集》第 1 卷，人民出版社 1956 年版，第 416 页。

④ 《马克思恩格斯选集》第 4 卷，人民出版社 2012 年版，第 664 页。

⑤ 《列宁全集》第 35 卷，人民出版社 1985 年版，第 219 页。

论联系实际的思想作了深刻的论述和发挥。1941 年 9 月 10 日，毛泽东在《反对主观主义和宗派主义》一文中首次提出了"学风"概念，后来在《整顿党的作风》一文中强调："反对主观主义以整顿学风。"学风问题实际上是要坚持理论联系实际、反对脱离实际的问题。"所谓学风，不但是学校的学风，而且是全党的学风。学风问题是领导机关、全体干部、全体党员的思想方法问题，是我们对待马克思列宁主义的态度问题，是全党同志的工作态度问题"①。在《论联合政府》一文中，毛泽东又把理论联系实际上升到作风高度，他说："以马克思列宁主义的理论思想武装起来的中国共产党，在中国人民中产生了新的工作作风，这主要的就是理论和实践相结合的作风，和人民群众紧密地联系在一起的作风以及自我批评的作风。"② 毛泽东早在第二次国内革命战争时期，就写下了《关于纠正党内的错误思想》一文，他针对脱离实际的倾向指出："主观主义，在某些党员中浓厚地存在，这对分析政治形势和指导工作，都非常不利。因为对于政治形势的主观主义的分析和对于工作的主观主义的指导，其必然的结果，不是机会主义，就是盲动主义。"③ 毛泽东针对脱离中国实际、把马克思主义理论作为教条的错误态度，写下了《反对本本主义》，提出了"没有调查，没有发言权"的著名论断，并指出："马克思主义的'本本'是要学习的，但是必须同我国的实际情况相结合。我们需要'本本'，但是一定要纠正脱离实际情况的本本主义。"④ 在抗日战争时期，党在延安开展了整风运动，毛泽东的《改造我们的学习》《整顿党的作风》《反对党八股》等重要文章批判了脱离实际的主观主义、照搬书本的教条主义，系统、深刻阐述了理论联系实际的思想内涵。他说："这种态度，就是实事求是的态度。'实事'就是客观存在着的一切事物；'是'就是客观事物的内部联系，即规律性；'求'就是我们去研究……而要这样做，就须不凭主观想象，不凭一时的热情，不凭死的书本，而凭客观存在的事实，详细地占有材料，在马克思列宁主义一般原理的指导下，从这些材料中引出正确的结论。"⑤ 他强调："对于马克思主义的理论，要能够精通它、应用它，精通的目的全在于应用。"⑥ 这些论述，从理

---

① 《毛泽东选集》第 3 卷，人民出版社 1991 年版，第 813 页。
② 《毛泽东选集》第 3 卷，人民出版社 1991 年版，第 1093–1094 页。
③ 《毛泽东选集》第 1 卷，人民出版社 1991 年版，第 91 页。
④ 《毛泽东选集》第 1 卷，人民出版社 1991 年版，第 111–112 页。
⑤ 《毛泽东选集》第 3 卷，人民出版社 1991 年版，第 815 页。
⑥ 《毛泽东选集》第 3 卷，人民出版社 1991 年版，第 801 页。

论与实际相结合的高度，明确阐述了学习马克思主义理论的目的就是要运用理论解决实际问题。

三、各种主流意识形态与不同形态思想政治教育的贯通

奴隶社会、封建社会、资本主义社会，都有主流意识形态。统治者为了维护统治地位，不仅巩固经济基础、维护物质利益，而且采用思想政治教育维护思想统治。在我国和西方古代，都经历过奴隶社会和封建社会。到了近代资本主义社会，尽管资产阶级极力标榜"思想自由"，但以个人主义为主要内容的世界观和价值观，始终是资本主义社会占统治地位的思想。分析这些社会的主流意识形态与思想政治教育的关系，可以帮助我们更加深入认识意识形态与思想政治教育的本质及它们之间的内在联系。

（一）中国古代社会意识形态与思想政治教育

马克思在论述人类社会发展形态时指出："现代家庭在萌芽时，不仅包含着奴隶制（servitus），而且也包含着农奴制，因为它一开始就是同田间耕作的劳役有关的。它以缩影的形式包含了一切后来在社会及其国家中广泛发展起来的对立。"[①] 马克思的论述说明了古代奴隶社会的存在。

中国古代社会分为奴隶社会和封建社会两个阶段。一般认为，中国的奴隶社会是在公元前21世纪至公元前476年，形成于夏，发展于商，强盛于西周，瓦解于春秋。中国奴隶制国家由黄河流域的各个主要氏族部落之间的冲突、联盟、兼并、融合而逐步形成，其政权与意识形态特征，表现为"大一统"的专制色彩。所谓"普天之下，莫非王土；率土之滨，莫非王臣"，正是大一统的写照。在国家治理上，夏、商、西周三朝都有礼治，尤其西周比较系统。《说文解字》称："礼，履也，所以事神致福也"，即礼义之兴，源于敬神，敬神以礼，求神赐福。可见"礼"一开始就和神权、族权紧密联系并蕴涵行为规范的意义。到西周，"礼"成为一套以维护宗法等级制为核心的礼制，其主导意识形态是宗法思想，尊神、祭祀，把政权神化是为礼制服务的。所谓"宗法"，就是以血缘为纽带，调整家族内部关系，维护家长、族长的统治地位和世袭特权的行为规范，也就是把国家治理和个人宗族的血缘姻亲联系在一起，实质上是人治。

———————

① 《马克思恩格斯全集》第21卷，人民出版社1965年版，第70页。

中国奴隶社会的教育，伴随着奴隶社会的形成、发展，逐步形成体系。《周礼·保氏》对奴隶社会的教育做了一个概括："养国子以道，乃教之六艺：一曰五礼，二曰六乐，三曰五射，四曰五驭，五曰六书，六曰九数。""一曰五礼"中的礼，指礼节或礼教，实际上是当时社会的思想政治教育，因为它对维护、巩固奴隶社会主导意识形态起重要作用，所以放在第一位。所谓"五礼"，包括"吉礼、凶礼、军礼、宾礼、嘉礼"，这些礼包含着维护国家统治的尊神祭祀、等级制度、政治规范等内容。"二曰六乐"中的乐，是指音乐、诗歌、舞蹈等"乐教"，六乐包括云门、大咸、大韶、大夏、大濩、大武等古乐。"三曰五射""四曰五驭""五曰六书""六曰九数"主要是知识、技能教育，这些教育中也渗透着"礼"的思想观念，都是为巩固奴隶社会的统治服务的。

中国封建社会一般指从公元前 475 年的战国时期到辛亥革命推翻清王朝并成立中华民国期间，经历了 2000 多年的历史。儒家思想是中国封建社会的主流意识形态。

生活在春秋末期的孔子是中国儒家思想的创始人。孔子思想的核心是"仁"和"礼"。孔子对"仁"的解释是"仁者爱人"，对"礼"的解释是"克己复礼"，即克制约束自己，使言行归于西周之礼。① 战国时期的孟子继承发展了孔子的学说，是儒家思想的重要奠基人。荀子杂取百家，对儒家思想产生了重要影响。儒家思想经过孟子和荀子的总结和改造，体系更加完整。西汉武帝时期，董仲舒以儒家思想为基础，融合阴阳家、黄老之学以及法家思想，把神权、君权、父权、夫权联系在一起，形成了新儒学思想体系，把"天人感应"和"大一统"思想结合起来，适应了封建社会维护政权统治的需要。汉武帝采用了"罢黜百家，独尊儒术"的主张。从此，儒学成为占主导地位的意识形态。在中国封建社会意识形态的发展变化中，虽然经历了儒学与道教的互补，儒、释、道"三教"合流，但这些都没有改变儒学的主导地位。儒家思想被历朝历代的统治者、学者不断地阐释和注解，使其体系越来越坚固、内容越来越庞杂，支配着中国封建社会的政治制度和教育制度，成为统治中国封建社会的正统思想。

中国儒学理论，其形态是伦理与政治的合一，其内涵主要有"三纲""五常"和"五伦""八德"。"三纲"即君为臣纲、父为子纲、夫为妻纲的等级制度与思想；"五常"即仁、义、礼、智、信的价值规范；"五伦"即

---

① 见《论语·颜渊》。

君臣关系、父子关系、夫妻关系、兄弟关系和朋友关系要合乎道德要求；"八德"即孝、悌、忠、信、礼、义、廉、耻的品德追求，其中"礼义廉耻"被称为"国之四维"。这些伦理与政治合一的内容，简明扼要，既是制度，也是规范，还是思想，共同构成了中国封建社会的统治模式。

中国封建社会统治者为了维护、巩固其统治地位，建构了一整套适应封建社会需要的道德教育体系，该体系在《大学》一书中得到集中表达。《大学》在开篇就讲："大学之道，在明明德，在亲民，在止于至善。"强调道德教育、修心炼己是治理人心和德治社会的前提，其目的是以德治国、安定社会，使民众复归于道德社会的秩序。《大学》之意，在于说明唯有"以德治心"，才是修身齐家、治国平天下的根本方略；修心炼己与治国平天下具有内在与外在的一致性和协调性。《大学》的要义，就是教人"知书达礼"。知书，就是学习和掌握封建社会意识形态的理论、原则，并转化为自己的思想、智慧与行为，净化和升华心灵的德性品格。"修之身，其德乃真；修之家，其德有余；修之乡，其德乃长；修之邦，其德乃丰；修之天下，其德乃博。"[①]《大学》的教育、修养方法集中为"八条目"，即"古之欲明明德于天下者，先治其国。欲治其国者，先齐其家。欲齐其家者，先修其身。欲修其身者，先正其心。欲正其心者，先诚其意。欲诚其意者，先致其知。致知在格物"。这段话，是封建社会进行道德教育与道德修养的经典理论与方法，"格物、致知、诚意、正心、修身、齐家、治国、平天下"的过程，是一个把个人与国家、人的内在与外在、道德与政治结合起来的逻辑体系。其中心环节是修身，只有以德修身，才能实现齐家、治国、平天下的政治目的。

(二) 西方古代社会意识形态与思想政治教育

西方古代社会，也分为奴隶社会与封建社会两个阶段。

第一阶段，古希腊、古罗马奴隶社会的意识形态与思想政治教育。

古希腊从公元前 8 世纪至公元 2 世纪，古罗马从公元前 6 世纪至公元 5 世纪，都经历了奴隶社会的发展。恩格斯指出："奴隶制是古希腊罗马时代世界所固有的第一个剥削形式；继之而来的是中世纪的农奴制和近代的雇佣劳动制。"[②] 在奴隶社会中，奴隶主在经济和上层建筑领域居于统治地位。

---

① 见《老子》。
② 《马克思恩格斯全集》第 30 卷，人民出版社 1995 年版，第 457 页。

奴隶主不仅占有生产资料、支配生产方式，而且占有奴隶的人身，并可以任意宰杀自己的奴隶。奴隶被称为"会说话的工具"，他们是主人的财产和商品，没有任何权利，连子女也属于主人。① "在奴隶制关系下，劳动者属于个别的特殊的所有者，是这种所有者的工作机器。劳动者作为力的表现的总体，作为劳动能力，是属于他人的物，因而劳动者不是作为主体同自己的力的特殊表现即自己的活的劳动活动发生关系。"②

奴隶主对奴隶在政治、经济上的压迫与剥削关系，必然导致分工的对立。随着奴隶社会经济、科技的发展，出现了脑力劳动与体力劳动的分工，从事脑力劳动成为奴隶主的特权，奴隶则只能从事体力劳动并被剥夺了接受文化教育的权利。奴隶主还利用所占有的科学文化知识、宗教，加强对奴隶的统治。这种脑力劳动与体力劳动的对立，是剥削阶级与被剥削阶级之间阶级对立的体现。古希腊为奴隶社会提供理论根据的著名哲学家柏拉图在《理想国》一书中认为，正义的城邦或理想国必须具备三个条件：一是统治者应从有才能的人中挑选出来；二是统治者阶层应过公社生活；三是国王应该是哲学家，因为只有哲学家才具备治理国家应有的知识。显然，柏拉图不仅论证了奴隶主阶级统治的合法性，而且论证了奴隶主阶级思想统治的合理性。

古希腊另一个著名代表人物是亚里士多德，他在《政治学》一书中提出了一个有名论断："人是天生的政治动物"，意思是说，人有政治身份，天生离不开政治生活。他认为政治社会的存在是为了高贵的行为，而不是仅仅为了单纯的共同相处；国家存在的目的是造就有文化的君子，即把贵族精神与爱好学艺结合在一起的人。显然，亚里士多德所说的政治，就是奴隶主的政权统治与思想统治。亚里士多德还认为，有些人生来就注定应该服从，另外有些人生来就注定应该统治；一个天生就不属于自己而属于别人的人，生来就是一个奴隶；奴隶是精神低劣的下等种族，只有创立国家的人才是最伟大的恩主。所以，亚里士多德认为奴隶制是有利的、正当的。亚里士多德运用唯心论、等级制，为奴隶社会的政治、经济、思想统治作论证，成为奴隶社会比较系统的主导意识形态。

古罗马社会最发达、最完备的是法律体系，其主旨是全面维护生产资料私有制，保证奴隶社会的经济发展与社会稳定。统治者在各征服地区强制推

① 《马克思恩格斯全集》第 21 卷，人民出版社 1965 年版，第 454 页。
② 《马克思恩格斯选集》第 4 卷，人民出版社 2012 年版，第 242 页。

行罗马法，许多国家的统治者为了维护统治者的利益，也都积极采用罗马法。罗马法的功能是维护、巩固罗马奴隶制强有力的上层建筑，为后来社会加强法治奠定了基础。所以恩格斯对罗马法予以高度评价：认为"一切后来的法律都不能对它做任何实质性的修改"①。

古希腊、古罗马的教育，总体而言是为奴隶主阶级维护思想统治和培养人才服务的。其教育目的、内容、方式，经历了不断充实与完善的过程。古希腊最先有影响的是斯巴达的教育，教育目的就是要通过严酷的军事体育训练，顽强坚韧、绝对服从品质的培养，把贵族成员训练成为维护奴隶社会的统治者。后来雅典形成了世界最早的德智体美和谐发展的教育体系，强调把德育即思想政治教育放在首位。古罗马初期的教育，主要是家庭教育，中心是道德教育，目的是培养忠于罗马的合格公民，维护奴隶制统治。古罗马共和时期的教育，逐步形成了培养罗马贵族接班人的学校教育体系。古罗马帝国时期的教育，更加注重培养效忠帝国的顺民与官吏。统治者还把基督教定为国教，一方面皈依宗教神灵，神化政权统治；另一方面用宗教麻痹人民，使民众甘心情愿接受压迫与剥削。柏拉图在《理想国》一书中描述了建立在奴隶制基础上的乌托邦式的国家。他把国家的人分为哲学家、军人和劳动者三个等级。他认为教育的最终目的，就是要培养、造就哲学家和军人，即培养国家的统治者和保卫者；奴隶因没有接受教育的权利，因而始终是被统治的对象。亚里士多德提出了教育的灵魂论，认为人有理性灵魂、非理性灵魂和植物性灵魂。理性灵魂主要表现为思维、理解、判断等方面，是最高级的理智灵魂。教育和训练理性灵魂，实际上是要用奴隶社会的主流意识形态净化思想、铸塑灵魂，使人们的言行符合奴隶社会的要求。

第二阶段，西方古代封建社会意识形态与思想政治教育。

公元476年西罗马帝国的灭亡到14世纪文艺复兴，是欧洲封建社会统治时期。意大利人文主义史学家比昂多于15世纪提出，西欧5世纪至15世纪称之为中世纪，因而也可以说欧洲中世纪是封建社会。恩格斯说："中世纪的历史只知道一种形式的意识形态，即宗教和神学。"② 这种单一的意识形态，使得欧洲中世纪成为欧洲史上最专制、最黑暗的时期。

在欧洲中世纪的漫长历史中，基督教神学在意识形态领域占据主导地位，君权神授、天国至上、教会至尊是其主要特征。教权支配、制约王权，

---

① 《马克思恩格斯全集》第21卷，人民出版社1965年版，第454页。

② 《马克思恩格斯选集》第4卷，人民出版社2012年版，第242页。

统治者把政权神化，形成神权政治统治。所谓神权政治统治，是指社会直接依托超自然力量统治和管理社会的政治形态，并认为政治是一种上帝安排人世的力量，是对上帝的服从，而君主是上帝派往人间的代表，因而人们要无条件地服从君主的统治，这就是中世纪融教会与国家、教权与王权于一体的神权政治。对这种以神权政治为核心的意识形态，奥古斯丁和托马斯·阿奎那都进行了系统论述。

奥古斯丁、阿奎那都是西欧中世纪基督教的理论家、思想家，也是重要的政治家。他们是西欧封建社会基督教神学的最高权威，构筑了神权政治理论体系。奥古斯丁发挥《圣经》中关于亚当偷吃智慧果的故事，提出了所谓的"原罪"说，即所有的人生来就有罪，人降生到人间就是要接受惩罚、赎原罪；社会的不平等、不公平，一些人受压迫、受剥削都是上帝的安排和对人的惩罚，任何反抗都是徒劳的，只能逆来顺受、接受惩罚，到死后进入天国才能摆脱苦海。奥古斯丁还提出了"上帝之城"和"世人之城"（就是天堂与国家）的"双城"概念，并认为双城混合在一起，世俗国家必不可少，其职能是提供人们的物质需要，保证有序的社会交往。阿奎那则把宇宙设计为一个等级体系，体系中最高级者是上帝，其次是天使，再就是人、动物、植物和其他东西。阿奎那认为，上帝构建等级体系，一是为了区别宇宙间各种事物，"上帝爱每一个人，亦爱每一受造物……然而他不是要所有的事物都获得同样的福气"；二是使低级的事物服从于高级的事物，"天命使高级的东西统治低级的东西"。所以，每个人赎罪、拯救灵魂应首先服从宗教权力，然后再服从世俗权力。[1] "教皇的权力在世俗问题和宗教问题上都是至高无上的。"[2]

基督教会为了培养僧侣、宣传宗教，除向民众广泛传播宗教信仰、举行宗教仪式外，还举办多种教育机构，其中水平较高的有僧院学校和大主教学校。僧院学校分内学和外学，内学培养未来僧侣，外学对俗人的子弟进行宗教教育。大主教学校则以培养主教为目的。

（三）资产阶级意识形态与思想政治教育

资产阶级意识形态，是在资本主义国家中占统治地位的、反映资产阶级的利益和要求的各种思想理论和观念的总和。它包括资产阶级的政治、法

---

[1] 《阿奎那政治著作选》，马清槐译，商务印书馆1963年版，第25页。

[2] 《阿奎那政治著作选》，马清槐译，商务印书馆1963年版，第27页。

律、哲学、经济、教育、文学艺术、宗教思想等各种理论形式，涵盖世界观、人生观、价值观、道德观、宗教观等各种思想观念，渗透在资本主义社会生活的各个领域。尽管各资本主义国家的理论流派各种各样、思想观念异彩纷呈，但资产阶级意识形态的核心，即包括资产阶级民主、个人奋斗的政治思想，保护个人私有财产、个人权利的法律体系等，是一致的。这些核心内容表现形式多种多样，有所谓"粗陋的""公开的""合理的"利己主义、享乐主义等，集中体现为资产阶级个人主义。

资产阶级意识形态以抽象的人性论为理论基础，企图避开人的社会性和阶级性，抽象规定人的共同本质。资产阶级阶级意识形态的本质是维护资产阶级根本利益的思想体系。当资产阶级掌握政权成为统治阶级并建立资本主义制度以后，特别是无产阶级作为独立的政治力量登上历史舞台以后，资产阶级意识形态更加公开地为资本主义制度辩护，更加疯狂地攻击社会主义意识形态，并采取各种方式企图演变社会主义国家的性质。所以列宁说："所有一切压迫阶级，为了维护自己的统治，都需要两种社会职能：一种是刽子手的职能，另一种是牧师的职能……牧师安慰被压迫者，给他们描绘一幅在保存阶级统治的条件下减少痛苦和牺牲的远景……从而使他们忍受这种统治。"① 马克思也指出，资产阶级国家的意识形态如法律、道德等，作为资产阶级意识形态家的精神产物，不过是掩盖资产阶级利益的资产阶级的偏见。② 资产阶级与其他剥削阶级一样，当它推翻封建社会成为统治阶级之后，"为了达到自己的目的不得不把自己的利益说成是社会全体成员的共同利益，就是说，这在观念上的表达就是：赋予自己的思想以普遍性的形式，把它们描绘成唯一合乎理性的、有普遍意义的思想"③。因而，资产阶级为了维护和巩固资产阶级意识形态的统治地位，采取了一系列强有力的教育措施，尽管资本主义国家没有思想政治教育这一概念，但政治教育、思想教育、道德教育在各个资本主义国家始终存在。

最早进行资产阶级革命并建立资本主义制度、进入资本主义社会的英国，其著名的政治思想家与教育学家洛克，不仅第一次系统提出天赋人权观点，第一个倡导国家权利分配，而且主张在各种教育中，首先要进行绅士教育。绅士教育实际上是符合英国传统的政治教育，其目的是培养有强健体

---

① 《列宁全集》第 21 卷，人民出版社 1992 年版，第 208 页。
② 《马克思恩格斯选集》第 1 卷，人民出版社 2012 年版，第 411 页。
③ 《马克思恩格斯选集》第 1 卷，人民出版社 2012 年版，第 180 页。

魄、有高雅风度举止、能在上流社会周旋、有智慧和才干的资产阶级"事业家"和"国家要人"。在英国的各类学校中，通常每星期上1～2节个人与社会教育课，该课程是英国学生接受政治教育相对集中的课程。英国有一些学校还将政治学列为高级水平课程之一，有一些学校则在历史、英语、宗教教育中开展一些政治教育。在第二次世界大战结束后，德国逐渐形成以联邦政府为主导、以中小学校为主要政治教育场所、以校园外的政治教育机构为必不可少的补充的政治教育体系。德国政治教育机构体系的构成，有社会成员接受政治教育的终身性、进行政治教育的全社会性及政治教育工作的创新性等特点。联邦政府关于政治教育具体的组织和管理则由"联邦政治教育中心"及其设在各州的"州政治教育中心"承担。德国学校政治教育的根本目的和任务，是通过系统地、循序渐进地传授参与政治过程所需的知识，使学生认同资产阶级民主政治的基本价值，形成价值判断，培养政治参与能力，为学生将来参与民主政治生活做好准备。美国的政治教育被称为"政治社会化"教育。所谓政治社会化，是指美国社会把政治文化一代一代往下传，即能使社会政治现状永存的模型。美国之所以把政治社会化作为全国的重要问题进行研究与推进，目的是要探讨美国历史对成年人政治态度和行为举止的影响，维护和巩固美国的政治制度。美国十分注重公共政策在民众教育中的作用，认为政府的主要功能之一就是用公共精神教育人，更多地发挥公民的主动性，使公民真正能够感受、行使自己的基本权利，增强公民对政治体系的认同感和信任感。

与政治教育紧密相关的公民教育，是所有资本主义国家都十分重视的教育。公民教育理论是由德国教育家乔治·凯兴斯泰纳提出的。他认为公民教育的目的，是为了培养"有用的国家公民"，这样的公民应具备的条件是：对国家的政治任务有相当的理解，具有从事某种职业的技能，具有国家所要求的道德品质。国家意识教育是公民教育中最重要的内容，公民一定要了解国家的任务，要激发公民的责任感及对国家的热爱。乔治·凯兴斯泰纳的公民教育，一方面要强化对资本主义国家的忠诚，另一方面则十分仇视社会主义与革命运动，把无产阶级思想意识作为敌人来对抗。美国公民教育的实质是培养具有资产阶级民主理念和民主行为的公民。美国从公民自身的利益出发进行教育，巧妙地掩盖了公民教育的政治性，容易得到民众的接受和认可。美国的公民教育不仅重视思想观念的渗透，而且更注重行为引导，以培养公民的行动能力。在美国学校，公民教育主要通过"公民与政治"课程进行。曾任中国驻纽约总领事馆教育领事的王定华先生认为，美国制定的

《公民与政治课程标准》的目标，是"培养认同美国宪法民主制度基本价值观和基本原理的合格公民，并使他们有见识、负责任地参与到政治生活中"。如《公民与政治课程标准》规定："开设'公民与政治'的正式教育机构，应该为学生提供关于公民生活、政治学和政治体制的基本知识；还应该帮助学生理解自己国家和其他国家的政治体制，以及美国政治活动、政体与世界事务之间的关系。"① 英国一向重视公民教育，1990 年出台重要文件，把公民教育正式列入国家课程计划之中。英国前国家课程委员会的一份课程指导规定，公民教育作为五个交叉课程主题之一，被正式纳入国家课程。公民教育的目的，是在发展学生作为一个公民所应具备的技能、价值观和态度的基础上，帮助学生获得并理解公民的基本知识。法国的公民教育目标，侧重于学生追求自由并能自律，具有集体观并成为有教养的公民。在此基础上，法国进行了新公民课的改革，增强了爱国主义教育，同时也加强了学生对法律与自由、权利和义务关系的教育，使公民教育更富有资产阶级意识形态性。

重视宗教教育，既是西方资本主义国家的传统，也是西方资本主义国家维护资产阶级意识形态的举措。英国是一个具有浓厚宗教传统的国家，英国有三分之一的学校是教会开办的，宗教教育是所有学校基础课程中的必修课，集体礼拜是法定的学校活动。"现代英国宗教教育已经与早期的宗教教育大不相同，它早已摆脱了排他性的特征，不再以灌输基督教教旨为主体内容和以培养圣职人员为目的了，而是将宗教教育作为促进英国年轻一代的人生观、价值观以及精神、道德发展的必要手段，并以开放性、多元性的宗教教育为依托培养他们宽容、理解的国际公民素质。"② 欧洲虽是基督教的发源地，但欧洲其他国家的宗教形式既不单一，也不统一，各个国家和地区的宗教形式及发展趋势十分多元，各不相同，基督教在国民生活中一般不占主导地位。与欧洲国家相比较，宗教在美国的影响更广泛和深远。美国居民主要信仰基督教与天主教，犹太教、佛教、伊斯兰教、东正教、道教也有一定信众，信仰宗教的公民占总人口的 91%。基督教是美国的立国之教，对美国的政治、经济、社会等各个层面具有十分重要的影响。50% 以上的美国人认为上帝是美国民主道德的引导力量，美元上印着"我们信仰上帝"，国歌

---

① 王定华：《美国加强爱国主义教育增进新一代对国家的认同》，见腾讯教育网（http://edu.qq.com/a/20120210/000217.htm），刊载日期：2012 年 2 月 10 日。

② 蓝维等：《公民教育：理论、历史与实践探索》，人民出版社 2007 年版，第 161 页。

里有"上帝保佑美国"的歌词。在政界，没有宗教信仰的人缺乏群众基础，参加竞选时不能获高票；总统就职时，要手按《圣经》进行宣誓。美国基督教非常重视宣传，全国有 1200 多家宗教广播电台播放宗教节目，每 12 家电视台中就有一家宗教电视台，有宗教报刊 5000 多种。美国宪法第一修正案明确规定：国会不得制定禁止信教自由的法律，禁止联邦和州干预宗教组织活动。美国政府实行政教分离制度和宗教信仰自由政策，视宗教道德为社会道德的基础，将宗教当成和谐社会不可缺少的重要力量，甚至带上政治色彩。

这里有必要提一下美国历史教育与美国高校的通识教育。美国虽然只有200 多年的建国历史，但历史教育一直受到美国政府的高度重视。在美国的小学、中学、大学中，都必须开设美国历史课程，规定每个学生必须接受美国历史教育，考试必须及格。美国历史，既是美国统治者的奋斗史，也是资产阶级的发展史。资产阶级意识形态，集中体现在美国独立宣言、美国第一部宪法等开国文件之中。因而，进行美国历史与开国文件的教育，是传承美国传统、维护和巩固美国意识形态的关键。美国大学的通识教育，由 1945年哈佛大学《自由社会中的通识教育》报告最先提出来，这一教育对美国其他大学影响深远，至今各个高校各具特色的通识教育，已经成为美国大学教育的重要组成部分。通识教育是一种非职业性和非专业性教育，对其教育目的的概括虽然各有说法，但比较一致的是，"通识教育旨在给学生灌输关于好公民的态度和理解"，"通识教育作为大学的理念应该是造就具备远大眼光、通融识见、博雅精神和优美情感的人才的高层的文明教育和完备的人性教育"。① 显然，通识教育是一种政治观、价值观、道德观教育。可以肯定，通识教育作为美国大学的一种专门性教育，而且是非职业性和非专业性教育，它无疑要受美国性质的制约，也就是要为巩固美国的政治制度、维护资产阶级意识形态服务，这是其"质"的规定性。同时，它以丰富的知识、广阔的视野开展教育，受教育者接受通识教育后，能以一定的知识领域为基础，吸收各种文化领域的营养，形成人文精神，不至于成为受专业束缚的奴隶。

---

① McGrarh E., *General Education and the Plight of Modern Man Indianapolis*（Ind.：The Lilly Endow-ment，Inc.，1976），p. 13.

论科学技术与社会主义意识形态的互动共进[*]

科学技术与意识形态的关系问题，是当代意识形态领域的一个重要问题。对这个问题的不同回答，形成了不同的观点和理论。全面研究、正确处理科学技术与社会主义意识形态的关系，对于促进我国科学技术发展、有效进行社会主义意识形态建设，具有十分重要而深远的意义。

一、当代社会科学技术与意识形态关系的争论及实质

科学技术与意识形态的关系不断密切，既与科学技术迅速发展及其在社会生活中的作用越来越重要相关，也与意识形态所反映的时代主题变更相关。在冷战时期，社会主义阵营与资本主义阵营的对抗，既表现为军事较量，也表现为两种意识形态的对立。冷战结束后，社会主义与资本主义的森严对垒转化为并存竞争，意识形态既推动这一转变的过程，又在这一过程中拓展了自身职能，表现为文化形态。这种转变，并不是西方学者所宣称的"意识形态的终结"或"非意识形态化"，而是意识形态具有与过去不同的服务对象与功能属性。

科学技术与意识形态的关系，在西方社会争论激烈，观点各异。概括起来主要有两种对立的观点，即科学技术与意识形态的"对立论"与"等同论"。

（一）科学技术与意识形态的"对立论"

对立论认为，科学技术与意识形态的性质不同、形态各异、功能相反，是绝对对立的。持这一观点的早期代表是意大利社会学家帕累托，他把意识形态界定为偏见、情绪、虚妄，而把科学界定为真实、理性、正确，从而认定两者是对立的。对立论最典型的代表人物是法国哲学家阿尔都塞。他认为科学是在抛弃意识形态问题框架的前提下形成的，也就是说，科学与意识形

* 原载于《高校理论战线》2012 年第 9 期，收录时有修改。

态之间有一条鸿沟，他称之为"认识论断裂"。之所以有这种断裂，就是因为存在着意识形态的"问题框架"，即思想的基础结构或思维模式。这种问题框架居于无意识的心理层面，一旦它上升到意识层面，与现实的意识形态发生冲突，认识断裂就出现了。所以他提出，科学只是在不断摆脱那些窥伺、袭击和缠绕它的意识形态的条件下，才能成为在历史的必然中自由的科学。很明显，阿尔都塞同样认为意识形态是强制性、虚幻性、普遍性的存在，只有不断改造、摆脱意识形态，才能形成科学理论；科学的任务就是要把意识形态从科学领域清除出去，保持科学的发展性。

对立论把意识形态视为情绪、僵化、虚幻的东西而与科学对立，否定意识形态具有科学的可能性。这种把科学技术与意识形态相互割裂、对立的观点，不仅否定了科学技术对意识形态的决定作用，而且否定了意识形态对科学技术发展的反作用，把科学技术的发展看成是不需要科学技术以外其他条件的纯科学技术活动。这种观点是导致西方社会科学主义，也称唯科学主义流行的认识根源。这种唯科学主义观点，在尊重科学经验与事实的名义下，推行不可知论和主观经验主义，要本来属于"工具理性"的科学发挥"价值理性"的作用，从而导致了事实与价值、科学与人文的分离和对立。

（二）科学技术与意识形态的"等同论"

等同论认为，资本主义社会的科学技术已经取代了传统意识形态的作用，成为一种新意识形态。法国哲学家、法兰克福学派的主要创始人霍克海默最先提出科学技术即意识形态的观点。他认为，在现代资本主义社会，科学技术既可以论证社会目标的合理性，又可以掩盖其不合理性；当代资本主义社会的"物化"已使意识形态成为一种深奥的"自我施加的现象"；"技术的合理性"已转化为"统治的合理性"，"各种精密观测仪器正在使语言本身失去其表现特征，并越来越排他地显现出一系列符号特征，在这样一个时代里，甚至每个个体灵魂的无限意义和价值观念也已经变得陈腐过时"①。

等同论的第二个代表人物是美国哲学家、法兰克福学派的重要代表马尔库塞。他认为，现代科学技术具有明确的政治意向性，"技术理性这个概念也许本身就是意识形态的。不仅工艺的应用，而且工艺本身就是（对自然和人）统治"②。在马尔库塞看来，"当代技术和科学取得统治地位，成了理

---

① 渠敬东等编译：《霍克海默集》，上海远东出版社1997年版，第324页。

② Herbert Marcuse, *Negations: Essays in Critical Theory* (Beacon Press, 1968), p. 223.

解一切问题的关键"①。马尔库塞只看到了资本主义社会里科学技术发挥作用的一面，没有看到资本主义意识形态向各个领域渗透的一面，从而陷入唯科学主义。

等同论的第三个代表人物是德国哲学家、法兰克福学派的代表人物哈贝马斯。哈贝马斯通过对当代资本主义的分析批判，提出了"科学技术即意识形态"的命题。他认为，在资本主义社会，直接从事生产的劳动力日益失去意义，资本家一方面主要靠科学技术获取剩余价值，另一方面由于国家对经济生活干预加强，统治者也将政治问题转化为技术问题，把原来需要通过交予公众讨论的问题变成由科学技术专家运用技术来解决的问题，这样科学技术就起到了意识形态的作用。他说："社会系统的发展似乎由科技进步的逻辑来决定。科技进步的内在规律性，似乎产生了事物发展的必然规律性……技术统治论的命题作为隐形意识形态，甚至可以渗透到非政治化的广大居民的意识中，并且可以使合法性的力量得到发展。"② 哈贝马斯的观点简单地说，就是科学技术实现了人对自然的统治，而科学技术作为意识形态又实现了对人的统治。哈贝马斯的这种思想，实质上就是"技术统治论"思想。"技术理性的概念，也许本身就是意识形态。不仅技术理性的应用，而且技术本身就是（对自然和人的）统治，就是方法的、科学的、筹划好了的和正在筹划着的统治。"③ 应当承认，哈贝马斯看到了当代发达资本主义国家把科学技术作为统治工具的倾向，警示人们要认识资产阶级统治的新动向，这是有积极意义的。但他过分夸大科学技术在社会生活中的作用，用科学技术掩盖当代资本主义社会的矛盾，把科学技术等同于意识形态，既违背了科学性与价值性的辩证关系而在理论上站不住脚，又掩盖了发达资本主义国家阶级统治的实质而在政治上有害，其要害如美国学者 A. 赫布斯在《社会问题与科学主义》一书中所说的，科学主义"相信科学能回答所有的人类问题，它使科学成为哲学、宗教、习惯方式和道德的替代物"。

意识形态与科学技术，是既有区别又有联系的。西方国家对立或等同两者的关系，便出现了既有将科学技术看作纯粹"客观知识"或纯粹"客观

① ［美］马尔库塞：《审美之维——马尔库塞美学论著集》，李小兵译，生活·读书·新知三联书店 1989 年版，第 106 页。

② ［德］哈贝马斯：《作为意识形态的技术和科学》，李黎、郭官义译，学林出版社 1999 年版，第 163 页。

③ ［德］哈贝马斯：《作为意识形态的技术和科学》，李黎、郭官义译，学林出版社 1999 年版，第 40 页。

工具"，否定意识形态、人文精神作用的科学主义流派，也有将人文精神、人文价值孤立化、绝对化，排斥科学技术作用的人文主义流派。这两种倾向只会导致科学文化与人文文化的断裂。

二、马克思主义关于科学技术与意识形态关系的思想

关于科学技术与意识形态关系上的"对立论"与"等同论"，同马克思主义关于科学技术与意识形态的辩证的"关系论"是不同的。马克思主义认为，科学技术与意识形态有区别而不能等同，有联系而不能对立。

（一）科学技术与意识形态的区别

马克思主义认为，科学技术与意识形态的区别主要表现在三个方面。

首先，科学技术与意识形态所反映的对象不同。马克思在研究人类社会与自然界的关系时，认为历史"可以把它划分为自然史和人类史"，"自然史，即所谓自然科学"，而"意识形态本身只不过是这一历史的一个方面"。① 自然科学是人对自然界认识、利用与改造的产物。如果说它反映了某种关系的话，除反映自然现象的内在联系外，从人的角度来说，它只不过反映了"人对自然现象的关系"，并不反映人们的社会关系。而意识形态则是人们关于社会的观念形态的理论化、系统化，集中反映社会经济关系与政治关系，在阶级社会中是人们阶级关系的反映。

其次，科学技术与意识形态的功能不同。科学的任务在于揭示事物的本来面目，进行事实判断。正如爱因斯坦所说的，科学只能断定是什么，而不能断定应该怎样，在科学的领域之外，仍然需要对一切种类的价值判断。科学揭示事物发展变化的规律，至于用科学是为人类造福还是危害人类，就不属于科学范围的问题，而是属于意识形态价值判断的范围。意识形态是为人类的思想和行动定向的价值体系，它引导人们辨别善恶美丑，提供人类活动的价值规范和价值目标。因此，意识形态的作用，是科学所不能代替的。

再次，科学技术与意识形态的属性不同。马克思认为，科学技术是属于知识形态的生产力，"科学这种既是观念的财富同时又是实际的财富的发展，只不过是人的生产力的发展即财富的发展所表现的一个方面、一种形

---

① 《马克思恩格斯选集》第 1 卷，人民出版社 1995 年版，第 66 页。

式"①。科学技术有别于哲学、政治、宗教、艺术等知识形态，它内在地连接着劳动者的体能、技能和劳动工具，具有技术实现的需要和可能。在现代社会条件下，科学技术作用的强化，无非是科学技术发展对生产力的各个要素都有强化作用。科学技术对社会进步的意义就在于它是一种巨大的物质力量，以一种无阶级性的特殊意识形式，处在向物质形态的转化中而推动社会发展。所以，马克思主义经典作家将科学技术称之为"头等生产力""第一生产力"。而意识形态则属于上层建筑范畴，它是在一定的经济基础以及竖立在这一基础上的法律和政治的上层建筑上形成的，代表统治阶级根本利益和观念的总和，具有强烈的现实指向性和鲜明的阶级性。

总之，科学技术与意识形态在本质属性、功能属性、社会属性上，在反映、服务的对象上，在社会生活中所担当的任务上都是不同的，不能把它们等同起来。在当代社会条件下，不管科学技术的影响和作用如何强大，都不可能消除人的主体性与人的价值取向。相反，随着科学技术的发展，社会需要人具有更强的主体性与更合理的价值取向来推动、驾驭科学技术发展，正确运用科学技术造福于人类。片面夸大科学技术作用，否定意识形态作用，无疑会使科学技术成为一匹脱缰的野马而无法驾驭，并导致社会与自然环境恶化，这绝不是人类所追求的生存、发展目标。

（二）科学技术与意识形态的联系

按照马克思主义对立统一的观点，两种不同事物既有区别也有联系。科学技术与意识形态的联系主要表现在两个方面。

第一个方面，科学技术对意识形态具有决定作用。马克思和恩格斯在阐述资本主义生产力发展时，指出科学技术在资本主义不到一百年的统治中所创造的生产力，比过去一切世代创造的全部生产力还要多，这是因为，"生产过程成了科学的应用，而科学反过来成了生产过程的因素即所谓职能。每一项发现都成了新的发明或生产方法的新的改进的基础"②。正因为科学技术在社会发展中起着基础作用，所以，"科学获得的使命是：成为生产财富的手段，成为致富的手段"③。它不仅推动社会经济的发展，而且促进社会意识形态的发展变化。

---

① 《马克思恩格斯全集》第 46 卷（下），人民出版社 1980 年版，第 34-35 页。
② 《马克思恩格斯全集》第 47 卷，人民出版社 1979 年版，第 570 页。
③ 《马克思恩格斯全集》第 47 卷，人民出版社 1979 年版，第 570 页。

首先，科学技术的发展促进意识形态的变革，丰富意识形态的内容。自然科学研究所创立的理论和使用的方法、形成的科学精神，是推动社会文明发展的力量。科学的本性是尊重客观事实，不迷信任何偶像权威，不承认任何陈腐不变的教条，不盲从任何权力意志。因而科学本身是彻底革命的，它的发展和推广应用，有力地摧毁着落后的意识形态，并促进新的意识形态的形成与发展。所以马克思在分析了火药、指南针、印刷术的作用后指出，这些发明"总的来说变成科学复兴的手段，变成对精神发展创造必要前提的最强大的杠杆"①，"科学和哲学结合的结果就是唯物主义"②。

科学技术的发展不断导致社会的经济结构、社会结构的调整与变革，不断开辟新的发展领域。为此，社会的规范、准则都必须进行相应的调整与变更，形成新的政策与法律条文。科学技术的发展还能帮助人们遵循自然和社会规律，调整和处理人与自然、人与人之间的关系，形成良好的社会秩序，树立新的价值与伦理观念，摒弃愚昧无知、陈旧落后、封建迷信的思想意识。在现代科学技术基础上形成的新的思维方式，如系统、综合、协调等思维方式，使人们观察、分析问题有新的特点，帮助人们从单一到多样、从把握线性关系进而研究非线性关系、从时空分离走向时空统一，等等。所有这些，都使人类的认识能力和思想方法上升到新的水平，使辩证唯物主义哲学得到丰富和发展。

其次，科学技术发展强化意识形态功能。其一，科学技术对意识形态功能的强化，体现在运用科学技术服务政治需要、维护政治制度。科学技术虽然没有阶级性，但它一旦为某一特定的阶级、社会主体掌握和运用，便具有为特定阶级、社会主体服务的社会属性。特定的阶级、社会主体总是力图从科学技术那里寻求支撑，为自身的利益和政治制度辩护。无产阶级用现代科学所揭示的客观规律，为唯物的辩证的历史观和彻底的革命理论作论证。资产阶级也利用某些科学理论反映和表达资产阶级的利益诉求，如资产阶级利用适用于自然界的达尔文的生物进化论解释社会领域的生存竞争、优胜劣汰生活方式，达尔文生物进化论被资产阶级赋予了特定的含义，成为资本主义弱肉强食、对外侵略的社会达尔文主义。所以恩格斯说，资本主义大工业，"使自然科学从属于资本，并使分工丧失了自己自然形成的性质的最后一点假象。它把自然形成的性质一概消灭掉……并且把所有自然形成的关系变成

---

① 《马克思恩格斯全集》第47卷，人民出版社1979年版，第427页。

② 《马克思恩格斯全集》第1卷，人民出版社1995年版，第666页。

货币的关系"①。其二，科学技术对意识形态功能的强化，体现在科学技术的发展和应用能有力地促进生产关系的变化。蒸汽机的出现引起工业革命，新兴资产阶级拿起近代科学技术这个武器反对封建神学，建立了资本主义政治制度；电磁理论应用引发的电力技术革命，促进资本主义生产关系进一步变革，使自由资本主义进入帝国主义阶段。

最后，科学技术尤其是高科技对世界政治局势稳定性的影响具有明显双重性，即既可以增强世界政局稳定，又可能引发国际冲突。科学技术应用得当，可以合理进行国际科技合作与交流，改善国与国之间的关系，推进各国经济发展。如果利用高科技手段进行威胁甚至发动战争，必然导致国家之间的政治冲突，甚至使世界遭受灾难性后果。例如，科学技术中心在世界范围的转移使世界政治格局发生很大变化。17世纪末英国成为欧洲科学技术中心，英国凭借强大的科技与经济力量，对外推行炮舰政策，以帝国面貌称霸于世界。19世纪初到中叶，科学技术中心从英国转移到德国，德国当时以强有力的科学技术和工业基础，发动了第一次、第二次世界大战。从上世纪末开始到本世纪中叶，科学技术中心又从欧洲转移到美国，美国成为现在世界上的超级大国而称霸世界，推行强权政治。这些历史事实说明，科学技术发展在增强国家经济实力的同时，也会改变国家的政治地位与世界的政治局势。所以，各国都先后制定了"科技兴国""技术立国""科技治国"的战略方针。

第二个方面，意识形态对科学技术发展具有反作用。恩格斯在分析了经济关系与法律的关系后指出："……我们称之为意识形态观点的那种东西——又对经济基础发生反作用，并且能在某种限度内改变经济基础，我认为这是不言而喻的。"② 他还强调："政治、法律、哲学、宗教、文学、艺术等的发展是以经济发展为基础的。但是，它们又都互相作用并对经济基础发生作用。并非只有经济状况才是原因，才是积极的，其余一切都不过是消极的结果。"③

意识形态对作为生产力范畴的科学技术的作用，首先是政治的作用。政治作为意识形态的主要意识形式，任何社会和国家都普遍存在，它对社会，包括对科学技术具有既保证又制约的作用。科学技术研究、科学技术成果的

---

① 《马克思恩格斯选集》第1卷，人民出版社1995年版，第114页。
② 《马克思恩格斯选集》第4卷，人民出版社1995年版，第702页。
③ 《马克思恩格斯选集》第4卷，人民出版社1995年版，第732页。

推广、应用，总是要受一定政治制度以及相应的法规、体制、占统治地位的意识形态所支配、制约。这种支配、制约的作用是通过现实的人来实现的。政治环境对人产生直接的外部影响，政治原则、规范约束科技人员和管理人员的行为，政治意图和要求只有被科技人员和管理人员接受，才能指导行动和产生效果。政治支配、影响科学技术发展，同政治支配、影响经济发展的道理一样，政治的性质决定了支配、影响的方向与进程。恩格斯在分析资本主义国家权力对经济发展的反作用时指出："它可以沿着同一方向起作用，在这种情况下就会发展得比较快；它可以沿着相反方向起作用，在这种情况下，像现在每个大民族的情况那样，它经过一定的时期都要崩溃。"① 也就是说，进步的、民主的政治能促进科学技术的繁荣，而落后的、专制的政治则阻碍科学技术的发展。这是因为，科学技术的自由探索、自由讨论，要有先进的、民主的政治作保证。资本主义社会的民主比封建社会的民主程度高，因而资本主义社会促进了科学技术的发展。社会主义的民主政治第一次使民主成为一种国体，比以往任何民主制度都要优越，是"更高类型的民主制"，因此，社会主义民主政治为科学技术的发展创造了更为优越的条件。

其次，道德反作用于科学技术。马克思主义认为，人们的道德水平、思想面貌一旦改变，社会道德风尚一旦形成，它对于经济基础就会表现出巨大的反作用，对维护和巩固经济基础和政治制度，起着进步的或反动的作用。因此，道德水平一旦提高，良好道德风尚一旦形成，就会促进科学技术的进步。一定的道德，归根结底是一定经济基础的产物，是反映一定政治制度的价值观念。道德不仅为科学技术提供价值目标与价值判断，而且科技人员的道德品质直接影响科学技术的运用与发展。所以马克思在分析科学发现与道德关系时，提出了一个著名格言："在科学上没有平坦的大道，只有不畏劳苦沿着陡峭山路攀登的人，才有希望达到光辉的顶点。"② 恩格斯则阐述了科学的道德要求，他说："科学越是毫无顾忌和大公无私，它就越符合工人的利益和愿望。"③ 爱因斯坦在《悼念玛丽·居里》的演讲时说："像居里夫人这样一位崇高人物结束她的一生的时候，我们不要仅仅满足于回忆她的工作成果对人类已经作出的贡献。第一流人物对于时代和历史进程的意义，在其道德品质方面，也许比单纯的才智成就方面还要大。"④ 居里夫人和爱

---

① 《马克思恩格斯选集》第4卷，人民出版社1995年版，第701页。

② 《马克思恩格斯全集》第23卷，人民出版社1972年版，第26页。

③ 《马克思恩格斯选集》第4卷，人民出版社1995年版，第258页。

④ 《爱因斯坦文集》第1卷，许良英等编译，商务印书馆1976年版，第339页。

因斯坦是科学家中的优秀代表，他们对于科技道德的重视、提倡和修养，给我们以重要的启示。我国是一个道德资源丰富而深厚的国家。在社会主义条件下，随着我国精神文明建设的发展，不仅对传统道德资源进行了传承、开发与创新，而且形成了富有时代特征的道德观念。如尊重实践、实事求是、破除迷信、解放思想的观念，尊重知识、尊重人才、讲究科学、注重奉献的观念，不甘落后、敢于竞争、与时俱进、开拓创新的观念，等等，已经和正在成为我国科技领域的道德风尚，对我国科技的发展产生着巨大的推动作用。

三、我国新时期科学技术与社会主义意识形态的互动共进

科学技术发展与社会主义意识形态的关系，是我国社会生活中一个突出的实际问题与理论问题。全面研究和正确处理这一关系，对促进我国科学技术发展，进行社会主义意识形态建设，有效发挥科学技术与意识形态的作用，具有十分重要而深远的意义。

由于历史的原因，我国的科学技术同发达国家相比还是有差距的。在过去相当长的一段时间，这种相对落后的科学技术，由于其本身在社会生活中的地位和作用尚不突出，因而对意识形态发展的推动，和意识形态对其作用都不明显，实践过程和理论上的研究也显得不足。我国的社会主义意识形态，坚持科学性与价值性的统一，是富有生命力的精神文化。但是，应当看到，我国在一段时间内，意识形态与经济、科技结合，向经济、科技领域渗透、转化相对薄弱，我国在面对世界激烈科技竞争和意识形态较量中，既面临发展机遇，也面临严峻挑战。

（一）科学技术的决策保证与快速发展

党的十一届三中全会，以邓小平为核心的党的第二代中央领导集体，实现工作重点转移和实行改革开放政策，确立并坚持以经济建设为中心，为发挥科学技术的作用奠定了坚实基础。邓小平关于"尊重知识、尊重人才"和"科学技术是第一生产力"的论述，从理论上论证了科学技术的重要地位，从全局上指明了现代化建设的发展方位。1978 年 3 月，邓小平在全国科学技术大会上发表重要讲话，将科学技术纳入国家政策程序，迎来了久违的科学技术春天。1985 年，国家颁发了《关于科技体制改革的决定》，解除体制、政策障碍，为发展科技提供强有力的政治保证。随后，国家出台了重点科技攻关计划、高技术发展计划（863 计划）、火炬计划、星火计划、重

大成果推广计划、国家自然科学基金、攀登计划等科技规划。这些计划、规划成为我国科技发展的动员令和指挥棒，推进各项科学技术研究、攻关全面有序展开。1995 年，我国在对科技体制改革 10 年评估的基础上，提出了"科技兴国"战略，次年建立了国家技术创新体系并启动了技术创新工程。1997 年，我国作出决定：实现发展经济依靠科技的根本转变，并提出了实施科教兴国和可持续发展战略，标志着教育的战略基础地位、科技的战略主导地位在我国确立。同时，我国在不断扩大开放的过程中，向国外引进先进的科学技术，不仅弥补了经费紧缺、带动了经济发展，而且有利于参与外资、合资企业的生产、管理而掌握先进技术。我国从国外引进科学技术人才，不仅为我国直接提供了科技成果，而且有利于为社会传播科学技术知识，培养科学技术骨干。进入 21 世纪后，我国确立了科技发展的战略目标：2010 年进入世界"科学中等强国"行列，2030 年前后跃居世界"科学中等强国"前列，2050 年左右跻身世界"科学强国"行列。2006 年，国务院发布了《国家中长期科学和技术发展规划纲要（2006—2020 年）》。这是我国进入 21 世纪新阶段对科学技术发展进行的第一次全面规划，也是社会主义市场经济条件下制定的第一个中长期科技发展规划。

我国新时期科学技术的战略决策实施顺利，创新体系建设取得进展，科学技术成绩斐然。一是基础研究工作不断加强，原始创新能力得到提升，在杂交水稻、高性能计算机、高温超导研究、人类基因组测序等方面取得了重大突破。纳米科学、量子信息、生命科学等前沿领域的一批原始性创新成果在国际上产生了重要影响。二是在航天科学领域，我国掌握了卫星回收和一箭多星等技术，自主研发的"神舟"系列航天飞船成功发射，神舟九号和天宫一号的成功对接，实现了载人航天工程的重大突破；"嫦娥"一号探月之旅和"嫦娥"二号卫星的成功发射，标志着我国成功跨入深空探测的新领域。三是在信息技术领域，千万亿次超级计算机系统"天河一号"在国际 TOP 500 组织的最新排名中位居世界第一。量子避错码被国际公认为量子信息领域最令人激动的成果，纳米电子学超高密度信息存储研究获突破性进展，六千米自制水下机器人完成了洋底调查任务等。四是在生物科学领域，杂交水稻技术取得重大突破，首次完成水稻基因图谱的绘制；完成人类基因组计划的 1%基因绘制图，首次定位和克隆了多种基因，体细胞克隆羊、转基因试管牛以及重大疾病的基因测序和诊断治疗技术均取得突破性进展。五是重大疾病防治及创新药物的发现，矿产资源勘探开发、节能减排、气候变化预测等重点战略需求领域的一批创新成果，为经济社会发展作出了重要贡献；工业生产、油气勘探开发等行业中的一些关键科技问题的解决，取得了显著的经济效益。六是专利事业进展顺利，2010 年我国通过《专利合作条约》（*Patent Cooperation Treaty*，PCT）申请的专利申请量排名世界第四位，56.2％的年增长速度在世界主要国家中排名第一。七是我国高技术产品出口贸易不断扩大，国际竞争力日益增强，2010 年我国高技术产品出口额在商品出口增加额中，高技术产品的贡献率达 30.8％。八是我国科技人力投入不断增加，科技队伍进一步壮大，我国已成为世界第一科技人力资源大国，正在向人力资源强国迈进。

新时期科学技术成就的取得，取决于党和国家对科学技术重要地位和作用认识的进一步提高；取决于党和国家进行科学技术体制改革、政策制定、法规保证等战略决策的正确性；取决于我国新时期引导广大科技工作者不断克服制约科学技术发展的传统观念，形成的学习、运用、创造科技的科学精神、人文精神、竞争精神、创新精神。所有这些推进、保证科学技术发展和作用发挥的因素，都是社会主义意识形态的重要内容，都是科学技术发展和发挥作用不可缺少的重要条件。

（二）意识形态建设保证和推进科学技术发展

改革开放以来，党始终高度重视意识形态建设，开创了我国意识形态建设新局面。20 世纪 70 年代末，面对"文化大革命"的严重后果和社会主义道路的艰辛探索，以邓小平为核心的党的第二代中央领导集体，恢复并发展了党的解放思想、实事求是思想路线，努力把马克思主义基本原理同中国的实际和时代特征相结合，着力探索什么是社会主义、怎样建设社会主义的重大问题，开辟了中国特色社会主义道路，创立了邓小平理论。在 20 世纪 90 年代，面对我国发生的严重政治风波和东欧剧变，我国改革开放和中国特色社会主义建设面临严峻挑战和巨大压力，以江泽民同志为核心的党的第三代中央领导集体，从容应对，排除干扰，保证了改革开放和社会主义现代化建设的顺利进行，创造性地回答了建设什么样的党、怎样建设党的问题，形成了"三个代表"重要思想。党的十六大以来，以胡锦涛同志为总书记的中央领导集体，面对 21 世纪新阶段的历史机遇与挑战，提出了坚持以人为本，树立全面、协调、可持续发展的科学发展观和构建社会主义和谐社会理论，推进中国特色社会主义理论体系向前发展。尤其是社会主义核心价值体系建设，更是全民族奋发向上的精神力量与团结和睦的精神纽带。

在中国特色社会主义理论体系中，意识形态建设理论是重要组成部分。

邓小平的精神文明建设理论，是对马克思主义意识形态理论的继承和丰富。江泽民同志关于发展先进文化的思想，是对邓小平意识形态理论的继承和拓展。以胡锦涛同志为总书记的中央领导集体所提出的社会主义核心价值体系以及和谐文化，是对精神文明建设、发展先进文化的丰富和发展。新时期中国共产党人创造的中国特色社会主义理论体系和意识形态建设理论，是以实现振兴中华和全国各族人民的根本利益为目标，揭示并遵循我国社会发展规律的理论；是以和平与发展的时代主题为背景，适应并推进市场经济、科技创新、经济全球化和社会信息化发展的理论。在改革开放和中国特色社会主义现代化建设的伟大实践中，党坚持以广大人民根本利益为核心，坚持中国特色社会主义共同理想，抵制和批判国内外各种错误思潮，广泛开展精神文明建设和社会主义核心价值体系建设，加强和改进思想政治教育，增强了社会主义意识形态的吸引力和凝聚力，巩固、发展了我国安定团结的政治局面。所有这些思想、政治、法制、道德等基本条件，既为我国科学技术的学习、运用、创造确立了明确目标，提供了政治思想保证，创造了良好的舆论环境，又充分调动了广大科技工作者和人民群众的主动性、积极性与创造性，扫除了思想障碍，孕育了学习、运用、创造科学技术的活力与动力。

　　社会主义意识形态的发展，之所以能够保证和推进我国科学技术快速发展，从根本上说，就是这种意识形态体现了中华民族和全国各族人民的美好愿望，能够激励广大群众和科技工作者的积极性与创造性。从理论上讲，就是每个人都有主观能动性，即人的本质特性。这种本质特性决定人认识、改造客观世界总是有目的活动。"历史不过是追求着自己目的的人的活动而已。"① 而要实现人的目的、满足人的需要，人总是要掌握、改进和创造一定的工具，在现代社会就是学习、运用和创造科学技术。"需要是同满足需要的手段一同发展的，并且是依靠这些手段发展的。"② 科学技术是实现人的需要、推动人类进步和社会发展的动力，是人满足生存与发展的需要。人们为了实现新的目标、满足新的需要，在科学技术上追求新发现、探索新规律、创造新方法、积累新知识，而所有这一切，又是科学技术得以发展的动力源泉。所以，科学技术发展是人的需要、人的目的、人的本质体现。

---

① 《马克思恩格斯全集》第2卷，人民出版社1957年版，第118-119页。
② 《马克思恩格斯全集》第23卷，人民出版社1972年版，第559页。

我国科学技术与社会主义意识形态面临的发展性课题

科学技术发展与社会主义意识形态的关系，是我国社会生活中一个突出的实际问题与理论问题。全面研究、正确处理科学技术与社会主义意识形态的关系，对于推进我国科学技术发展、加强社会主义意识形态建设、有效发挥科学技术与意识形态的作用，具有十分重要而深远的意义。

在现实生活中，科学技术与意识形态的关系，同理论上所要求的辩证统一关系并不完全一致，而是存在不平衡现象。这种不平衡现象的突出表现是科学技术与社会主义意识形态的分离性矛盾。我国的科学技术，由于历史的原因，同发达国家相比总体上是落后的，科技水平不高，科技实力和科技转化为生产力的能力不强。在过去时代，这种相对落后的科学技术，由于其本身在社会生活中的地位和作用尚不突出，因而，它对社会意识形态发展的推动和社会意识形态对它的关照与作用也不明显，科学技术与意识形态之间的关系没有引起社会的高度关注，实践过程和理论上的研究均显不足。

我国社会主义意识形态，从总体上讲，是世界上最先进的意识形态。它所包含的政治思想、法律思想、道德思想以及哲学思想，坚持了科学性与价值性的统一，是科学的意识形态，是富有生命力的精神文化。它不仅指导我国取得了革命的胜利，而且取得了改革开放以来举世瞩目的伟大成就。但是，我们也应当看到，我国在相当长一段时间内，意识形态集中在上层建筑领域，特别是在政治领域发挥作用，意识形态向经济，特别是向科技领域的转化、渗透、结合相对薄弱，对意识形态发挥作用的途径与方式缺乏探讨。同时，对科学技术作为动力推进意识形态发展的作用也重视不够，对科学技术强化意识形态功能亦缺乏研究。这些都使我国在面对世界激烈科技竞争和意识形态较量中，面临着严峻挑战。

---

* 原载于《现代哲学》2004 年第 2 期，收录时有修改。

一、科学技术引进所面临的意识形态挑战

我国现代化同西方发达国家现代化相比较，有其特殊性。我国现代进程开始比较晚，自新中国成立才走上现代化之路。但我国真正汇入世界现代化潮流，则在 1978 年改革开放之后。这么短的时间，相对发达国家来说，我们要实现现代化，特别是科学技术现代化，当然很艰难。因此，西方国家现代化既对我国现代化形成强大压力，也为我国发展提供了引进、借鉴西方国家科学技术的条件。先进科学技术的引进和外资的利用是发展中国家实现其经济发展的有效措施。1987 年诺贝尔奖经济学奖获得者罗伯特·索罗曾经成功地证明，长期以来发展中国家所形成的科学技术落后是传统社会向现代社会过渡的主要障碍。这种落后面貌的改变，一方面取决于本国本地区在科学技术方面的投资和扶植，另一方面则取决于引进和消化国外的先进科学技术。发展经济学中的哈罗德-多马经济增长模型亦告诉我们，经济增长率突破国内积累极限的方法是利用外资填补资金缺口以获得更高的增长速度。因此，引进科学技术和利用外资便成为发展中国家实现现代化的迫切需求。

引进先进科学技术，对意识形态将产生多方面影响。首先，先进科学技术，根据发展需要，是可以完全引进的，但任何科学技术成果、产品，都不是纯科学技术性的，都有与之相适应的价值观念、道德观念与文化背景相伴随。我们不可能完全同时引进西方国家的价值观与道德观，只能根据我国价值观与道德观的要求对引进的科学技术加以改进和应用。而我国的价值观与道德观，往往与比较高效的管理、技术不相一致，显得比较传统。当高效的先进科学技术与传统的价值观、道德观相碰撞时，先进科学技术的效用就会受到抑制，甚至遭到抵制，如高效率的科学技术设备的运用，减少了低效率的手工操作，影响到一部分人的岗位和利益，可能会引起部分人对先进科学技术设备的抵制。因此，引进的先进科学技术能否发挥作用，既与操作技术水平有关，也与思想观念、道德观念有关。这是因为，科学技术现代化，并不等于人的现代化和人的观念现代化。人的现代化，或者说人从传统人转变为现代人不是自发完成的，它要伴随社会现代化过程来实现。实现方式一般有两种：一是自我自觉地根据现代社会的发展要求进行改造，这是个体的能动改造；二是在外在因素，包括教育、环境等条件影响下促使其进行自我转变。在一个社会内部产生现代因素的环境中，人的现代化一般走的是前一条道路；而在外力的推动下进行现代化变革中，人的现代化走的是后一条道路。

我国广泛引进国外科学技术，又在国外现代化压力下推进现代化进程，这样，人的现代化就会显得滞后，实行人的现代化的任务相对而言更为重要。

人的现代化，关键是人的思想观念现代化，即人们对社会现代化的客观存在所作的反映而形成的具有时代精神的现代化意识。现代观念是相对于传统观念而言的，现代观念的特征是现代社会特征在观念上的反映，主要表现在：科学性，现代观念是建立在现代科学技术研究基础上，以正确理论为指导的，相对于传统观念的经验性来说，它更加深刻地反映了事物发展的规律性；开放性，现代观念在开放的社会条件下产生，随着现代社会的发展而变化，比较活跃，适应复杂的社会状况，具有包容性，比起传统观念的保守、封闭而言显得更开放；立体性，现代观念具有多视角和多层次性，它适应现代社会信息化特点，在思维空间的多维度延伸，具有立体感和层次性，而不是传统思维的非此即彼的简单思维方式；还有系统性、时效性等特点。显然，现代思想观念在很大程度上与意识形态所包含的政治观念、法律观念、道德观念、哲学观念有关。思想观念现代化，既意味着意识形态要经历从传统向现代的转变，也表明在现代化大潮中，我国国民实现思想观念现代化的迫切性。

人的现代化与人的观念现代化也是在同一过程中实现的。人的现代化以人的观念现代化为前提和标志，人的观念现代化以人的现代化为表现和基础。人的现代化首先是人的观念现代化，人没有现代观念，虽有先进科学技术手段和现代的物质生活，也不能叫现代人，而只能叫传统人，因为只有人的思想观念才决定人的特性。所以英国学者英格尔斯指出："如果人们自身还没有从心理、思想、态度和行为方式上都经历一个现代化的转变，失败和畸形发展的悲剧结局是不可避免的。再完善的现代制度和管理方式，再先进的技术工艺也会在一群传统人的手中变成一堆废纸。"所以，我国在现代化进程中，既要引进科学技术与外资，又要抵制与之相伴随的西方价值观和思想文化，并根据我国社会发展需要，对外来的科学技术进行消化，用现代思想观念实现人的思想观念现代化。这是一项双重而复杂的任务，必须统一起来加以实施，忽视任何一方面都会发生问题。相比较而言，根据现代科技和现代经济发展的客观要求、根据我国社会制度和文化背景，研究和实现人的现代化和人的观念现代化显得更为迫切和艰巨。

其次，科学技术和外资的引进将使我国经济结构发生变化，从而影响我国意识形态领域。引进科学技术和利用外资使外国资本渗入我国经济体系，关税壁垒背后的跨国公司迫使我国许多落后的生产部门被淘汰，形成外资的科技与经济优势。工业化主导权的部分流失，加重了一些单位对西方企业的依赖程度，对原有的民族经济结构造成了一定程度的冲击。某些盲目引进会促使本土企业必要的股权、技术和经营管理权的转让，进一步影响民族经济结构的独立自主性和思想文化的统一性。此外，某些盲目引进意味着大量吸收发达国家的技术，而不论这些技术是否适合本国国情。在这个基础上，西方发达国家可以通过内部定价调拨、专利权使用偿付等形式，回流其投资收益和利润、利息，在经济和社会超国界整合的同时，离散我国的民族经济结构，并进而实行对上层建筑、意识形态的渗透。这种危险性在不少发展中国家都出现过，我们必须引起警觉。

二、我国意识形态面临推进科技发展的巨大压力

根据各国的科学实力和水平，世界主要国家可以分为四类：科学大国，如美国；科学强国，如英国、日本、德国、俄罗斯、法国等；科学中等强国，如加拿大、意大利等国；发展中国家，如中国、印度、巴西等国。我国科技总体实力同我国经济实力大体相当，在当代社会条件下，要增强我国经济实力，必须从发展科技入手。

依据我国当前社会经济和科技相对于世界发达国家的发展速度，我国确立了科技发展的战略目标：2010 年进入世界"科学中等强国"行列，2030 年前后跃居世界"科学中等强国"前列，2050 年左右跻身世界"科学强国"行列。要实现这一目标，既需要一代又一代科技工作者艰苦探索、不懈努力，也需要意识形态工作密切配合，提供强有力的保证。

从历史上看，我国意识形态工作长时期主要集中在社会政治领域，不仅意识形态部门形成了以政治意识形态为轴心的传统，而且意识形态部门以外的科技、经济部门也形成了意识形态等同于政治，甚至等同于阶级斗争的传统看法。我国实现工作中心转移之后，这种传统虽有所改变，但从总的看来，意识形态部门不大熟悉、不会把握现代科学技术发展的情况仍然突出，意识形态部门以外的科技、业务部门不认识、不接受意识形态对科技发展作用的倾向也很普遍。这种情况既不利于科技发展，也不利于意识形态的发展。

首先，我国意识形态作为全社会的价值体系，对我国科技、经济发展要有一个清醒、明确的判断，并能从实际出发给予科技、经济发展以全面促进。既要克服以意识形态为中心的传统习惯，也要防止脱离我国科技、经济

发展实际而陷于纯意识的争辩。我们应当清醒地看到，我国一是科学技术的整体水平较低，同世界先进水平相比，还存在着很大的差距，整体实力远不能适应我国现代化建设的需要；二是科学技术知识的普及程度较差，文盲、半文盲人口还有一定比重，科盲、半科盲的比重则更大。我们不仅需要努力提高整个国家的科学技术水平，而且还亟须向广大人民群众普及科技知识，掌握科学方法，消灭愚昧，包括反对各种伪科学和封建迷信活动。同时，我国尚处在前现代化阶段，人口多、底子薄，生产力发展水平较低，农业人口和自然经济、半自然经济占较大比重，这些与科学技术不发达和普及程度有直接关联。总之，我国的国情既不是现代化的国情，更不是"后现代"的国情，而是离现代化还有一定差距，并且正在以实现现代化为目标的"前现代"的国情。我国大部分科学技术发展水平还未达到现代化的水平，因而应当加紧努力向着科学技术现代化的方向迈进。这既是实现社会现代化的首要的，而且是必要的条件，又是实现社会现代化的基本的、有效的途径。而要发展科学技术，必须有一个有利于科学技术发展的良好的社会文化氛围，也就是要有强有力的意识形态保证。

意识形态与科学技术的关系，是一种不可分割的互动共进关系。这种互动共进关系在理论上是一回事，在实际上往往是另一回事。在西方国家中，既有以科技为本位，将科学技术看作是纯粹"客观知识"或纯粹"客观工具"，否定意识形态、人文精神作用与价值的科学主义流派；也有坚持以人为本位，将人文精神、人文价值孤立化、绝对化，排斥科学技术作用与价值的人文主义流派。这两种倾向的对立，导致科学文化与人文文化在西方国家的断裂。C. P. 斯诺在《两种文化》一书中生动地描写过这种断裂。他认为，整个西方社会的智力生活已日益分裂为两个极端的集团：一极是文学知识分子，另一极是科学家。他们两者之间存在着互不理解的鸿沟，有时还互相憎恨和厌恶，他们都荒谬地歪曲了对方的形象。他们对待问题的态度全然不同，甚至在感情方面也难以找到很多共同的基础。文学知识分子趁着人们不注意把自己看作独一无二的"知识分子"，而将科学家排除在"知识分子"以外；而科学家则宣称："这是科学的英雄时代"！非科学家有一种根深蒂固的印象，认为科学家抱有一种浅薄的乐观主义，没有意识到人的处境；而科学家则认为，文学知识分子都缺乏远见，特别不关心自己的同胞，深层意义上的反知识，热衷于把艺术和思想局限在存在的瞬间。[1]

---

① 参见［英］斯诺：《两种文化》，纪树立译，生活·读书·新知三联书店1994年版，第3-5页。

　　这种科学技术与意识形态断裂与对立的情况，不仅以思潮的方式影响了我国，而且对我国存在的科学技术与意识形态本不深刻的关系，给予了强化。我国古代的传统文化，是一种重视道德、轻视科学，重视人文、鄙视技术的以伦理为主的文化，这种文化在科学技术与意识形态之间设置了一条人为的鸿沟。新中国成立之后，我国大力倡导科学精神，发展科学技术，对传统文化所造成的两者断裂虽有很大改变，但由于过分夸大意识形态作用，长时间的政治运动，又导致了科学技术与意识形态关系的简单化，损害了社会主义意识形态的形象，致使有的人在崇尚科学技术时反感、排斥意识形态，也有的人利用传统的意识形态方式，简单地对待科学技术。这两种倾向，又往往分别在西方科学主义与人文主义思潮影响下得到某种强化，这就加重了我国意识形态工作的难度。意识形态工作一方面要改变我国科学技术与意识形态关系断裂、简单的传统，努力熟悉现代科学技术领域、探索意识形态发挥作用的途径与方式；另一方面，又要辨析西方科学主义与人文主义思潮的影响，引导人们进行正确的价值选择。意识形态工作如果在两者关系上不能发挥主导作用，势必导致两者矛盾激化而制约两者发展。

　　同时，还有一个值得注意的问题是，根据我国国情，要大力发展现代科学技术。但后现代主义等当代西方人文主义的反科技、反"科技主义"、呼唤人文价值的声浪颇高。这种声浪既有积极的一面，也有消极的一面。积极的是提醒人们注意，科学并不是万能的，对它的不恰当的利用有可能给人类带来负面影响，要注意"科学主义"和"科技主义"的偏失和不良后果，特别是要从"后现代"西方社会所患的"工业文明"病中吸取经验教训。对我国的消极影响是，容易引发传统文化对科技的轻视与误解，形成发展科学技术的观念阻抗，这显然与我国大力发展科学技术、实施科教兴国战略格格不入。应当看到，我国目前所面临的主要问题不是"后现代"的问题，不是科学技术发展过快、"科技主义"占据主导的问题。相反，我国面临的主要问题是"前现代"问题，是科学技术水平较为落后，远不能适应现代化建设的需要，人民生活水平较低，科技与文化教育尚不发达，需要大力发展科学技术提高生产力的问题，因此，要"提高人口素质，加快实现人的现代化"①。

---

　　① 习近平：《关于社会主义市场经济的理论思考》，福建人民出版社2003年版，第253页。

三、我国科学技术发展所面临的传统思想阻抗

我国科学技术相对落后，其原因是多方面的，除了历史原因之外，文化原因、意识形态方面的原因不仅是深层的，而且是不可忽视的。新中国成立以来，我国社会主义制度的建立，在意识形态领域初步改变了轻视科学、鄙视技术的陋习，推动了科学技术的发展。改革开放以来，我国倡导尊重知识、尊重人才，提出了共产党要代表中国先进生产力发展的要求，确立了科教兴国方针，制定了系列保证科学技术发展的政策、法规，使我国科学技术出现了空前繁荣的景象。

但是，我们也应当看到，我国科学技术在创新与突破方面、在整合与有序方面，仍然不能令人满意，特别是加入WTO（世界贸易组织）之后，直接面向世界竞争的优势不明显，这就不能简单地就科学技术论科学技术，而必须寻找影响科技创新的深层次文化原因。

在我国古代自然经济条件下，由于科技不发达，缺乏严密的分工和广泛的协作，社会以家庭为单位，以血缘关系为纽带，人们自给自足地进行生产和生活。人们交往的对象一般以建立在血缘、姻缘和地缘基础上的亲人、家人、乡人、本地人关系为主，要处理的各种关系主要是人伦道德关系，因而十分重视人伦道德关系的规范和人伦道德观念的培养，私德发达而公德欠缺，家庭道德传统深厚持久，而科技等方面的职业道德淡漠、匮乏。这种纲常伦理体系完备，持续久远，积淀深厚，习惯势力强大。资产阶级革命对其变革不力，就是社会主义制度建立之后，其影响并没有彻底根除。这种人伦道德关系对科学技术的消极影响主要表现在这样四个方面。

其一，人伦道德关系作为古代社会的主导关系体系，引导整个社会主要从人伦上进行价值取向与价值评价，忽视人与自然关系上的价值取向与价值评价，造成社会尊道鄙器，重伦理、轻科技的倾向与传统。五四运动打出"科学"与"民主"大旗，对这一传统进行了猛烈冲击，但由于科学技术的力量十分薄弱，对社会改造与发展的作用有限，仅从观念上冲击，不能从根本上解决问题。因而，科学意识、科学精神、科技价值取向，一直以来，受到传统势力的制约而与社会发展不相适应。

其二，人伦道德关系在社会生活中的主导，必然导致人与人之间的依赖关系和裙带关系，而这种人与人之间的依赖关系和裙带关系，又必定导致我国社会的官本位倾向。官本位倾向实质上是从人与人之间关系上谋求价值的

倾向，它与通过发展生产力、发展科学技术谋求价值的倾向是不同的。这种官本位倾向直到现在还有表现，即许多人都有以官为重、以官为大、以官为尊的心理，不管在科学技术上有多大贡献，都要在官位上或对应于官位上找到归宿、获得评价。这种官本位倾向，使人才资源的流向与开发倾向上层建筑领域，不利于推动科学技术发展。

其三，人伦道德关系在我国古代社会生活中的主导，必定突出社会关系的主导地位与作用，上下、尊卑、长幼的等级次序十分明显，尊祖崇古、唯上唯书、面向过去、固守传统成为社会习俗。这种习俗遗传至今，主要表现为唯书的教条主义、唯上的顺从主义、守旧的传统观念。这些遗传与科学技术所要求的求真务实、自主发展、开拓创新的精神相差甚远，成为制约科学技术发展的深层因素。

其四，人伦道德关系在我国古代社会的主导，往往导致社会以追求一种所谓亲和、协调的关系格局为目的，而忽视社会的公平效率。所以，古代社会的为人、为事之道就是教以人伦，讲究教条，敬重亲和。而是不是为事有成、绩效卓著并不重要。由此，又衍生出处世中庸、重义轻利、知足常乐的人生道德准则。这些，在一定程度上为计划经济条件下的平均主义提供了思想基础。不管是古代的道德关系格局还是后来的平均主义，其典型特征就是易于满足、维持现状、不讲竞争、反对冒尖、不求有功、但求无过。这种特征在计划经济条件下一度得到稳固与强化，在市场经济体制下虽然受到猛烈冲击，但作为一种深层次的心理积淀与思想观念，不可能在短时期消失，它难免会在新的条件下与科学技术所要求的开拓创新性、风险竞争性相矛盾，成为科学技术发展的思想阻力。

从以上分析可以看出，我国传统文化中的消极因素，不仅增加了社会摩擦而成为科技发展的阻力，而且制约了个体智能的展示与开发。因此，意识形态担当着消除意识形态领域消极因素、为科学技术发展创造良好思想和人际环境的重任。

影响科学技术发展的另一个重要因素是法治观念的淡薄与法制规范整合的缺乏。我国古代社会实施的是德主刑辅的"德治"方略，强调道德教化是治国的基本原则。社会规范维系、关系调节、个人升迁，都以儒家伦理道德为指导和灵魂，道德成为无所不及、无所不能的思想武器，而法治则处于从属地位，即使在一定范围、一定程度上发挥作用，也往往要打上道德的色彩。应当肯定我国古代重德治和道德教化的传统，维系推进中华民族繁衍、发展了几千年。在革命战争时期和新中国成立后，共产党人继承了我国优良文化传统，并结合我国国情与现代社会发展的实际，创造了中国的马克思主义，并形成了极富生命力的思想政治工作理论与方法。社会主义意识形态正是通过思想政治工作，在革命战争、社会主义建设中发挥作用的。思想政治工作，从主导方面看，主要是通过政治、思想、道德教育来维护、推进国家和个人发展的，它实际上是一种新形势下的"德治"，而法治在新中国成立后的相当长时间内并没有引起足够的重视。改革开放之后，我国才提出依法治国，建立现代法治国家的治国方略。因而，从总的看来，我国民众的法治观念是比较淡薄的，社会的法制规范整合作用是不强的。

如果说在自然经济条件下，在科学技术不发达、社会关系比较简单的历史条件下，德治为主可以维系社会格局；那么，在市场经济条件下，在科学技术迅猛发展、社会关系异常复杂的历史条件下，各种社会矛盾、社会摩擦、利益冲突不断发展，各类社会主体在既要增强主体性，又要实现社会化的过程中，难免发生许多矛盾，甚至出现越轨犯规的行为。对此，必须实施强有力的法治来维持现代社会的复杂格局，保证现代化的顺利发展。我国科学技术的发展，一方面，对社会的各个领域进行了强有力的改造，并相继开辟了许多新的领域，使人们的生产、生活方式发生了很大变化，生活水平日益提高，社会关系变得丰富、复杂；但另一方面，科学技术的发展，也使我国在国际范围内面临新的国家安全问题，诸如经济安全、科技安全。一些人以科学技术为手段，谋求私利，危害他人与社会，如侵犯隐私、盗窃商业秘密、侵占专利权与著作权、剽窃他人科技成果、盗版文化产品等。所有这些情况，都已经在我国社会出现，也都向意识形态工作部门提出挑战。对此，我们再主要运用道德教育的方法已经不够，必须通过立法与执法的法治途径来进行整治和整合。但是，由于我国缺乏法制传统，民众缺乏法治观念，科学技术发展所导致的社会问题又迫切需要法治环境和法制权威。因此，意识形态工作既要通过教育增强民众法治观念，创造法治环境，又要不断根据科学技术的发展，探索法制规范，这些都是我国意识形态领域基础比较薄弱而且比较生疏的工作。对这一工作的忽视，不仅阻碍科学技术的发展，还会导致社会秩序的混乱。

四、我国意识形态的作用方式亟待改进

过去，我国意识形态的作用方式主要是组织动员方式、群众运动方式，以及教育灌输方式。这些方式在过去时代发挥过很大的作用，但这些方式发

展到现在，就显得传统、落后，面临很大的危机与挑战。

现代科学技术的发展，推动大众传媒不断改进。电话电报的普及，广播电视的覆盖，国际互联网的开通，以及电缆通信、波导通信、微波通信、卫星通信等的广泛使用，形成了媒介传播体系，改造、发展了传统的口头、文字传播体系。在意识形态传播、渗透、强化等作用方式上，西方发达国家始终占有优势。首先是技术优势，现代大众传媒的核心技术一般都起源于西方国家。网络载体，起源于1969年美国国防部建立的阿帕网（Advanced Research Project Agency net，ARPAnet）。当时是由4台计算机互联而成，到1986年美国国家科学基金会（National Science Fundation，NSF）出资在全美建立NSFnet高速信息网络，并向社会开放，使Internet进入了以资源共享为中心的实用服务阶段。这些核心技术，使西方国家在意识形态转化为信息的技术上占有优势。

其次，西方发达国家拥有扩展意识形态的经济优势。西方发达国家一直以来不惜斥巨资，纷纷加大大众传媒基础设施建设的力度。据统计，仅在20世纪80年代，美国每年用于对外宣传和文化交流的花费就高达30亿美元。英国、德国、法国、日本等其他资本主义国家也先后实施广播发展计划，到20世纪90年代初、中期已基本完成。据统计，拥有世界上实力最大的西方四大国际通讯社，即美联社、路透社、法新社、合众国际社，每天向世界提供80%～90%的国际新闻，而其中只有10%～20%是关于发展中国家的。这表明西方传媒已占据了绝对优势。

西方发达国家自第二次世界大战以来，还一直着手大众媒介与意识形态，即大众媒介与国家发展的研究。这项研究的理论探讨范围，大致可以归纳为下列四个方面：第一，大众媒介的发达程度是国家发展水平的重要标志之一；第二，媒介是国家经济发展的基础设施之一；第三，大众传播可以对国家的政治及社会心理的发展起积极促进作用；第四，必须注意避免外来传播对本国经济、政治、文化发展的消极影响。在传播媒介与国家发展的理论中，美国社会学家勒纳（Lerner）的观点影响较大。他认为，大众传播媒介普及的程度是衡量一个国家现代化程度的首要指标，大众传播媒介与其他三项指标——工业化、城市化、民主化的程度有着密切的内在联系，增加媒介的使用会促进人民对经济和政治生活的参与。他还认定，社会成员能否认知现代生活方式的优越性，是社会发生变化的关键，大众媒介能够教授读写知识和其他技能、技术，能够激励一种有利于现代化的"精神状态"，特别是想象另一种生活方式的可能。

现在，西方国家利用大众传媒继续进行意识形态和平演变的同时，还采取了一系列强化西方意识形态作用的重大举措。例如，西方发达国家凭借其科技、经济强势，向发展中国家，特别是向社会主义国家在倾销物质产品、科技产品的过程中，推行西方价值观念、文化产品，实施所谓"文化帝国主义政策"。面对席卷全球的信息化浪潮，西方发达国家优先发展信息产业，实现信息网络化。1993年，美国克林顿政府决定投资4000亿美元推行一项"国家信息基础结构行动计划"（即 NII 计划），俗称信息高速公路计划。其目标是将美国的政府部门、学校、公司、医院、图书馆等机构与家庭连接起来，建成一个全国性的计算机化的高速信息网络，以向全国迅速准确地提供各种信息。通过实施 NII 计划，美国谋求掌握世界上最重要的信息资源，以继续保持其在世界政治、军事、科技、经济等领域的优势地位。据统计，互联网上各种语言的使用频率由高到低依次为英语（占84%）、德语（占4.5%）、日语（占3.1%）、法语（占1.8%）。数据表明，西方国家在文化与意识形态手段上的建设与应用方面，也占据着优势。

我国意识形态工作运用现代科学技术手段虽然有很大进展和显著成效，但由于受经济、科技水平的制约，与西方发达国家相比，还显得比较落后。

一是意识形态的现代技术手段运用与开发相对落后。我国利用网络传播、渗透意识形态的方式，不仅起步晚，也缺乏相应的理论与开发研究，虽有一些研究成果问世，但还没有形成富有中国特色的现代信息、意识形态传播、渗透、接受的理论，主要援引的是西方传播、接受理论。理论研究的滞后，必定影响意识形态实际工作传播、渗透、接受能力与水平的提高。同时，对意识形态与现代科学技术实际结合的开发也需要发展，社会主义意识以现代科学技术为载体的转化能力有待提高，如转化为数字化、形式化的能力，渗透于经济、科技、文化产品的能力，制作蕴含社会主义意识形态内涵文化产品的能力，等等，都亟待研究和开发。在现代社会条件下，忽视意识形态与现代科学技术相结合理论的研究和应用开发，在一定程度上就是忽视甚至放弃社会主义意识形态的主导地位，客观上为西方意识形态的渗透与扩张提供机会。

二是受西方发达国家的制约。西方发达国家出于其意识形态考虑，采取系列限制我国载体发展的措施。如西方发达国家对社会主义国家实行经济和技术封锁，对那些涉及传媒、网络载体的具有自主知识产权的专利技术，以及渗透着资产阶级思想意识和价值观念的报刊、书籍、音像制品等文化产品，在进出口方面分别实行封锁与倾销政策，以保持其信息垄断和传媒霸权。卫星传输和因特网的发展，更拉开了东西方的差距。此前，从西方传入发展中国家的信息流量是从发展中国家传入西方的 100 倍。西方四大通讯已垄断了国际信息发布总量的 80%，这些传播一般都会美化西方社会生活，推销其价值观念。因此，我国必须利用科学技术手段，冲破制约，加大传播力度。

论小康社会的政治文明建设*

　　党在社会主义初级阶段的基本路线，提出了要把我国建设成为富强、民主、文明的社会主义国家。邓小平强调："没有民主就没有社会主义，就没有社会主义的现代化。"① 江泽民又特别指出："发展社会主义民主政治，建设社会主义政治文明，是社会主义现代化建设的重要目标。必须适应经济发展和社会全面进步的要求，在坚持四项基本原则的前提下，继续积极稳妥地推进政治体制改革，发展有中国特色社会主义民主政治，巩固民主团结、生动活泼、安定和谐的政治局面。"② 这些论述，明确提出了小康社会民主政治发展目标，强调了社会主义政治文明建设的重要性。

一、社会主义政治文明建设的基本内涵

　　1844 年 11 月，马克思在《关于现代国家的著作的计划草稿》中就提出了"政治文明"概念。马克思强调要用"政治文明"作为废除集权制的主要手段，并对政治文明的内涵作了界定："人权的宣布和国家的宪法"的颁发与实施，"权力的分开"（立法权力和执行权力分开），破除集权制和建设"政治文明"。③ 马克思所讲的政治文明，是针对专制、集权制提出来的，强调人民主权，依法治国，实行民主，相互监督。它包含了现代化国家的主要内容，是一种现代化政治社会形态，是人类社会政治生活的进步状态和发展程度的标志。政治文明既包括政治思想、法治思想、民主思想，也包括在这些思想指导下的政治活动，其中，民主、法治是政治文明的核心。

　　人类社会文明，即社会的进步状态，是一个多层次、有机联系的整体。马克思对社会文明的整体结构与协调发展，曾进行过精辟的论述，马克思说："人们在自己生活的社会生产中发生一定的、必然的、不以他们的意志为转移的关系，即同他们的物质生产力的一定发展阶段相适合的生产关系。

---

　*　原载于《现代哲学》2002 年第 4 期，收录时有修改。
　①　《邓小平文选》第 2 卷，人民出版社 1994 年版，第 168 页。
　②　江泽民：《执政党必须高度解放和发展生产力》，载《人民日报》2002 年 5 月 31 日，第 1 版。
　③　《马克思恩格斯全集》第 42 卷，人民出版社 1995 年版，第 238 页。

这些生产关系的总和构成社会的经济结构，即有法律的和政治的上层建筑竖立其上并有一定的社会意识形态与之相适应的现实基础。"① 恩格斯也指出："政治、法律、哲学、宗教、文学、艺术等的发展是以经济发展为基础的。但是，它们又都互相作用并对经济基础发生作用。"② 显然，按照马克思、恩格斯的论述，经济基础或经济结构，指的是物质文明；政治上层建筑及政治、法律的意识形式，则是政治文明；而其他意识形式则是精神文明。物质文明、政治文明与精神文明，在一定社会条件下，总是不可分割地联系在一起，互动共进，推进社会发展。从总体上看，物质文明起着基础的、决定的作用；但政治文明、精神文明并不是物质文明的消极派生物，它们不仅对物质文明有巨大的能动作用，而且在一定情况下，具有决定作用。"诚然，生产力、实践、经济基础，一般表现为主要的决定的作用，谁不承认这一点，谁就不是唯物主义者。然而，生产关系、理论、上层建筑这些方面，在一定条件下，有转过来表现为主要的决定的作用，这也是必须承认的。" "当作政治文化等上层建筑阻碍着经济基础的发展的时候，对于政治仁和文化上的革新就成为主要的决定的东西了。"③

对社会文明的整体分析和研究，国外许多学者也有诸多论述。美国学者威尔·杜兰对社会文明进行了要素分析，认为："文明是增进文化创造的社会秩序。它包括四大因素：经济的发展、政治的组织、伦理的传统，以及知识与艺术的追求。"④ 英国学者汤因比，不仅将社会文明明确划分为经济、政治、文化三个部分，而且详细论述了三方面文明的关联性与整体性，他指出："文明乃整体，它们的局部相依为命，而且都发生牵制作用。在这个整体里，经济的、政治的、文明的因素都保持着一种美好的平衡关系。"⑤

江泽民同志关于政治文明的概念，是根据社会结构和社会整体文明内容提出来的，是对我国社会文明建设的补充与发展。我国自改革开放以来，提出了进行物质文明与精神文明建设的战略方针，并确立了建设的目标、任务与政策，有力地推进了社会的发展。政治文明建设虽然包括在精神文明建设之中，但由于没有作为一项建设的战略举措提出，致使政治文明建设相对滞后，并成为物质文明建设、精神文明建设的制约因素。为此，江泽民同志提

① 《马克思恩格斯选集》第 2 卷，人民出版社 1995 年版，第 32 页。
② 《马克思恩格斯选集》第 4 卷，人民出版社 1995 年版，第 732 页。
③ 《毛泽东选集》第 1 卷，人民出版社 1991 年版，第 325−326 页。
④ ［美］威尔·杜兰：《世界文明史》第 1 卷，幼狮文化公司译，东方出版社 1998 年版，第 3 页。
⑤ ［美］汤因比：《历史研究》（下），石础缩编，上海人民出版社 1986 年版，第 63 页。

出政治文明建设要求，也是从我国社会现实情况出发的。政治文明建设具有丰富的内涵。

首先，社会主义政治文明包括社会主义政治思想文明。政治思想包括政治理论、政治观念、政治理想、政治道德、政治态度、政治情感等，其中政治理论、政治观点、政治理想在政治意识和政治活动中起主导的、支配的作用，它是意识形态的中心内容。能不能坚持先进的社会主义政治理论、观点、理想，并不断提高政党、团体和公民政治活动的文明程度，将一直是小康社会政治文明建设的艰巨任务。这是因为，社会主义的理想与目标的确立，政治思想的形成和政治行为的规范，不可能自发实现，只能依靠有组织、有目的的政治文明建设来完成。而且，我国的政治文明建设，既面临着资本主义政治思想的强大冲击，又面临我国传统落后政治思想的干扰。资本主义的"民主"思潮、"自由"观念、"人权"思想，封建社会的等级特权、官贵民轻、人际依附意识、法治观念淡薄等思想的遗传，对我国政治生活有着明显的消极作用，在过去、现在乃至将来都成为我国向民主化、现代化方向发展的严重阻抗。因此，坚持党的基本路线，统一政治思想，对我国坚持社会主义制度的作用重大而又艰巨。

其次，社会主义政治文明也包括政治行为文明。政治行为文明是指政党、团体以及公民政治生活、政治活动方式的文明程度，是政治思想文明在行为上的反映。由于资本主义与封建主义政治思想的影响，加上我国政治文明规范尚处在系统建设之中，政党、团体及公民的政治行为文明也有待提高。政治生活中的无政府主义与自由化倾向，无视法纪规范的"大民主"现象，政治生活的盲从与自发行为，干部中的家长制作风，领导层的等级特权，有法不依、执法不严、违法不究的行为，以及官僚主义、以权谋私、欺上瞒下、任人唯亲等，都不同程度的存在。这些与政治文明不相符合的行为都是受一定政治思想支配的。它表明我国政治制度化能力还不强，政治文明程度需要提高。如果不采取强有力的措施加强建设，进行引导，这些不文明行为不仅直接阻滞我国政治建设和社会主义民主的发展，而且严重影响和制约经济建设与文化建设，阻滞整个社会的进步。因此，政治思想建设、政治行为文明的提高，事关社会文明发展与进步的全局。

再次，社会主义政治文明还包括政治制度文明。政治制度文明是指政治与法治规范、政治与法治程序的文明程度，是政治思想文明在制度上的表现。我国社会主义政治制度是国体和政体的统一，其核心是人民当家作主。在我国社会主义条件下，根本的政治制度是人民代表大会制度，基本的政治制度是共产党领导下的多党合作和政治协商制度。与此相联系的民族区域自治制度、选举制度、基层社会生活的群众自治制度等，也是重要的政治制度。我国法治建设的根本目标是建设社会主义法治国家。这些基本的、主要的政治制度符合我国实际，具有民族特色，已经和正在发挥巨大作用。但是，我们也要清醒看到，由于前面所讲政治意识文明、政治行为文明问题的存在，加上政治制度还不完善，政治制度的认可程度、政治制度在执行中的合理性程度、政治制度化程度都还存在诸多问题。例如，向往西方的民主、自由竞选，就会质疑人民代表大会制度；主张西方政党轮流执政，就会反对共产党领导下的多党合作制度；推行等级特权与家长制，就会在事实上否定人民当家作主的制度；以权谋私、欺上瞒下、任人唯亲以及有官本位倾向，就会违背民主集中制。因而，有政治制度不执行和政治制度难以制约违背制度的政治思想和行为，是我国政治生活的一种综合性问题，它表明政治制度文明与政治思想文明、政治行为文明是不可分割地联系在一起的。政治制度文明要以政治思想文明、政治行为文明为基础，政治思想文明、政治行为文明要以政治制度文明为保证。在现代社会条件下，政治思想文明建设、政治行为文明建设，是一项长期的基础建设。在我国，政治制度文明建设特别是法制建设则显得力度不够，这一方面与我国缺乏法治传统有关，另一方面，也与现代社会政治关系、政治组织、政治管理、政治传播手段发展，而政治制度相对滞后，不能适应和规范这些发展有关。因此，进行政治制度文明建设，特别是法制建设，更显得突出和必要。

总之，江泽民同志所提出的政治文明，其内涵是十分丰富的，它不仅概括了政治建设的丰富内容，而且揭示了政治生活的发展状态，指明了政治生活进步的方向。社会和人们总是追求进步，反对落后；向往文明，憎恶野蛮；力求发展，避免停滞的。而社会文明总是各方面文明协调发展，整体推进的，忽视哪一方面的文明，都会影响和妨碍社会的全面进步。

二、社会主义政治文明建设的现代价值

江泽民提出政治文明建设，不仅有很强的现实针对性，而且有深远的意义。

第一，是我国全面实现小康社会奋斗目标的战略举措。江泽民提出政治文明建设的战略举措，是根据小康社会的奋斗目标提出的。即目标中实现"富强"的目标，要靠物质文明建设；实现"文明"的目标，要靠精神文明

建设；而实现"民主"的目标，则要靠政治文明建设。党的第十五次代表大会，根据党的基本路线，提出了党在社会主义初级阶段的基本纲领，即确立了建设有中国特色社会主义经济、政治、文化的基本目标和基本政策，并强调中国特色社会主义经济、政治、文化是"有机统一、不可分割"的。物质文明建设、政治文明建设、精神文明建设，是实现建设有中国特色社会主义经济、政治、文化基本目标，执行基本政策的相应举措。因此，江泽民提出的政治文明建设，使社会主义现代化建设内容更加全面、协调，建设的战略举措更加完善。

第二，为我国社会的全面、协调发展提供理论指导和政治保证。我国社会主义现代化建设，是一个充满各种矛盾的复杂系统。如何既全面又协调地推进各项建设顺利发展，既是一个复杂的实际问题，又是一个前沿理论问题。从前面的理论阐述，可以将社会划分为物质文明建设、政治文明建设、精神文明建设三大部分。物质文明建设是基础，政治文明建设是保证，精神文明建设是动力。物质文明建设，可以通过市场经济体制的运行机制推动，使之呈现一种竞争发展的态势。精神文明建设，也确立了明确的建设目标，形成了系统的理论与方法。而政治文明建设，虽然改革开放以来，取得了明显进展，但也面临许多复杂的问题，这些问题既与我国面临的挑战与国情有关，也与政治文明建设没有明确向全社会提出有关。首先，从国际范围来看，在经济全球化进程中，我国由于生产力水平、科技水平相对于发达国家还比较落后，经济建设、国防建设面临着严峻挑战，虽然对这种挑战起决定作用的是经济和科技，但它集中的表现形式是政治。同时，在世界范围内社会主义处于低潮的情况下，如何在国际政治多极化格局中争取主动，也不是一个单纯的政治问题，而是直接关系到我国能否争取一个有利的国际环境发展经济和科技的问题、能否在经济全球化进程中有所作为的问题。因此，政治文明建设事关国际大局。其次，从国内来看，我国不仅是一个广地域国家，东西、南北经济发展不平衡，而且是一个多民族国家，承受着当代世界民族主义浪潮的冲击。市场经济体制的形成与发展，不仅会使地域之间、民族之间经济发展的差距拉大，而且会使社会主体、个体独立性与自主性增强，原有的阶级、阶层发生分化，形成新的阶层。这些复杂的利益关系如果没有强有力的政治建设进行协调和规范，就不可避免地会出现地域之间、民族之间、阶层之间以及个体之间的矛盾与冲突，甚至可能导致混乱与动乱，阻碍、破坏经济发展与社会全面进步。因此，江泽民根据我国的实际情况，站在全局发展的高度，提出了带根本性、全局性的政治文明建设举措。政治文明建设决定物质文明建设与精神文明建设的社会主义性质与价值取向，为物质文明建设与精神文明建设提供规范、创造安定团结的政治秩序和良好的政治氛围。所以，政治文明建设的提出，不仅可以指导我们站在国际、国内全局的高度，从协调发展、整体推进的层面开展物质文明建设与精神文明建设，而且，从战略发展上为物质文明建设和精神文明建设提供了强有力的保证。

三、社会主义政治文明建设的基本任务

社会主义政治文明建设，是社会主义现代化建设的重要组成部分，是一个与物质文明建设、精神文明建设既不可分割，又相对独立的建设系统。这一系统，如果按建设的任务、目标来划分，则主要有民主政治建设与法治建设。

第一，关于社会主义民主政治建设，邓小平在全面总结新中国成立以来社会主义民主政治建设经验教训的基础上，并对民主政治发展的世界性潮流进行分析后，提出了"没有民主就没有社会主义，就没有社会主义现代化"的科学论断，揭示了民主是社会主义的本质规定，强调民主政治建设是社会主义现代化建设的基本目标。为此，党的基本路线把民主作为社会主义初级阶段的三大目标之一，并制定了有中国特色社会主义民主政治建设的纲领。

为了结合我国实际和新的发展实际，切实加强民主政治建设，以江泽民为首的党的第三代领导集体，在党的第十五次代表大会上，提出了探索社会主义民主政治发展规律的任务。江泽民提出："社会主义愈发展，民主也愈发展。我们要在实践中积极探索规律，不断推进有中国特色社会主义民主政治的发展，使它在 21 世纪展现出更加蓬勃的生命力。""发展社会主义民主政治，最根本的是要坚持党的领导、人民当家作主和依法治国的有机结合和辩证统一。"① 这样，党的第三代领导集体不仅明确肯定了民主政治建设在现代化建设总体布局中的战略地位，而且明确指出了民主政治建设必须与经济建设、文化建设有机联系，从而为探索民主政治发展提供了方法论指导。民主政治建设，是在社会各种矛盾交错、各种因素互动中进行的。就小康社会而言，民主政治将总是处在既迫切需要建设，又难于建设的矛盾状态之

---

① 江泽民：《执政党必须高度重视解放和发展生产力》，载《人民日报》2000 年 5 月 31 日，第 1 版。

中。一方面，我国经济、政治、文化的迅速发展，提出了民主政治建设与发展的迫切需要。我国社会对内、对外开放的扩大，使人们依托市场体制和现代商品经济，冲破过去的封闭状态和自然经济的束缚，从狭隘的地域关系和人际关系中走出来，成为面向世界、面向社会，广泛联系，具有开放思维、开阔视野的社会个体。在交流与比较过程中，人们对自身和社会关系更加全面的本质认识，既是人们政治素质提高的表现，也是人们对全局事务以及政治关注、知情、参与的要求。这种要求，就是一种民主要求。另一方面，社会主义市场经济体制的形成与发展，使人们增强了独立性与自主性，成为面向社会竞争、自主发展的主体。主体性的发展，是民主发展的基础与前提。另外，科学技术与教育的发展与普及，为人们增强民主意识、摆脱自发自在与愚昧无知状态、激发人们追求文明、提高自身思想政治素质提供条件；文化领域与价值取向的多样化，既以民主政治为条件，又以民主政治发展为特征，是突破价值取向单一性后的一种经济、政治、文化发展的综合状态。

　　总之，我国社会的经济、政治、文化发展，既有力推进了民主政治的发展，又迫切需要民主政治的发展。能否正确认识、适应推动民主政治的发展，不仅关系到政治文明的进步，而且关系到经济、政治、文化的发展。在民主政治方面，已经发展和需要发展是一个方面，滞后发展与制约发展则是问题的另一方面。民主政治发展所存在的问题主要有：首先，从历史来看，我国是一个有几千年封建专制统治的国家，民主的传统相当薄弱，民众的民主意识并不深厚，同民主政治相适应的经济、法律及文化条件也相对脆弱。因而，这种民主传统面对当代迅速发展的社会就显得底蕴不足。一些封建社会的政治遗传，如等级特权、家长制作风以及人治现象等，总要以不同的方式阻碍社会政治、经济与文化的发展。对此，邓小平进行过深刻分析："革命队伍内的家长制作风，除了个人高度集权之外，还使个人凌驾于组织之上，组织成为个人的工具。家长制是历史非常悠久的一种陈旧社会现象，它的影响在党的历史上产生过很大危害。"[①] 其次，从经验教训上看，新中国成立之后，我国社会主义民主有历史性的进步与发展，最根本的是共产党按照民主集中制原则进行领导，确立了人民当家作主的地位，初步建立了社会主义法制。但是，由于我国还缺乏有效抑制和消除封建专制主义遗传的经济、政治、文化的基础，社会主义民主难以得到强大经济的支撑与法制的强有力保证，加上计划经济体制过分强化集中，致使民主建设不仅没有得到应有的重视，而且使封建专制主义以新的形式一度复活，高度集中统一的政治取向长期贯彻于社会生活的各个层面，抑制民主的发展，阻碍经济发展和社会的全面进步。在总结这一历史经验教训过程中，邓小平指出，从理论上讲，社会主义民主"是历史上最广泛的民主。在民主的实践方面，我们过去做得不够，并且犯过错误"①。清理、消化过去的历史经验教训，不是一下子能完成的，特别是计划经济体制下形成的"大而全"观念、高度集中的权力意识、人际依附的惯性，往往与封建社会等级特权、官贵民轻、任人唯亲等残余混杂在一起，成为阻滞我国民主政治建设与发展的顽症。再次，社会的民主意识与习惯比较淡薄，民主生活比较单一而且不成熟，其突出表现是：要么顺从专制或服从高度集中统一，忽视自身主体性；要么违反一定规范，不正确，甚至滥用民主，就是所谓"大民主"。在"文化大革命"中，封建专制与"大民主"，作为政治生活的"两极"表现，虽然形式不同，但其本质所反映的，是我国民主法制既不成熟，又不健全，这是对忽视民主政治与法制建设的惩罚，是社会的巨大不幸。"大民主"的政治矛斗争方式，冲击平等竞争方式；高度集中的强制统一方式，影响民主协商方式；传统人治方式，干扰法治规范方式。

总之，我国民主政治建设与发展，不是一帆风顺的，它将会遇到来自传统与现实、观念与体制等各方面的阻抗，它也只能在不断消除这些阻抗过程中，与经济、政治、文化协同发展。任何关于民主政治建设与发展的"自发论""无关紧要论"都是错误的。

第二，关于社会主义法治建设。社会主义政治文明建设的另一个重要内容，就是加强社会主义法治建设，建设完备的法律体系，依法治国，将我国建设成为社会主义现代化的法治国家，使法律成为整个社会管理的最高准则。社会主义民主建设与社会主义法治建设是相辅相成、不可分割、联系在一起的。社会主义民主建设是社会主义法治建设的基础和前提，社会主义法治建设是社会主义民主建设的规范与保证。没有社会主义民主，法治社会就会走向专制；没有社会主义法治，民主就会流于形式。社会主义民主薄弱、必然导致社会主义法治疲软；社会主义制度无力，也必然导致社会主义民主脆弱。社会主义民主建设为社会主义法治建设提供广泛的群众基础和合理性取向，社会主义法治建设保证并实现社会主义民主的制度化、规范化、程序化。法治建设的目的，是依法治国，将我国建设成为社会主义现代化的民主

---

① 《邓小平文选》第2卷，人民出版社1994年版，第168页。

和法治国家，使国家的政治生活、经济生活和文化生活以及民主等各个方面，使人民民主和专政的各个环节都能真正做到有法可依、有法必依、执法必严、违法必究。法治建设，包括法治理论、法治思想、法律体系、执法机构、执法队伍等建设。在这些内容中，法治理论与法治思想建设，是法治建设的核心与灵魂，对其他建设具有指导作用。自改革开放以来，我国在法治建设方面取得了丰硕的成果，诸如初步形成了比较完善的法律体系，制定了相关配套的法律条文，强化了司法、执法机构与队伍的建设，依法办事的风气正在我国形成。法治建设在我国社会主义现代化建设中所发挥的作用越来越突出，也越来越重要。但是，应当承认，我国法治建设与过去相比，与德治建设相比，所投入的社会成本，相对而言，是比较大的，法治建设的推进也比较曲折和艰难。这与法治建设所遇到的来自社会和传统的阻抗（与民主建设所面临的问题类似）有关，也与法治建设中的有形建设，即法律条文、法制机构、法制队伍建设，与无形建设，即法治理论、法治思想建设不协调有关。

我国既是一个缺乏民主传统的国家，同时也是一个缺乏法治传统的国家。"文化大革命"结束后，党和广大人民群众对"文化大革命"那种目无法度和由"大民主"导致的混乱极为反感，渴望社会民主、平稳、有序，因而，加强社会民主建设和法治建设，既是社会稳定、发展的迫切需要，也是广大人民群众的迫切愿望。于是，法治建设受到高度重视。在比较短的时间内，法律条文大批相继制定并初步形成体系，经济、政治、社会等多方面的执法机构迅速恢复和新建，执法队伍不断扩充，执法装备不断更新。这些社会成本投入之后，虽然有较为明显的效果。但是，在一段时间里，社会上有法不依、执法不严、违法不究的情况仍比较普遍。执法系统发生腐败现象，违法犯罪的情况危及社会稳定，群众很不满意。这一事实说明，有形的法制建设固然重要，无形的法治建设，以及为法治建设提供基础和条件的建设，即法治思想建设、民主建设与道德建设亦不可缺少、不容忽视；如果有形法制建设没有相应的无形法治思想建设作为基础与思想上的保证，有形法制建设就会受到其他思想，特别是落后思想的支配。不仅起不到法治建设的作用，而且还会给社会制造麻烦和造成损害。同时，法治建设如果没有民主建设作为基础，法治建设也会因为缺乏民主监督、民主管理而自行其是，有失公正，甚至可能成为民主建设的障碍。另外，法治建设如果没有道德建设的配合，执法人员缺乏内在道德法庭的审理，执法的不道德行为就会直接损害法治的诚信与威信，引发社会上的道德失范，冲破道德底线而走向违法乱纪。因此，根据我国的文化传统，法治建设应当坚持以人为本、标本兼顾，把有形建设与无形建设、法治与德治结合起来。

第一，加强法治思想建设与法治教育。法治思想建设，主要包括法治理论建设和人们法治意识、观念的培养与提高。法治理论是有中国特色的现代社会主义法治理论，包括法治的科学理论与法治的价值理论。着重解决在社会主义条件下，为什么需要法治与如何正确实行法治的根本性问题。只有解决这个问题，有形法制建设才有正确指导和牢固思想基础，才能真正走向法治自觉；否则，只会是法治自发。法治自发必定引发法治建设的许多不确定性问题发生而导致法治建设不必要的曲折和反复。法治思想建设在我国特别重要，原因在于，一是我国缺乏法治传统，民众的法治意识、观念比较淡薄；二是我国是一个富有伦理传统，重视德治的国家，人们在行为规范上，比较注重内在的思想、道德修养与自控。也正是由于这个原因，以解决内在思想问题为主的道德教育、思想政治教育在社会管理中富有传统和优势。因此，要使有形的法制建设充分发挥作用，必须认识和尊重民族的这一传统，发挥其优势。而且，法治的思想建设，是一项治本建设，它同道德建设的功能一样，就是注重用人的内在控制人的外在，这是我国古代先哲们探索治国齐家修己的基本思路，并成为一种民族文化的积淀。在现代社会条件下注重人的内在思想建设的思路，是以充分尊重、发挥人的主体性为前提的，是坚持以人为本，依靠个体自觉自律为基础的。没有个体自觉自律为基础，法治只会成为一种外在性控制或强制，而这种控制或强制，要么需要很大的社会成本，要么难以持久维持下去。而有效的法治思想和道德建设，不仅可以减少社会摩擦与冲突，而且能够降低社会运行成本。所以，邓小平强调法制建设的根本问题是教育人，他指出："我们国家缺少执法和守法的传统……法制观念与人们的文化素质有关。""所以，加强法制重要的是要进行教育，根本问题是教育人。"① 教育的目的是要使人人都懂得法律、自觉遵守法律，既能依法行事，运用法律去维护自己的合法权益，又能积极主动地维护法律的尊严。

江泽民全面考察我国现代化建设进程之后，根据我国民族文化传统和党的传统，对思想政治教育进行了重新定位，重申加强思想政治教育是我们党的政治优势，并提出了依法治国与以德治国相结合的治国方略，充分肯定了法治思想建设与道德建设在法治建设中的作用。

---

① 《邓小平文选》第3卷，人民出版社1993年版，第163页。

第二，把依法治国和以德治国有机结合起来，要充分利用法律与道德相互渗透、互相涵化的特点，将一些道德要求上升为法律或纪律规范，又使道德要求中包括法律规范，要充分利用法律与道德互相补充、相互为用的特点去促进以德治国，用以德治国来保证依法治国，使广大人民群众既依法行事，又依德行事，从而促进我国的改革开放和社会主义现代化事业更健康地深入发展，保证国家的长治久安。

宗教在我国社会的存在方式 *

宗教本质上是对支配人们日常生活的外部力量的幻想颠倒的反映。但宗教作为一种特殊的社会意识形态、一种社会文化现象和一种人生关怀体系，在我国社会还将长期存在下去，并对社会生活的诸多方面产生广泛而深刻的影响。把握宗教在我国社会存在与影响的方式、程度、趋势与特点，对于我国坚持社会主义意识形态主导地位、建设社会主义和谐文化、发挥宗教积极作用、团结广大信教群众为实现中华民族的振兴而共同奋斗有着重要的意义。

宗教在我国社会存在与影响有两种基本方式：一种是正统宗教，在我国社会正式存在并发挥着重要影响；一种是民间宗教，在我国社会非正式存在但也产生一定影响。

一、宗教在我国社会的正式存在

从严格意义上说，我国缺乏西方国家那样的宗教情结，更没有经历像西方中世纪的宗教统治，我国的宗教文化在很大程度上是从国外引进的，这是我国的文化国情。我国是一个多宗教的国家。目前，在我国社会正式存在的宗教主要有佛教、道教、伊斯兰教、天主教和基督教五大正统宗教。所谓正统宗教，就是对宇宙人生有独立的神学或宇宙论的阐释，包含象征物（神祇、灵魂及其形象）与仪式的独立的崇拜形式，有独立的神职人员组织以佐助诠释神学观念并从事教派崇拜活动的宗教。我国的五大正统宗教都有着悠久的历史，并且都拥有相当规模的信教群众，在我国社会具有举足轻重的地位。

佛教在中国已有 2000 多年的历史。佛教早在公元前 2 年（西汉哀帝元寿元年）就传入中国。佛教传入中国后，在与中国本土文化的碰撞、融合过程中，形成了中国化的佛教，后逐渐成为中国封建统治阶级的一个精神支

---

* 原载于《宗教影响与社会主义意识形态主导研究》，中山大学出版社 2009 年版，作者郑永廷、江传月等，收录时有修改。

柱。魏晋南北朝时期，我国佛教在当时统治阶级的大力扶持下取得了很大发展。隋唐时代是我国佛教的鼎盛时期，先后出现很多宗派。但自宋代以后，佛教在中国逐渐走下坡路。现在，中国有佛教寺院1.3万余座，出家僧尼约20万人，其中藏语系佛教的喇嘛、尼姑约12万人，活佛1700余人，寺院3000余座，巴利语系佛教的比丘、长老近1万人，寺院1600余座，成立有全国性宗教组织——中国佛教协会。

道教是中国土生土长的宗教。道教的初创期始于东汉顺帝时代，至今已经有1800多年的历史。魏晋南北朝时期，道教也得到了很大发展。从隋唐起到北宋，道教进入鼎盛时期。明清时期，道教逐渐停滞并走向衰败。在封建时代，道教作为中国的又一文化现象，其产生和发展也对中国封建社会的政治、经济、文化、社会产生了深刻的影响，并与中国广大民众的生活、实践及社会心理息息相关。它植根于博大精深的华夏文化，其思想渊源来自道家哲学以及鬼神崇拜、方仙之说，其信仰内容也是根据中国固有的文化传统所创立的，因而是一种能体现中华民族古代宗教意识的宗教形式。中国现有道教宫观1500余座，乾道、坤道2.5万余人，成立有全国性宗教组织——中国道教协会。

伊斯兰教在我国已经有1300多年的历史。伊斯兰教于公元7世纪（唐朝时期）传入中国。元代时期，伊斯兰教在我国得到了重大发展。到公元17世纪，我国的回族、维吾尔族、哈萨克族、塔塔尔族等10个少数民族中的绝大部分人已经信仰伊斯兰教。信奉伊斯兰教的中国穆斯林，在政治上，曾经出现过一批著名的杰出人物；在经济上，曾同汉族共同发展了西北等地区的农业和畜牧业，促进了我国经济的发展和边疆的巩固；在科学文化上，曾把西亚的天文、历史、建筑、医药等科学技术介绍到中国来，并在文学、音乐、舞蹈等方面作出了重要贡献。目前，我国大约有2000万穆斯林，清真寺3万余座，伊玛目、阿訇4万余人，成立有全国性宗教组织——中国伊斯兰教协会。

天主教自公元7世纪起几度传入中国，1840年鸦片战争后大规模传入。天主教，实际上是广义基督教中的一个重要派别，对中国社会也起着一定的影响。中国现有天主教徒约400万人，教职人员约4000人，教堂、会所4600余座，成立有全国性宗教组织——中国天主教爱国会和中国天主教主教团。

基督教（新教）于公元19世纪初传入中国，并在鸦片战争后大规模传入。基督教在华的大规模传播发展是以不平等条约为基础的，教会势力常常为西方列强的侵华战略服务；不过，近代基督教在华的发展客观上也促进了西方近代文明在中国的传播，充当了"西学东渐"的媒介。中国现有基督徒约 1000 万人，教牧传道人员 1.8 万余人，教堂 1.2 万余座，简易活动场所（聚会点）2.5 万余处，成立有全国性宗教组织——中国基督教三自爱国运动委员会和中国基督教协会。①

我国宪法对尊重和保护宗教信仰自由作了明确规定：公民享有充分的宗教信仰自由权利，教徒可以按各自宗教的教义及习惯，在寺庙、宫观、清真寺、教堂和个人家庭中进行各种正常的宗教活动，宗教团体和寺观教堂的合法权益受到法律保护，教职人员履行宗教教务得到尊重和保护。这样，我们国家就以法律形式，保证了宗教在我国社会的正式、合法存在，并正确地引导宗教与我国社会主义社会相适应。实际上，我国依法对宗教事务进行管理的根本目的，就是为了更好地保护正常的宗教活动和宗教界的合法权益，也有利于防止和制止不法分子利用宗教和宗教活动制造混乱、违法犯罪，有利于抵制境外敌对势力利用宗教进行渗透，从而更好地发挥宗教在我国社会的积极作用。

二、宗教在我国社会的非正式存在

在我国社会非正式存在的宗教有很多种，也比较杂乱。这些非正式存在的宗教，主要是指各种民间宗教，当然也包括各类邪教。

所谓民间宗教，是指流行于社会阶层、未经当局认可的多种宗教的统称。它既是一种有别于为上层所接受或信奉的正统宗教而流行于下层民间社会的宗教组织，又是一种更能迎合下层民间社会人士心理需要的宗教教义和信仰。马西沙教授曾对民间宗教与正统宗教之间的差别与联系做过详细论述："民间宗教与正统宗教虽然存在质的不同，但差异更多地表现在政治范畴，而不是宗教本身。前者不为统治秩序所承认，被诬为邪教、匪类，屡遭取缔镇压，往往只能在下层潜行默运；后者从整体上属于统治阶级的意识形态，受到尊崇、信仰和保护。就宗教意义而言，民间宗教与正统宗教之间没有隔着不可逾越的鸿沟。世界上著名的宗教在初起时无一不在底层社会流传，属于民间教派。由于逐渐适应社会的普遍需求，并在不断地抗争中，以自己的实力走向正统地位甚至统治地位；而后起的一些民间教派又往往是正

---

① 数据均来自国务院新闻办：《中国的宗教信仰自由状况》白皮书，人民网。

统宗教的流衍或异端，由于宗教或世俗的原因被排斥在外，遂自成体系，发展成独立教团，并被迫走向下层社会。显而易见，这两者在历史的长流中不停地演进、转化中，不仅在教义、组织、仪式、教规、戒律、修持等方面有着千丝万缕的联系，而且存在着对抗、改革与创新。一方面反映了信仰主义领域的新旧关系的变动，也反映了世俗世界对宗教本身的影响，反映了社会不同阶层在信仰上的不同意向与追求。"①

中国的民间宗教，主要是指源自中国社会历史，以自然崇拜、图腾崇拜、祖先崇拜以及其他地方神灵崇拜为核心，缺乏统一信仰体系和宗教经典，具有分散性、自发性、民间性的非制度化的自然宗教及其相关信仰习俗。这种宗教一般包括信仰（鬼、神和祖先）、仪式（家祭、庙祭、墓祭、公共节庆、人生礼仪、占验术）和象征（神的象征、地理情景的象征、文字象征、自然物象征）三大体系。历史上民间宗教往往被罩上一层较为浓厚的政治色彩，民间教派往往被指称为流传于社会下层即民间的各种此类教派的总称。这些教派的思想信仰与社会的正统观念有所抵触，其组织独立于一体化的社会体制。有的教派还充当反政府的民众运动的主角，遭到官方和法律的禁止，无法公开其合法的活动，被迫长期保持秘密的活动状态。因而，民间宗教有了更多的其他名称，比如民间秘密宗教、秘密宗教结社、秘密教派、秘密教门、新兴民间宗教、下层宗教等。虽然民间宗教表现为其宗教诸要素密合无间地扩散到世俗社会制度之中并变成后者观念、仪式及结构的一部分而并无明显的独立存在，但在长期的历史进程中，民间传统的信仰、仪式和象征影响着社会中大多数民众的思维方式、生产实践、社会关系和政治行为，并与社会上层建筑和象征体系的构造形成微妙的冲突和互补关系。马西沙教授在《中国民间宗教史》一书中也讲道："民间宗教在中华文化中有特定的位置，是信仰主义世界的重要领域，构成了千千万万底层群众的笃诚信仰，影响着各个地区的民风、民俗，下层民众的思维方式、生活方式。它对中华民族性格的形成起过不可忽视的作用。"②

邪教是民间宗教中的一个变种。它往往采用宗教的方式，以现世教主为首，采取极端的教义，通过神化首要分子，制造、散布迷信邪说，以精神控制等手法发展和控制成员，秘密结社，实施危害社会的行为。由于邪教在我国社会造成严重的不良影响，我国政府依照法律给予坚决取缔和打击。1999

---

① 马西沙、韩秉方：《中国民间宗教史》，上海人民出版社 1992 年版，序言第 3 页。

② 马西沙、韩秉方：《中国民间宗教史》，上海人民出版社 1992 年版，序言第 3 页。

年 10 月印发的《最高人民法院、最高人民检察院关于办理组织和利用邪教组织犯罪案件具体应用法律若干问题的解释》中对邪教做了规定："邪教组织是指冒用宗教、气功或者其他名义建立，神化首要分子，利用制造、散布迷信邪说等手段蛊惑、蒙骗他人，发展、控制成员，危害社会的非法组织。"这个界定就把邪教与传统的民间宗教作了严格的区分，有利于正确贯彻我国的宗教信仰自由政策，保护正当的宗教活动，以动员、吸引广大信教群众与政府同心同德，共同对付邪教。而对于形形色色的传统的民间宗教，我们则应该以马克思主义宗教观为指导，正确引导它们与我国社会主义社会相适应。

宗教在我国社会的影响特征*

无论是正式存在的宗教还是非正式存在的宗教，在我国社会都发挥着相当程度的影响，这既体现在宗教对我国社会影响的广泛性，又体现在宗教对我国社会局部影响的深层性。

一、宗教对我国社会影响的广泛性

从理论意义上说，宗教是一种历史现象、历史范畴，其形成与发展遵循和体现一定的客观规律，并经历了一个漫长的历史沿革，成为人类社会的一种独特文化现象和社会意识形态。作为一种文化元素、文化因子，宗教无疑会渗透并影响人类生产和生活的众多领域。正如何光沪教授在《宗教与世界》丛书总序中说的："作为历时最为久远、分布最为普遍、影响最为深广的人类现象之一，宗教与人的世界紧密相连。人类文明的各个部门、人类活动的各个方面，从哲学思想到文学艺术，从政治经济到文化教育，从道德伦理到惯例习俗，从科学理论到音乐美术，无论是社会的价值取向和共同素质，还是个人的心态结构和行为模式，都同宗教有着起初是浑然一体、尔后又相互渗透的关系。"①

从一般形式上看，宗教主要由三个部分组成，即精神因素、行为因素和组织因素。在精神领域内，宗教有信念、情感、体验、观念、伦理、理论等，并物化为经典、礼仪、禁忌、艺术、建筑等；在实体领域内，宗教则有各种各样的宗教社团、宗教寺院、宗教组织、政党、宗教制度、节庆等。宗教的这些精神要素与物质要素，广泛存在于社会各个区域，其作用和影响几乎遍及了社会生活的各个方面，成为一种广延性和历时性的文化体系。历史表明，宗教不但影响着人们的生活方式、思维方式、道德观念、价值取向，同时也影响着社会的文化、教育、风俗、习惯、文学、艺术（包括音乐、

125

---

* 原载于《宗教影响与社会主义意识形态主导研究》，中山大学出版社 2009 年版，作者郑永廷、江传月等，收录时有修改。

① 何光沪：《宗教与世界》，见《宗教与文学》，四川人民出版社 1989 年版，丛书总序第 1 页。

舞蹈、绘画、雕塑、建筑）等，由此进一步影响着整个民族的精神气质和思想意识。以佛教在我国的影响为例，佛教不仅为我国文学、诗歌的创作提供了题材、素材以及途径和方法，还对我国的建筑、雕塑、绘画、音乐等产生深远影响。我国的很多文化遗产，如庙宇、神像、古建筑、石窟等，几乎都是由佛教活动创造出来的。基督教同样也产生着广泛的社会影响，它除了对思想意识、哲学理论、伦理观念有重大影响之外，还通过进行文化、教育、医疗等社会工作，甚至通过政治活动和经济活动直接地或间接地对国家政治、社会状况、经济状况发挥作用和影响。

从宗教在我国影响的现实情况看，近些年来，宗教影响在我国呈逐渐上升趋势。虽然我国对宗教信徒的具体人数还没有精确的统计结果，但是，根据我国有关部门的不完全统计和研究机构的调研，我国现有各种宗教信徒已经达到上亿人，占到总人口的 10% 以上。还有众多相关的宗教活动场所、宗教教职人员、宗教团体和宗教院校。同时，信教人群的分布也很广泛。我国是一个多民族的国家，有 20 多个少数民族的绝大多数群众信仰宗教，如藏传佛教、伊斯兰教。信仰伊斯兰教的有回族、维吾尔族、哈萨克族、乌孜别克族、塔吉克族等 10 个民族，约有 1000 多万人。佛教（包括喇嘛教）在蒙古族、藏族、傣族等少数民族中几乎是全民信仰的宗教。佛教和道教在汉族中也有一定的影响。宗教与这些民族的发展息息相关，影响深刻，广泛渗透到这些民族的经济生活、政治生活、文化生活以及日常生活的风俗习惯之中。

从实际调查的材料看，宗教在我国各个地区、各类人员中的影响也比较广泛。本课题组成员于 2005—2006 年在广州市、粤东、粤西地区 10 所高校的 15 个专业的三年级大学生中进行了宗教状况调查，共发放问卷 600 份，收回有效问卷 503 份。在作答的样本中，回答"不信仰"的有 346 人，占 67.8%；回答"半信半疑"的 92 人，占 18%；回答"信仰"的 65 人，占 12.7%。①

本课题组于 2005 年还通过全国 20 多个省、市、自治区教育行政部门，面向 60 多所高校的学生进行了宗教影响的问卷调查和座谈访谈，结果显示，有占被调查人数 10% 左右的学生参加了宗教组织，20% 左右的学生参加过宗教活动。② 这说明在系统接受了马克思主义理论教育的大学生中，也有小部

---

① 《"广东地区大学生宗教信仰研究"研究报告》，2006 年提供。
② 《"宗教、迷信对大学生的影响与对策研究"研究报告》，2005 年向教育部提供。

分学生信仰宗教，表明宗教已经对社会主义意识形态产生影响。

至于在少数民族地区，宗教信仰则更加广泛。据才让、马强、牛宏于 2001 年 6 月先后赴甘肃省临夏、甘南等少数民族地区，深入寺院、学校和单位、经学院等，通过召开座谈会、发放调查问卷、个别访谈、查阅资料等形式，对本省少数民族青年的宗教信仰状况进行了认真调研。结果显示，这些少数民族地区的青年对于藏传佛教的信仰比例很高，表示虔诚信仰、部分信仰和形式上信仰的人数比例占总人数的 83.8%，表明大多数青年认定自己是藏传佛教信徒。就此而言，他们虽然接受了现代教育，但传统的信仰仍在他们身上得到了延续。不过，他们的宗教信仰程度有差异，虔诚信仰与部分信仰的人数比例比较接近，说明承认自己是宗教信徒，并不意味着全面接受宗教的教义。①

二、宗教对我国社会局部影响的深层性

宗教对我国社会的影响不仅广泛，而且对我国社会局部影响深刻。其中，宗教对我国社会的精神道德、文化艺术以及风俗习惯等领域都产生着深层影响。

（一）宗教对我国广大信徒和老百姓的精神生活产生深刻而长远的影响

作为一种独特的世界观，宗教是一些人的人生哲学的重要知识框架与思想成分。对于大多数普通老百姓而言，哲学的思考显然超过了其智力的范畴与知识的框架，于是，不少人便自发转向了宗教。某些通俗的宗教理论，构成了中国很多老百姓的人生哲学框架，为人们提供精神支柱和价值理想。"宗教作为一种世界观理论，它的理论聚焦点也投之于人、世界及人与世界关系的层面上。它试图以这种世界观为人类提供一种关于人存在的哲学、关于世界存在的基本模型以及关于人与世界交往的基本范式。通过这种哲学、模型、范式达到理解与把握人、世界及人与世界的关系。宗教世界观因而也必然要理论地回答历史观、人生观、价值观的问题，也可以说是通过构建一种历史观、人生观、价值观，为人类提供一种'最高的精神支撑点'和安

---

① 才让、马强、牛宏：《甘肃省少数民族青年宗教信仰现状调查》，载《西北民族研究》2002年第 1 期。

身立命的关怀体系。"① 同时，宗教是一种信仰体系和终极关怀。"宗教作为一种终极关怀体系，使人能够有足够的勇气和信念来拒斥肉身存在对人的精神的玷污，承领价值委琐、价值混乱、价值缺失、价值虚无所带来的精神漂泊与放逐，不仅给人以生存的信心、勇气和目标，而且还促使人不断地反思自己的思想与行为，规范自己的行为标准和尺度，不断实现精神的超越与提升。"② 当人们面对痛苦、不平等、罪孽和无意义时，宗教这种特殊的精神价值在一定程度和一定意义上 "能够帮助人获得一种特殊的深度及广博的意义境界，即使是面对死亡也能帮助人获得一种最终的生命意义，即解释我们的存在何来与何去。宗教能够保证最高的价值、绝对的规范、最深的动机以及最佳的理想，即我们的责任的原因及目的。宗教能够通过极同的象征、仪式、经验和目标来创造信任的归宿、信仰的归宿、良心的归宿、自强的归宿、安全和信心的归宿，即一个精神上的故乡"。从课题组在广东 10 所高校所作宗教影响的主客观条件调查分析，也可以看出，精神层面的主观原因是主要的。根据 65 个信教样本的回答发现，大学生信教的客观原因依次为：家庭的熏陶、家人的影响（17 人次），周围环境（朋友、老师、同学）的影响（8 人次），社会风气不正、人际关系复杂（7 人次），宗教神职人员的教化（4 人次）。而大学生信教的主观原因依次是：宗教给人以希望寄托、使人有精神依靠（32 人次），出于对宗教的兴趣（29 人次），学业困难、就业压力大（4 人次），经历过人生挫折（4 人次），宗教可以消灾免祸、保佑平安（3 人次）。由此可见，在大学生信教问题上，主观原因的影响（72 人次）超过了客观原因的影响（36 人次）。在主观原因中，最主要的是寻求精神寄托和出于宗教兴趣；在客观原因中，最主要的是家庭影响和环境影响。概括地说，精神寄托、宗教兴趣、家庭影响、环境因素和社会风气是大学生信教的五大原因；同时，学业、就业、人生挫折、情感困惑等因素的影响也不可忽视。③

（二）宗教对我国社会的道德生活有着深刻的影响

关注社会伦理问题，是宗教的一个重要方面，在对社会伦理和人们的道德选择作出规范的同时，宗教关注从神走向人。通过道德宗教化和宗教道德

---

① 《宗教学通论》，中国社会科学出版社 1989 年版，第 363 页。

② 《宗教的阐释》，中国社会科学出版社 2002 年版，第 73 页。

③ 《"广东地区大学生宗教信仰研究"研究报告》，2006 年提供。

化的双向建构，宗教对道德产生深刻影响。"一方面，宗教把道德抬高为宗教的教义、信条、诫命的律法，把恪守宗教关于道德的诫命作为取得神宠和进入天国的标准；另一方面，宗教的教义和信条又被神以道德诫命的形式强加于整个社会体系，被说成是一切人的行为当与不当、德与不德、善与不善的普遍准则。这就是历史上形成所谓道德的宗教化和宗教的道德化现象。"我们可以看到，我国的几大宗教，如基督教、伊斯兰教、佛教，对其信众的要求，都普遍以道德为底线。人们信仰一种宗教，加入一个宗教团体，遵守宗教的教义律法，不仅意味着生活从凡俗向神圣的转换，而且还意味着选择一种有道德的生活方式，或者说接受一种新的道德训练，重新为个体建构一种道德规范或伦理学体系。此外，宗教还关注人的生存处境、人的道德危机，对大抵存在的社会道德问题提出解决的方案，力求净化人心，重整道德，从而发掘和发挥自身的道德教化功能。

本课题组通过全国 20 多个省、市、自治区教育行政部门面向 60 多所高校学生进行的调查说明，相当一部分学生对宗教在道德、心灵上的作用持肯定态度。半数的学生认为宗教具有平衡心态的作用和心理安慰作用；认为宗教具有追求高远、净化心灵价值的学生比例分别为 8.9% 和 33.6%，而认为宗教回避现实、没有作用、束缚思维的学生比例分别为 22%、12.3%、9.3%，持肯定与否定意见学生的比例都在 42% 左右。[1]

（三）宗教对我国文学艺术的发展也有着深刻的影响

我们知道，宗教自身的性质使得它需要通过文学艺术的形式来表现和确证自己，也可以说，文学艺术是宗教的一种载体，"一切表现神灵及其神性的言词和身体动作便不能不是拟人化的、象征性的。……一切'象征性''符号化'的表现，都是超越自然本能的人性升华或人性的创造性活动，具体化为形象的艺术。语言的象征性描述，发展为讴歌神灵之事功、感谢神灵之恩德的宗教文学和宗教艺术；身体动作的象征性模拟，发展为再现神灵行为和神话故事的'手之舞之，足之蹈之'的舞蹈艺术和宗教戏剧；神灵偶像和礼器、法器的制作发展为雕塑绘画之类造型艺术；明堂、礼拜堂的建筑和装饰发展为建筑艺术……"[2] 我国著名古典小说《西游记》、秦始皇兵马俑、敦煌莫高窟、大足石刻、乐山大佛等艺术珍品，还有舞蹈《千手观音》

---

[1] 《"宗教、迷信对大学生的影响与对策研究"研究报告》，2005 年向教育部提供。

[2] 吕大吉主编：《宗教学纲要》，高等教育出版社 2003 年版，第 260 页。

等，都是对神灵世界宗教信仰的艺术表现。而文艺往往是宗教观念的表现形式和宗教感情的宣泄渠道。宗教越是发达，宗教仪式越是丰富多彩，宗教神灵越是神圣和完美，宗教对文艺的需求也就越多、越高，客观上就对文艺发展的影响也越深。

（四）宗教在很多时候还影响着人们的风俗习惯

宗教信仰者经过年长日久的修习或操行，宗教的意识和某些礼仪就会渐渐渗透到其社会生活的各个方面，最后会形成自己特殊的风俗习惯。基督教把圣诞节作为一年中最重大的节日加以隆重庆贺，伊斯兰教把开斋节和古尔邦节作为最隆重的节日来庆祝，佛教则隆重庆祝佛诞节、涅槃节和成道节。这些节日活动，节日的象征性标记、物品等，往往成为不少地区和不少人的风俗习惯。

宗教在我国社会的影响趋势 *

宗教在我国社会的存在与影响日益呈现出两大明显的趋势：一方面，我国宗教呈现出明显的扩大趋势；另一方面，宗教呈现出与我国社会主义社会及其主导的意识形态相协调、和谐发展的趋势。

一、宗教在我国社会影响的扩大趋势

宗教在我国社会的影响日益扩大，这不仅是宗教在全世界影响日益扩大的趋势在我国的反映，也是我国社会急剧发展中出现的新情况和新问题。这种现象提醒我们，人类最深刻、最多样、最难满足的永恒需求，还是在精神方面，人是不能在物质生活中得到最终的安宁或真正的幸福的。追求思想或精神超越，是人的需要和文化的灵魂。

根据《1990 年大英百科年鉴》统计，目前全世界 50 多亿人口中，各种宗教的信仰者占 80%，他们分布在全世界所有的国家和地区。而且在 1980—1990 年这 10 年中，世界各宗教的信徒增长率几乎与世界总人口的增长率同步。而最具有现代宗教之种种特征的基督教在 20 世纪 90 年代后教徒人数呈上升趋势：1990 年世界总人口为 52.97 亿，基督教徒总人数为 17.5877 亿，占世界总人口的 33.3%；至 1995 年，世界总人口为 58.0412 亿，基督教徒的总数为 19.5522 亿，占世界总人口的 33.7%，增长率为 0.5%，净增长人数为 1.9645 亿人。其他各大宗教，除犹太教之外，1996 年信徒的人数都比 1990 年增多。而对于 2000 年甚至 2025 年后各宗教信徒的预测，则是各大主要宗教的人数都呈较大幅度的上升趋势。[①] 以上资料显示，宗教在全世界的影响日益扩大，信教的群众越来越多，并远远多过不信教的人。

---

* 原载于《宗教影响与社会主义意识形态主导研究》，中山大学出版社 2009 年版，作者郑永廷、江传月等，收录时有修改。

① 以上数字和附表均引自于《1996 年世界基督教信徒的增减状况》，载《世界宗教文化》1996 年夏季号，第 64 页。该统计的数据来源于各年度的《不列颠百科全书·年鉴》《美国与加拿大教会年鉴》《教会研究国际公报》等资料。

正是在全世界宗教影响日益扩大和宗教自身价值日益彰显的背景下，我国社会的宗教影响也在明显和迅速地扩大。据有关资料显示，1993年，我国共有宗教活动场所7万处，宗教教职人员20多万人，全国性宗教团体8个和地方性宗教团体2000多个，宗教院校48所，参加宗教活动的信教人数3000多万人。到了1997年，据国务院新闻办发表的《中国的宗教信仰自由状况》白皮书的统计，中国的宗教活动场所超过8.5万处，增加了1.5万余处；宗教教职人员约30万人，增加了近10万人；各种宗教团体3000多个，增加了1000多个；宗教院校74所，增加了26所；尤其是信教人数骤增，仅中国大陆就有1.2亿多宗教信仰者，其中9000万佛教徒，1800万穆斯林信徒，1000万基督教徒和400万天主教徒。宗教界人士还广泛参与国家政治生活，其中担任各级人大代表、政协委员1.7万人。宗教在我国社会影响不断扩大的又一个体现就是宗教文化热的形成。其中，佛教文化和基督教文化在社会各界的影响更为突出。还有，我国信教群众的职业越来越多样化、年龄越来越年轻化，信教群众由原来呈现的"三多"，即老年妇女多、有病的多、无文化的多，到现在呈现出"三增"，即男性增多、年轻人增多、知识分子增多的趋势。

那么，为何宗教这种"颠倒的世界观"在科技发达的今天竟没有走向衰亡反而影响扩大呢？其原因当然很复杂，在后面一篇论文将展开多层面分析。就其扩大的趋势原因而言，一些学者联系世界发展形势和宗教自身的价值做了比较深入的研究。从世界发展的形势与情况看，"20世纪是市场经济、科学技术、大众文化'三位一体'携手打造出来的一种现代文明形态。世界历史的全方位展开，市场经济的全球构架，科学技术的迅猛发展，创造了高度发达的物质文明，人类真正实现了'丰裕'社会的梦想。政治的民主化以及文化的世俗化，使人们享受着现代性的'甜蜜'生活。然而，人类并没有一种幸福感，反而陷入深一层的迷惘与焦虑。这不是由物质匮乏所造成的肉体的痛苦，而是由于灵魂的焦渴所导致的精神的痛楚"[1]。"科学在经历了几百年的辉煌盛世之后，到了20世纪，陷入一种难堪的境地。尽管作为'第一生产力'，它仍然受到国家和企业的支持与鼓励，但是，20世纪几千万生灵的无辜殉难，几千万人的无家可归以及核扩散造成的恐怖、生态失衡酿成的灾难、无性繁殖的克隆技术对人类的挑战，使人类由原来对科学的顶礼膜拜和极美好的期待变为挥之不去的恐惧和反感，'反科学'的情绪

---

[1] 高长江：《宗教的阐释》，中国社会科学出版社2002年版，第119-120页。

与心态与日俱增。"① 工具理性的膨胀，价值理性的迷失，社会风尚的恶化，道德的混乱，精神的迷茫，非理性思潮的涌起，对一种新生活，一种幸福、正义、仁爱的生活的渴望，为宗教的扩张奠定了社会文化心理基础。人们期望通过复归于传统的宗教生活而拒斥社会急剧发展或转型所引发的社会生活秩序与道德的混乱，恢复或重新走向一种充满和谐与友爱、善良与正义的伦理生活，这无疑成为相当多的人倾向宗教和加入宗教的心理与精神动因。

现代社会的迅速转型、现代生活方式的剧变给人们的心理和思想造成极大影响，这为宗教影响的扩大提供了社会土壤。社会竞争日趋激烈、生活节奏高度紧张、家庭关系渐趋脆弱、人际交往愈益狭窄，使一些人普遍感到生活单调、乏味，精神烦躁、压抑，对周围世界充满怀疑和冷漠，功利主义盛行，人际间缺少正常的心灵沟通与交流。为了摆脱孤独、空虚，追求安宁、幸福，不少人纷纷寄希望于神灵的力量和宗教的精神慰藉。信仰者认为，宗教为人们提供一种精神关怀，使人们心有所安、魂有所系、神有所宁。对正义、仁爱、幸福生活的渴望与正义、仁爱、道德的神学理论相遇，便容易撞击出信仰的火花，使宗教尤其是基督教在我国社会的影响扩大。

据广西师范学院（今为广西师范大学）《广西大学生宗教观调查分析》课题组，对广西的 3 所院校 268 名大学生的问卷调查分析表明，全体被调查大学生认为信教是探索人生真理和寻求精神寄托的分别占 16% 和 67%；信教大学生认为自己信教是为了探索人生真理或寻求精神寄托的分别占 32.4% 和 36.6%，两者相加约占 70%；有 72.4% 的学生对信教与否持一种宽容态度，认为是个人的精神信仰问题。这说明大多数学生把宗教看作一种精神寄托或精神追求，对宗教持肯定倾向的比例较大。②

二、宗教与我国主导意识形态的协调趋势

马克思历史唯物主义认为，一定社会的上层建筑，是建立在一定的经济基础之上的各种政治法律制度、设施（政治上层建筑）和意识形态（思想上层建筑）的总和。宗教属于思想上层建筑的范围，占据着其应有的特定位置。但在全部上层建筑中，政治上层建筑起着主导的作用，直接

---

① 高长江：《宗教的阐释》，中国社会科学出版社 2002 年版，第 77 页。

② 邓国峰、龙妮娜：《广西大学生宗教观调查分析》，载《广西青年干部学院学报》2002 年第 5 期。

制约着思想上层建筑的变化。宗教的意识形态部分虽然采取了超人间力量的神秘主义形式而更远离经济基础，但也必须服从被经济基础决定、被政治上层建筑所制约这一客观规律，依赖、适应于一定社会的经济基础和政治制度。

受政治与经济制约的宗教，不仅与各种社会制度不是完全对抗的，而且还可以主动地适应社会与历史的发展变化，即使在社会主义社会条件下，宗教也可以与主导意识形态相协调，群众也可以自由选择和信仰自己的宗教。当然，宗教在无产阶级专政国家和社会主义社会的条件下，也必须进行一定的改造和调整。马克思曾明确指出："任何人都不可能由于自己的道德品质、自己的政治和宗教信仰而被监禁或被剥夺财产或别的法律权利。"[1] 马克思还特别强调，宗教必须与国家、政治相分离，"也就是把宗教从公法范围内驱逐出去，转到私法范围"[2]。"当国家摆脱了国教并且让宗教在市民社会范围内存在时，国家就从宗教下解放出来了，同样，当单个的人已经不再把宗教当作公事而当作自己的私事来对待时，他在政治上也就从宗教下解放出来了。"[3] 这样，作为一种属于纯粹个人信仰领域内的特殊意识形态，宗教在社会主义国家里不仅能够继续存在下去，还能够与主导的意识形态相协调发展。

新中国成立后，党积极贯彻马克思主义的宗教思想。1952 年，毛泽东在接见西藏致敬团代表时强调："共产党对宗教采取保护政策，信教的和不信教的，信这种教的或信别种教的，一律加以保护，尊重其宗教信仰，今天对宗教采取保护政策，将来也仍然采取保护政策。"宗教与我国社会开始走上了相协调的道路。

"文化大革命"结束后，我国比较系统地总结了新中国成立以来在宗教问题上的正反两方面的历史经验教训，重新制定了一系列宗教政策。1982年印发的《关于我国社会主义时期宗教问题的基本观点和基本政策》全面阐明了我国关于宗教问题的基本观点和基本政策，其中特别强调："使全体信教和不信教的群众联合起来，把他们的意志和力量集中到建设现代化的社会主义强国这个共同目标上来，这是我们贯彻执行宗教信仰自由政策，处理一切宗教问题的根本出发点和落脚点。任何背离这个基点的言论和行动，都

---

① 《马克思恩格斯全集》第 1 卷，人民出版社 1956 年版，第 246 页。
② 《马克思恩格斯全集》第 1 卷，人民出版社 1956 年版，第 435 页。
③ 《建国以来毛泽东文稿》第 3 册，中央文献出版社 1989 年版，第 583 页。

是错误的，都应当受到党和人民的坚决抵制和反对。"在正确贯彻和落实中央关于我国社会主义时期宗教问题的基本政策的过程中，我国各民族地区开放和安排了各种宗教活动场所；恢复和建立了爱国宗教团体；公民宗教信仰自由的权利、正常的宗教活动和宗教团体的合法权益都受到了法律和政策的保护；宗教界爱国人士积极协助党和政府贯彻宗教政策，在维护社会稳定和民族团结、促进祖国统一、开展国际友好往来等方面，做了大量有益的工作。党在社会主义新时期的宗教政策重新焕发了广大信教群众和爱国宗教人士的积极性，宗教与我国社会主义社会的关系呈现出协调的局面。

1993 年，江泽民在全国统战工作会议上的讲话中正式提出了"积极引导宗教与社会主义社会相适应"的论断，把引导宗教与社会主义社会相适应作为一项战略目标确定下来。2000 年，李瑞环在同全国宗教团体领导人谈话时说："在历史上，任何宗教想要存在和发展，都要解决一个与所在社会相适应的问题。在当代中国，建设有中国特色社会主义代表了全国人民的根本利益和共同愿望，宗教界理所当然地应通过自己的方式投身于这一事业，并作出自己应有的贡献。强调宗教与社会主义相适应，从根本上说就是要努力做到'四个维护'：维护法律尊严、维护人民利益、维护民族团结、维护国家统一。实践证明，坚持'四个维护'，有利于全面贯彻宗教信仰自由政策，有利于保障宗教界的合法权益和地位，有利于宗教活动的正常开展。"① 在党正确制定和执行马克思主义宗教政策的前提下，在我国宗教界许多人士做出努力探索和工作的基础上，我国的宗教进一步走上了与社会主义社会相适应的道路。宗教与我国社会主义社会的主导意识形态之间正日益呈现出协调发展的态势。

其实，宗教与社会相适应自古以来就是历史发展的事实。例如，基督教在其发展的近 2000 年的历史中，就历经奴隶社会、封建社会、资本主义社会、社会主义社会四个阶段。随着社会形态的变化，宗教也在不断地适应其所在社会的发展。不过，宗教之所以能够与我国社会主义社会及其主导的意识形态相协调，根本上是因为宗教信仰者与广大人民群众在政治上、经济上的根本利益是一致的，并有一个共同的政治基础，加上在新的历史条件下宗教界积极地进行自我调适和改革，宗教与我国社会主义社会在政治上、经济上、思想认识上以及道德上也就能够相协调、相适应。这主要表现为广大信教群众和宗教界人士与全国不信教群众一道，在党的领导下，结成广泛的爱

---

① 《坚持不懈地引导宗教与社会主义社会相适应》，载《光明日报》2000 年 2 月 1 日，第 2 版。

国统一战线，在政治上团结合作、信仰上互相尊重，并对某些教义、道德规范作出有利于社会发展的新解释，努力维护稳定的社会秩序和良好的社会风气，积极推进现代化建设、搞好民族团结、增进国际交往、维护世界和平，为实现富强、民主、文明、和谐的社会主义现代化国家而共同奋斗。

宗教在我国社会存在与影响的特点 *

宗教在我国社会的存在与影响有着鲜明的特点，主要可以归纳为以下五个方面，即长期性、群众性、民族性、国际性和复杂性。

一、宗教在我国社会存在与影响的长期性

从社会历史发展的必然规律来看，宗教最终是会走向消亡的。但是，宗教作为一种关于人的存在、人的历史、人的幸福、人的未来的形而上的世界观理论，其消亡必然也要经历一个十分漫长而又曲折的过程。

正如马克思指出的：“意识的一切形式和产物不是可以通过精神的批判来消灭的，不是可以通过把它们消融在‘自我意识’中或划为‘幽灵’‘怪影’‘怪想’等来消灭的，而只有实际地推翻这一切唯心主义谬论所由产生的现实的社会关系，才能把它们消灭。”① “只有当实际日常生活的关系，在人们面前表现为人与人之间和人与自然之间极明白而合理的关系的时候，现实世界的宗教反映才会消失。只有当社会生活过程即物质生产过程的形态，作为自由结合的人的产物，处于人的有意识有计划的控制之下的时候，它才会把自己的神秘的纱幕揭掉。但是，这需要有一定的社会物质基础或一系列物质生存条件，而这些条件本身又是长期的、痛苦的历史发展的自然产物。”② 在马克思看来，宗教的消亡首先必须得消灭私有制，变革和废除一切不合理、不完善的现存社会关系和社会制度，彻底实现社会主义和共产主义。同时，马克思还提出了宗教消亡还要实现两个条件，即人与人的关系极为明白而且合理、人与自然的关系极为明白而且合理。事实证明，即便在消灭了阶级剥削和阶级压迫的社会，在现代化程度极高的社会，人与人的关系、人与自然的关系也不可能是极为明白而又合理的。其原因极其复杂，包括我们所说的人的有限性和人性、自然、社会自身的极其复杂性，这就说明

---

   * 原载于《宗教影响与社会主义意识形态主导研究》，中山大学出版社 2009 年版，作者郑永廷、江传月等，收录时有修改。

   ① 《马克思恩格斯选集》第 1 卷，人民出版社 1995 年版，第 92 页。

   ② 《马克思恩格斯全集》第 23 卷，人民出版社 1972 年版，第 96~97 页。

宗教之存在并非只依赖于社会的政治制度、经济制度，宗教存在的基础是多方面的，宗教的消亡也必然是漫长而曲折的。

对此，恩格斯也说过："当社会通过占有和有计划地使用全部生产资料而使自己和一切社会成员摆脱奴役状态的时候（现在，人们正被这些由他们自己所生产的、但作为不可抗拒的异己力量而同自己相对立的生产资料所奴役），当谋事在人、成事也在人的时候，现在还在宗教中反映出来的最后的异己力量才会消失，因而宗教反映本身也就会随着消失。理由很简单，因为那时再没有什么东西可以反映了。"① 恩格斯在这里也提出了宗教消亡的两个实现条件：一是消灭私有制，建立公有制，实现社会共同占有和有计划地使用生产资料；二是人要既能谋事又能成事，完全摆脱各种奴役状态。然而事实证明，消灭了私有制并不会自动地导致经济与社会生活中的盲目性和异己力量的完全消灭，人在社会主义社会条件下也不能完全做到谋一事必成一事。其原因也是极其复杂的，当然包括社会的复杂性和人的认识与实践能力的有限性的矛盾。

迄今为止，我们人类社会的物质文明、政治文明和精神文明发展的程度，以及人们自身的认识水平和实践能力，都还远没有达到足以消除宗教根源的程度。虽然在我国社会主义社会，剥削制度和剥削阶级已经被消灭，宗教存在的阶级根源已经基本消失，但是宗教赖以存在的自然根源、社会根源和认识根源仍然存在。由于人们思想意识的发展总是滞后于社会存在，旧社会遗留下来的旧观念、旧习惯不可能在短期内彻底消除；由于社会生产力的极大提高，物质财富的极大丰富，高度社会主义民主的建立，以及科学技术、教育文化、医疗卫生的高度发达，还需要长久的奋斗过程；由于社会发生的急剧转型与剧烈变化带给人们的价值混乱与迷失、精神空虚与紧张、道德堕落与失序，人们在日常生活中遭遇到的生、老、病、死、贫、灾、苦、罪等情况，以及生命和宇宙中还存在许多尚未得到科学解释的现象，都可能成为人们到宗教中去寻找精神依托和慰藉的原因与理由。另外，宗教也总是根据时代和社会的发展变化，不断地调整和改造自身，积极地构建和创造与时俱进的宗教话语体系，以不断地适应和满足社会与人的新的变化和需求。所以，宗教在我国社会还会长期地存在下去。江泽民曾对此有过概述："社会主义制度的建立，有利于消除宗教存在的阶级根源，但宗教存在的其他社会根源和自然根源、认识根源的消失，则需要经历一个极为漫长的历史时

---

① 《马克思恩格斯选集》第 3 卷，人民出版社 1995 年版，第 356 页。

期。从长远看，随着社会主义物质文明和精神文明的发展，人们不断掌握自然界的奥秘和自己的命运，对客观世界、生命运动和宗教本质的认识不断趋于科学和理性，有利于宗教最终走向消亡，但这个过程是十分复杂的，绝不是短时期内可以达到的。""宗教作为一种社会现象，具有漫长的历史，在社会主义社会也将长期存在。宗教走向最终消亡也必然是一个漫长的历史过程，可能比阶级和国家的消亡还要久远。"①

然而对此问题，我国也有不少学者提出新思路："以哲学代宗教""以道德代宗教""以美育代宗教"。但我们认为，宗教在我国社会主义社会仍具有不可替代性，仍不会被其他意识形态排挤掉。当代著名哲学家哈贝马斯曾说过："从外部看，尽管宗教建构世界观的功能还在被削弱，但它对于在日常生活中与超常事务打交道仍然具有不可替代的规范作用。因此，后形而上学思想和宗教实践也可以平等共存——而且不只是在非共时物的共同性的意义上。这种持续的共存只要宗教语言仍然具有启示作用和必不可少的语义学内涵而且这些内涵是哲学语言（暂时）所无法表达的——并继续拒绝转化成论证话语，那么，哲学哪怕是以后形而上学形态出现，同样既不能取代宗教，也不能排挤宗教。"② 事实也向我们表明，在拥有长达 2000 多年宗教历史与传统的中国，在正处于急剧变革与迅速发展的新时代，在未来的远大目标还需要很久才能实现的今天，宗教在我国社会不仅没有消亡和被替代，而且似乎还在焕发新的生机与活力。无疑，宗教在我国社会的存在与影响必将是长期性的。

二、宗教在我国社会存在与影响的群众性

宗教不仅是一种反映社会群体的文化形式，也是一种特殊的社会群体现象。正如高长江教授所言："作为一种文化现象，作为一种世界观理论，宗教不过是特定的社会群体的生产生活方式、思维方式、心理结构、价值观念的综合反映而已。"但"宗教，不仅是共同体创造的民族文化形式，而且还是共同体联结的神圣纽带"③。宗教往往会掌握相当数量的信徒和教众。

在现代社会，虽然宗教信仰一般属于个人问题，但现实中的宗教从来都

---

① 《江泽民论有中国特色社会主义》（专题摘编），中央文献出版社 2002 年版，第 371 页。

② ［德］于尔根·哈贝马斯：《后形而上学思想》，曹卫东、付德根译，译林出版社 2001 年版，第 31-32 页。

③ 高长江：《宗教的阐释》，中国社会科学出版社 2002 年版，第 152、154 页。

是群体性的信仰和崇拜活动。宗教组织也都是群体性组织，绝大多数信徒都从属于某一宗教团体，参与规范化、制度化的宗教活动，形成各种宗教行为。尽管我国的信教群众在全国人口中所占的比例与国外比起来还不算高，但绝对数值是非常大的。宗教在我国社会的存在与影响，仍体现出鲜明的群众性。

关于我国信教群众的数量，政府部门也很难精确地统计出来。20 世纪 50 年代周恩来曾估量过："中国的宗教徒有几千万，如果加上在家里信教而不到寺庙去的就更多，差不多有 1 亿了。"① 而据 1997 年 10 月国务院新闻办发表的《中国的宗教信仰自由状况》白皮书的权威统计，中国现有各种宗教登记的信徒 1 亿多人，宗教活动场所 8.5 万余处，宗教教职人员约 30 万人，宗教团体 3000 多个，宗教团体还办有培养宗教教职人员的宗教院校 74 所。

从以上资料与数据可以看出，宗教在我国社会仍然具有广泛的群众基础。从某种意义上说，如何正确对待宗教信仰问题，也是如何正确对待信教群众的问题。

三、宗教在我国社会存在与影响的民族性

从民族学的角度看，所谓宗教，不过是民族思维、民族生产生活方式、民族历史传统、民族经验常识与民族的自我表现方式而已。简单讲，宗教就是一个民族存在的一种神话象征，宗教会随着民族的变化而变化。

关于宗教与民族生存方式的关系，恩格斯曾做过这样分析："在每一个民族中形成的神，都是民族的神，这些神的王国不越出它们所守护的民族领域，在这个界线以外，就由别的神无可争辩地统治了。只要这些民族存在，这些神也就继续活在人们的观念中；这些民族没落了，这些神也就随着灭亡。"② 美国总统肯尼迪也说过："宗教在很大的程度上是一个气质与环境的问题，而且随着一个民族由于退化或其他原因所引起的气质的改变，这一民族的宗教也将会产生某些修正。"③ 涂尔干则把原始宗教的图腾制度直接理解为民族区分的一种形式，即"它是民族的旗帜，是每个民族把自己和其

---

① 中共中央统一战线工作部、中共中央文献研究室编：《周恩来统一战线文选》，人民出版社 1984 年版，第 308 页。

② 《马克思恩格斯选集》第 4 卷，人民出版社 1995 年版，第 255 页。

③ ［美］肯尼迪：《东方宗教与哲学》，董平译，浙江人民出版社 1988 年版，第 184 页。

他民族区别开来的标记，是民族个性的可见标志，是人、兽、物等任何名目的成员都带有的标记"①。历史事实也在告诉我们，一个民族的历史越是复杂多样，其宗教文化也就越有特色和丰富多彩。如果一个民族是由多民族融合而成，那么其宗教文化总呈现出多样化、多神崇拜的特征。

中华民族是一个富有鲜明特色的多民族大家庭，其宗教信仰必然会反映出这种民族特色。王治心教授对此做过论述："中华民族既繁殖于黄河流域，在这种气候严寒、土地瘠薄的环境之中，非勤奋耐苦不足以图生存，非谦逊尊和不足以相处，便造成一种注重唯生生活的民族特性，且因此而产生一种实践伦理的思想，屏绝杳渺玄想的生活。故在宗教思想方面，不若印度的玄虚、阿拉伯的刚毅、希伯来的自尊，而成为中华民族独有的伦理化的宗教。"② 美国学者克里斯蒂安·乔基姆在评价中国宗教精神时也比较中肯地指出："中国人所重视的是宗教实践，而不是宗教信念，是宗教礼仪而不是宗教教义，是宗教行为而不是宗教信仰。……在中国人看来，人应该去做的事情只是广为善事，力避恶行，在适当的时间向神、鬼和祖先奉献适当的供品，并且遵守各种风俗习惯。一个人只要照此去做（不必信仰一种正统的教义），就可以前程似锦，并为全家带来现实生活中的三大好处：鸿运（福）、高位（禄）、长寿（寿）。"③ 中华民族的这种宗教信仰旨趣，是与这个民族的生活方式、生活态度与生活环境贯通一致的。这种崇尚务实、热爱生活的民族特性使中国人的宗教信仰不仅注重实用与功利，崇拜那些能给生活及人生带来好运的神灵，而且还使"出世"与"入世"相融合起来。中华民族不仅创造出中国本土的自然无为的道教，而且还改造了由西域而来的佛教，把它变成了与实际生活不即不离的"生活禅"。所以，冯友兰先生认为，"中国人不是宗教的，而是哲学的；但是，人一旦是哲学的，也就有了宗教的'洪福'"④。

宗教在我国社会存在与影响的民族性还体现在，宗教在我国许多少数民族中为绝大部分人所信仰，其宗教信仰与民族感情常常相互交织、融为一体，宗教问题往往又是民族问题，如果宗教问题处理不妥当，就会直接影响到民族的团结、国家的统一和边防的巩固。

---

① ［法］爱弥尔·涂尔干：《宗教生活的基本形式》，渠东、汲喆译，上海人民出版社 2000 年版，第 276 页。

② 王治心：《中国宗教思想史大纲》，生活·读书·新知三联书店 1988 年版，第 5 页。

③ ［美］乔基姆：《中国的宗教精神》，王平等译，中国华侨出版公司 1991 年版，第 32 页。

④ 冯友兰：《中国哲学简史》，北京大学出版社 1996 年版，第 4-5 页。

四、宗教在我国社会存在与影响的国际性

如果说，国家和民族所奉神灵的神性本质上是本国家、本民族的人性的异化，那么，世界宗教的神的神性则是抽象的人性和人的"类本质"的异化。正如恩格斯所说："随着宗教的向前发展，这些神愈来愈具有了超世界的形象。直到最后，由于智力发展中自然发生的抽象化过程——几乎可以说是蒸馏过程，在人们的头脑中，从或多或少有限的和互相限制的许多神中产生了——神教的唯一的神的观念。""在宗教更进一步的发展阶段上，许多神的全部自然属性和社会属性都转移到一个万能的神的身上，而这个神本身又只是抽象的人的反映。这样就产生了——神教……"①

佛教、基督教和伊斯兰教在长期的历史发展中都由最初的民族领域逐渐走向了世界，被世人称为三大世界宗教。它们占据世界信仰宗教人数的主流地位，在国际上占有重要地位，在许多国家和地区都有着众多的信徒，其中有的宗教在一些国家中被奉为国教。基督教广泛分布在世界五大洲，信徒数量约占世界总人口的三分之一；伊斯兰教主要流传于亚洲的西亚、中亚、南亚次大陆、非洲的北非等广大地区，信教人数约占世界总人口的17%；佛教主要分布在东北亚、南亚和东南亚一带，信教人数占世界总人口的6%。这三大世界性宗教在我国社会也都有较大数量的信徒，或者说我国社会的几大宗教也都具有国际性。

我国的佛教、伊斯兰教、天主教、基督教都是由境外传入的。佛教传入中国已有2000多年历史；伊斯兰教于公元7世纪就传入我国；天主教自公元7世纪起曾几度传入我国；基督教（新教）于公元19世纪初传入我国，并在鸦片战争后大规模传入。另外，发源于我国并具有1700多年历史的道教也在国际社会不断传播，已在日本、朝鲜和东南亚等国家产生了广泛的社会影响。新中国成立后，宗教方面的对外交往不断发展，特别是我国实行对外开放后，宗教方面的国际交往日益增多，国际性更加明显。佛教界多次组团参加亚洲宗教界和平会议、世界宗教和平会议；道教界也广泛接待海外侨胞和外宾的参观访问；伊斯兰教同亚非伊斯兰国家级伊斯兰世界联盟、世界穆斯林大会等国际伊斯兰教组织间的友好交往，学术交流活动也广泛展开；天主教界派代表出席了"第五届'宗教与和平'国际会议"和"世界天主

---

① 《马克思恩格斯选集》第4卷，人民出版社1995年版，第224页。

教青年大会"等一些国际宗教会议；基督教界更是广泛地与世界上其他国家和地区展开友好交流活动，基督教协会还正式加入了"世界基督教教会联合会"。这些都有利于增进我国人民与世界各国人民的了解和友谊，团结世界上爱好和平的进步力量，开展反对帝国主义、殖民主义的斗争；有利于开展经济、科技和文化交流，加快我国社会主义现代化建设。同时，我们也要高度警惕，国外敌对势力利用宗教对我国进行思想渗透和将宗教作为对我国推行"和平演变"战略的一个重要手段。因此，我国各宗教，既要面向世界，又要坚持独立自主自办的原则。

五、宗教在我国社会存在与影响的复杂性

宗教是由共同的信仰、宗教感情、宗教道德、宗教仪式、宗教组织等诸多要素构成的复杂体系，它本身就是一个十分复杂的社会现象。而宗教又与社会生活的许多方面有着千丝万缕的联系，并相互影响，呈现出更为复杂的状况。

我国是一个多宗教并存的国家。自古以来，各种宗教和派别为了生存与发展，既相互斗争又相互利用，内部关系一直都比较复杂。而宗教与社会其他意识形态，如哲学、文学、艺术、伦理、政治、法律、教育等又都相互交叉、相互作用；并与社会其他子系统，如经济、民族、外交等纵横交错、相互渗透，呈现出异常复杂的关系。

当前，我国社会还正处于社会主义初级阶段，国内仍然存在一定范围的阶级斗争，同时还面临着错综复杂的国际环境，这些都必然会影响到宗教领域。因此，宗教常常会牵涉到社会政治、群众关系、民族关系和国际关系等重大问题。龚学增教授在《社会主义与宗教》一书中提到，宗教的复杂性基于宗教是一种群众性的社会现象，他们往往成为社会各种势力利用和争取的对象，同时反过来它们又往往成为一些现实斗争和矛盾的依托和深刻背景。人们争取和利用宗教力量，目的就是要争取和利用众多的信教群众。综观历史，各种宗教既相互联系又相互渗透，始终同复杂的社会政治斗争、民族关系和国际关系交织在一起。[①]

因而，我们应该清醒地认识到，社会主义时期的宗教问题对于我国来说是一个十分复杂而又重要的课题，要处理好这个问题绝不是可以以教条主义

---

① 龚学增：《社会主义与宗教》，宗教文化出版社 2003 年版，第 212 页。

的态度和简单、生硬、粗暴的方法做到的。对此，江泽民在全国宗教工作会议上的讲话中曾明确指出："宗教问题从来就不是孤立存在的，它总是同政治、经济、文化、民族等方面历史和现实的矛盾相交错，具有特殊复杂性。""做好宗教工作，关系到保持党同人民群众的血肉联系，关系到推进两个文明建设，关系到加强民族团结、保持社会稳定、维护国家安全和祖国统一，关系到我国的对外关系。""要全面正确地贯彻宗教信仰自由政策，依法管理宗教事务，积极引导宗教与社会主义社会相适应。"①

---

① 《江泽民文选》第 3 卷，人民出版社 2006 年版，第 373、381-382 页。

宗教与社会主义意识形态关系问题研究 [*]

  在处理宗教与社会主义意识形态关系，探讨宗教与社会主义意识形态相适应的过程中，首先要明确几个基本问题。

  第一，前提问题。所谓前提问题，就是本书前文所分析的，宗教信仰、宗教活动、宗教组织在我国将广泛而长期存在，并将随着我国社会的发展、变化而不断改变其存在、活动与影响方式，我们既不能强行限制和消灭宗教，也不需要像其他社会那样"利用宗教"，我们只能根据马克思主义关于社会存在与社会意识关系的原理，把宗教纳入中国特色社会主义现代化建设的体系，正确认识宗教存在的客观性，正确发挥宗教的价值性，正确寻求宗教与我国社会的和谐性。

  第二，目标问题。研究宗教与社会主义意识形态的关系，必须有一个共同目标。这个共同目标在中共中央印发的《关于我国社会主义时期宗教问题的基本观点和基本政策》中已经明确提出："总之，使全体信教和不信教群众联合起来，把他们的意志和力量集中到建设现代化的社会主义强国这个共同目标上来，这是我们贯彻执行宗教信仰自由政策，处理一切宗教问题的根本出发点和落脚点。任何背离这个基本点的言论和行动，都是错误的，都应当受到党和人民的坚决抵制和反对。"① 实现这一共同目标的根本条件就是"全体信教和不信教群众联合"，或者说宗教与社会主义意识形态相适应。

  第三，范畴问题。宗教与社会主义意识形态同属于观念上层建筑，是思想领域的现象。宗教作为一种意识形态，有其独立性、系统性，社会主义意识形态则是更为丰富、系统、现实的思想体系。在观念上层建筑领域研究其关系，主要是理论性研究。但是，宗教与社会主义意识形态，绝不仅仅局限于思想领域，而是会通过其相应的组织实体和信仰的个体，广泛影响和作用于社会经济、政治、文化和人们的心理，在现实生活中以不同的内容与方式表现出来，并有可能发生矛盾甚至冲突。因此，同时研究两者对社会与人的

---

  * 原载于《宗教影响与社会主义意识形态主导研究》，中山大学出版社 2009 年版，作者郑永廷、江传月等，收录时有修改。

  ① 中共中央文献研究室综合研究组、国务院宗教事务局政策法规司编：《新时期宗教工作文献选编》，宗教文化出版社 1995 年版，第 60—61 页。

影响和作用方式，并使两者的影响与作用方式相互协调，使全体信教和不信教群众为实现建设现代化社会主义强国这个共同目标联合起来，形成求同存异的和谐局面，正是这一部分研究的重点。

宗教与政治的关系，是一对既古老又现实的关系，既经历了源远流长的发展历程，又广泛地存在于各个国家、各个民族之中。在我国，应坚持中国特色社会主义政治主导与宗教多样发展的统一。宗教与政治的关系，与宗教同意识形态的其他意识形式相比较，显得更直接、更重要。要把握宗教与社会主义政治的关系，首先要认识宗教与政治的一般关系。

一、宗教与政治的一般关系

宗教与政治虽是社会中两个相对独立的系统，但两者有着难以分割的联系，这种联系是由两者的特性决定的。

1. 宗教与政治的特性

所有宗教都有一个追求彼岸世界的目标，这个目标既超越社会现实，又不受社会现实制约，还比社会现实美好千万倍。宗教把这种期待来世美好、向往神圣天国的目标作为教徒的信仰，成为虔诚教徒的精神归依。同时，所有宗教，总是要通以现实个体与组织实体存在于现实社会中，总是要通过世俗生活而与现实社会的经济、政治、文化发生联系，并要根据一定社会的经济、政治、文化实际，调整和制定自身的教义与教规，以求得在现实中的存在与发展。这就是宗教所具有的理想性与现实性的双重特性。由于不同宗教信仰的内容既区别于现实社会，也区别于其他宗教，所以一定宗教的理想性往往成为一定宗教的神圣标志，而其现实性表现往往被神圣性特色遮蔽。

所有的政治都是一种特定的利益，即某个阶级、某个国家、某个集团的利益表达。当政治所表达的是根本的、长远的利益时，就是政治目标。作为一个阶级、国家、民族的政治目标，是以现实社会为基础所确立的一种有可能实现的此岸世界前景，这种前景一般也具有超越现实的神圣性与美好性而能够成为人们的期待、信仰和精神支柱。同时，由于政治与经济的关系最直接、最集中，并要通过公共权利来规定、调节和实现人们的利益，所以，政治总是要与人们的现实生活发生关系，总是要面对各种现实矛盾并在处理复杂现实关系中发挥作用。政治与人们现实生活的直接性往往冲击其神圣性，加上人们对自身利益的关注与获取，也容易使人们陷于现实利益关系而难以超越，而对关系全局、长远利益的政治目标忽视。所以，一定政治的现实性往往成为一定政治的形象，而其神圣性容易被现实性遮蔽。

2. 宗教与政治的联系和区别

一是两者都有目标追求，这是两者的联系。但前者的目标是彼岸世界的，后者的目标是此岸世界的；前者的目标是不可能实现的，后者的目标有可能实现。这是两者的区别。二是两者为了实现目标，都要拥有宗教的或政治的主体、组织、机构实体，都要通过宗教的或政治的教育、规范、活动、奖惩等方式作用和影响现实社会，这是两者的联系。但在现代社会条件下，政治的主体、组织、机构，一般与国家政权相联系，具有阶级性；而宗教的主体、组织、机构，一般与国家政权分离，具有群体性或民族性。政治的教育、规范、活动、奖惩等方式是通过有组织、有计划的管理、法规来实施的；而宗教的教育、规范、活动、奖惩等方式则是通过信教群众的自发参与进行的。这是两者的区别。三是两者在取向各自目标的过程中，能够在某些价值观上取得一致，这是两者的联系。但政治在实现和判断价值时，是以政治目标为参照、以现实社会的进步和民众认可为尺度的，其价值实现和判断的矛盾、冲突是通过政治改革、调节、协商来解决的；而宗教在实现和判断价值时，往往以超越现实的彼岸世界目标为参照，以归于神圣和神灵认同为尺度的，因而对现实社会的价值实现永远不会满足，对社会的政治、政权也会不完全满意。这是两者的区别。所以，任何宗教，都会对现实生活有所扬弃，在价值上有所取舍，包括对政治也是如此，这样就形成了政治与宗教发生互动和产生张力的可能。

3. 宗教与政治联系和区别的根源

宗教和政治在以上几个方面的联系与区别，主要表现在性质与功能上。如果再深入探究，为什么宗教和政治会有这些联系与区别呢？根本原因是宗教和政治同属于社会的上层建筑，都由经济基础决定并服务于社会的经济基础。宗教和政治的反作用，集中表现为宗教和政治对社会生活的目标、价值导向，而目标、价值导向又需要以社会化方式，即群体、组织、机构实体通过教育、规范、活动、奖惩等方式才能持久、广泛地实现。

4. 宗教与政治在社会中的结构关系

宗教和政治是整个社会系统中的两个要素，光研究其相关性是不够的，还要分析两个要素在社会系统中的结构。

首先，从意识形态理论层面看，意识形态实际上是思想体系或观念体系，每个阶级、国家、集团都有自己自治的思想体系或意识形态。在意识形态或思想体系中，包括哲学、宗教、政治、法律、道德、文学、艺术等意识形式。这些反映社会不同层面的意识形式，只不过是社会中各种不同实际生活的反映，它们相互依存、相互渗透形成一个有结构的体系。其中，政治处于这个体系的核心地位，起着主导作用，对其他意识形式具有决定性影响力。政治的主导性与意识形式的多样性构成了意识形态结构体系，形成了国家一元政治主导与多样意识形式并存的上层建筑格局。

其次，从社会实际层面看，政治意识形式在意识形态中的这种核心地位与主导作用，是实际社会中国家政权在理论上的反映，它并不是一种人为规定与主观预设，而是一种客观必然。因为社会赖以存在与发展的基础是经济，在经济基础上形成了与之相适应的上层建筑，包括观念上层建筑，即意识形态。各种意识形式与经济基础的关系是不同的，只有政治与经济的关系最直接、最集中。"政治是经济的集中表现"，所以政治是保证经济发展、实现经济目的的最重要、最强大方式，是一个阶级、国家、民族、集团根本利益的表达。正如马克思所说的："这是两种不相等的力扯的交互作用：一方面是经济运动，另一方面是追求尽可能多的独立性并且一经产生也就有了自己运动的新的政治权力。总的说来，经济运动会替自己开辟道路，但是它也必定要经受它自己所造成的并具有相对独立性的政治运动的反作用。"① 相比较而言，虽然宗教也有目标追求与价值诉求，体现了人的能动性特点，也体现了马克思所说的，"历史不过是追求着自己目的的人的活动而已"②。但人追求的目标，有现实的，也有不现实的；有可以实现的，也有不能实现的；有以唯心论为指导确立的，也有以唯物论为指导确立的。宗教终极目标的确立是以唯心主义为指导、脱离现实社会基础、又无法实现的彼岸世界。在这种目标指导下的价值诉求，多限于脱离实际的主观信仰，与实际生活，特别是与经济基础的关系，远没有政治直接与集中，有些宗教甚至限制发展经济。这样，宗教难以承载社会经济发展的重任，也难以满足社会和人们对物质资源的需要。而"任何人如果不同时为了自己的某种需要和为了这种需要的器官而做事，他就什么也不能做"③。

因此，宗教作为一种观念文化，它既由经济基础决定，又受一定社会的政治制约。正如毛泽东所说的："一定的文化（当作观念形态的文化）是一

---

① 《马克思恩格斯选集》第 4 卷，人民出版社 1995 年版，第 482 页。
② 《马克思恩格斯全集》第 2 卷，人民出版社 1956 年版，第 118—119 页。
③ 《马克思恩格斯全集》第 3 卷，人民出版社 1956 年版，第 286 页。

定社会的政治和经济的反映，又给予伟大影响和作用于一定社会的政治和经济；而经济是基础，政治则是经济的集中的表现。这是我们对于文化和政治、经济的关系及政治和经济的关系的基本观点。"① 所以，在一定社会中，宗教与政治的关系，在社会系统中是一种主从结构关系，即政治在社会中居于主导地位、起着主导作用，宗教在社会中居于辅助地位、起着辅助作用。政治要制约宗教的存在与发展，宗教要影响政治的作用与方式。

实行政教分离的国家，这种主从关系十分明显。我国殷商时代和欧洲的中世纪，国家实现政教合一，起主导作用的还是统治者掌握的政权，只不过统治者为了维护统治的合法性与稳固性，直接利用宗教把政权神圣化而已，宗教也不过是统治者维护其政权的工具。这也是政治与宗教的联系与区别。

从宗教和政治的联系与区别，可以得出这样几点认识：一是宗教和政治同处于社会系统中发挥作用与影响，既是客观的，也是长期的；认同两者的存在而不要相互拒斥，则是寻求两者相适应的前提。二是宗教和政治的联系，说明两者有在现实社会基础上协调、和谐的条件与可能。三是宗教和政治的区别，说明两者在发挥作用与影响的过程中，难免发生矛盾甚至冲突。四是宗教和政治在社会中的地位与作用的不对等性，说明政治是矛盾的主要方面，要求政治在处理宗教问题的过程中，在切实发挥主导作用的同时，要关注、支持宗教的多样性存在与发展。

二、宗教与中国特色社会主义政治的关系

分析了宗教与政治的一般关系，再来分析宗教与社会主义政治的关系，就是要用一般关系的思想来分析宗教与社会主义政治的特殊情况。

1. 我国社会主义制度下的宗教与政治，实行的是政教分离

我国在社会主义制度建立后，就明确提出了实行政教分离的原则，"中国不是政教合一的国家。在中国，宗教同政治一向是分开的，所以宗教问题不像欧洲政教合一的国家那样严重"②。实行政教分离，首先是"任何国家机关、社会团体和个人不得强制公民信仰宗教或者不信仰宗教，不得歧视信

---

① 《毛泽东选集》第 2 卷，人民出版社 1991 年版，第 624 页。

② 中共中央统一战线工作部、中共中央文献研究室编：《周恩来统一战线文选》，人民出版社 1984 年版，第 180 页。

仰宗教的公民和不信仰宗教的公民"。国家把宗教信仰作为人民内部的思想认识问题，作为人们自己的私事，不以行政方式强制与干涉，强调"任何强迫不信教的人信教的行为，如同强迫信教的人不信教一样，都是侵犯别人的信仰自由，因而都是极端错误和绝对不能容许的"①。其次是国家不利用、不推行、不歧视、不压制某种宗教，实行各宗教在法律面前的一律平等，国家保护一切在宪法、法律和政策范围内的"正常的宗教活动"。最后是"任何人不利用宗教进行破坏社会秩序、损害公民身体健康、妨碍国家教育制度的活动"。（《中华人民共和国宪法》第三十六条）这三个方面，既明确了宗教与政治互不干涉的分离关系，也明确了政治保护宗教、公平对待各种宗教和依法管理宗教的主导关系。

我国实行政教分离原则，既由我国社会主义社会的性质所决定，也符合世界宗教与政治关系发展的潮流，还是对我国传统文化的继承与弘扬。在对我国古代历史进行研究的过程中，有学者认为我国奴隶制社会的殷商时代实行的是政教合一，也有学者认为"中国历史上没有出现过政教合一的情况，只是在西藏地区出现过地方性的政教合一制度"②。对中国封建社会以后基本实行政教分离的看法，学界基本上是一致的。早在春秋战国时期，孔子就提出："务民之义，敬鬼神而远之，可谓知矣。"意思是作为一个领导者，要义是为老百姓服务，鬼神虽有，但要敬而远之，不要以鬼神为主。所谓"天道远，人道迩"就是讲的鬼神与现实、宗教与政治要分开。中国的封建社会，一直以儒家伦理为主导，尽管佛教、伊斯兰教、基督教等宗教相继传入中国，加上中国的道教，也只能一直以一种文化方式存在和传承，没有被统治者确立为国教。这就是我国宗教与政治分离的历史传统，也是我国与西方国家文化传统的区别。

2. 我国社会主义制度下的宗教与政治，在根本利益上具有一致性

众所周知，各种宗教教义都有对理想社会的精美描述，佛教设计了称之为"净土"的"极乐世界"，道教描绘了誉之为"桃花源"的"至德之世"，基督教向往着公正无邪的幸福"天国"，伊斯兰教追求美妙无比的神圣"田园"。尽管这些理想社会无法实现，但所有宗教都期待人们能够向往、进入一个人人平等、公平公正、和谐相处、身心愉悦的理想社会。正是这种神圣的

---

① 中共中央文献研究室综合研究组、国务院宗教事务局政策法规司编：《新时期宗教工作文献选编》，宗教文化出版社 1995 年版，第 59 页。

② 王作安：《中国的宗教问题和宗教政策》，宗教文化出版社 2002 年版，第 111 页。

理想社会，对潜心的教徒们产生了强大的吸引力与凝聚力。应当看到，人们在生产力十分低下，面临生活困苦，处于阶级压迫与剥削状况时，无力摆脱现实苦难而只能萌生意识追求。正如马克思所说："宗教里的苦难既是现实的苦难的表现，又是对这种现实的苦难的抗议。宗教是被压迫生灵的叹息，是无情世界的心境，正像它是无精神活力的制度的精神一样。"①

马克思、恩格斯以历史唯物主义为指导，揭示了社会发展的客观规律，在分析、批判资本主义社会的基础上，创立了科学社会主义理论，对未来社会发展进行了科学预测，描绘了共产主义社会的美好前景，成为无产阶级和劳动人民寻求解放、追求高远的理想，成为社会主义国家的奋斗目标。共产主义理想与社会主义目标，在世界上对人们同样产生了强大的吸引力与凝聚力，激励一些国家的无产阶级和广大人民改变了自己的历史命运，建立了社会主义制度，消灭了剥削制度与阶级压迫，初步开始进行人人平等、公平正义、全面发展、和谐相处的社会建设。

从追求理想社会、向往美好生活来看，宗教与社会主义政治有形式上的相近之处。也正是这种追求上的形式相近，加上共产主义理想实现的长期性和社会主义在发展过程中遭受的曲折，一些习惯于宗教思维的学者也把我国儒学称之为儒教，把马克思主义也说成是"共产主义教"，认为马克思主义所确立的共产主义社会与宗教的理想社会一样，是不可能实现的。这些学者可以发表自己的看法，这里无须评论。但我们必须阐明，共产主义理想同宗教的理想社会是不同的。共产主义理想与社会主义目标是在分析现实社会基础上形成的，而不是像宗教那样的凭空想象；共产主义理想与社会主义目标是无产阶级和劳动人民通过自己的奋斗、努力可以实现的，而宗教则寄希望于超现实力量来创造所谓奇迹；共产主义理想与社会主义目标已经在一些国家初步实现，而不是像宗教那样永不可及。

在我国社会主义条件下，信教群众在思想上，可以信仰、向往宗教的理想社会；在现实生活中，他们也要参加我国社会主义现代化建设，为全面建设小康社会、社会主义和谐社会作贡献。首先，我国确立的全面建设小康社会的目标和建设中国特色社会主义的共同理想，是社会主义的政治目标，是中华民族的不懈追求，是最广大人民群众，包括信教群众的根本利益。这一目标与理想，虽然与宗教追求的理想社会有性质区别，但在其现实性、发展性上反映了广大信教群众的切身利益与长远利益，符合信教群众追求美好、向往公平、期待和

---

① 《马克思恩格斯选集》第1卷，人民出版社1995年版，第2页。

谐的愿望，事实上，这一目标与理想已经得到广大信教群众的广泛认同。同时，我国将宗教问题作为人民内部矛盾问题，作为思想认识问题，在政治上充分信任广大信教群众，在实践中带领广大信教群众为实现美好目标而努力，激发了广大信教群众投入现实生活、参加社会主义现代化建设的主动性与积极性，为国家也为信教群众自己创造了丰富多彩的物质与精神财富。另外，随着我国在国际上地位的提高和政治影响的增大，随着我国社会主义民主政治的发展和法制的不断健全，宗教组织和信教群众参政、议政的热情高涨，进行自主办教、自身改革以不断适应时代和我国社会发展要求的主动性增强，宗教事业在社会主义政治主导与保证下，得到了顺利与多方面的发展。

我国宗教与社会主义政治在根本利益上的一致性，是从宗教追求信教群众的政治、经济利益和我国社会追求公平、和谐两个方面来讲的。在我国社会主义制度下，消灭了剥削阶级，实现了广大人民在政治上的平等，中国共产党始终代表最广大人民的根本利益，强调发展社会主义民主政治、建设社会主义和谐社会等一系列政治主张，都是面向社会各个领域、全体人民的，其中包括宗教领域与广大信教群众。并且，我国还根据宗教的特殊性，在国家制定的宪法、民族区域自治法、民法通则、教育法、义务教育法、劳动法、人民代表大会选举法、村民委员会组织法、广告法、宗教活动场所管理条例等一系列法律中规定：公民不分宗教信仰都享有选举权和被选举权；宗教团体的合法财产受法律保护；教育与宗教相分离，公民不分宗教信仰依法享有平等的受教育机会；各民族人民都要互相尊重语言文字、风俗习惯和宗教信仰；公民在就业上不因宗教信仰不同而受歧视；广告、商标不得含有对民族、宗教歧视性内容；依法维护宗教活动场所的合法权益。

3. 我国宗教与社会主义政治在根本利益上的一致性是我国传统文化的发展

在我国封建社会，统治者根据中国的文化传统与社会实际，一方面，采取"废黜百家，独尊儒术"的治国方略，即始终坚持以伦理政治化与政治伦理化的儒家理论为主导，以德治为主、法治为辅的方式治理国家，形成了中国古代社会政治主导的传统与特色；另一方面，在强有力的儒家理论主导下，对各种宗教采取兼容并蓄的宽容态度，既保护了宗教并利用宗教为政治统治服务，又与宗教保持距离，即不认定某一宗教为"国教"。这样，就形成了我国封建社会的封建政治一元主导与多样宗教并存的文化格局。这一格局，是与西方中世纪的政教合一格局不同的。所以，世界三大宗教，本不是中国本土文化，即使佛教在2000多年前、伊斯兰教在1300多年前、基督教在唐代就传入中国，而我国土生土长的道教也有 1800 多年历史。这些宗教从形成、传入至今，一直在我国存在、发展，使我国成为一个多民族、多宗教的国家。

我国宗教的悠久历史，我国古代处理宗教和政治关系的传统与经验教训，为我国在社会主义制度下正确处理宗教和政治的关系，提供了基础与借鉴。我国从多民族、多宗教的实际出发，继承了古代政教分离的传统，避免了西方一些国家政治与宗教的复杂纠缠，有利于我国坚持和发展社会主义政治一元主导与多样宗教并存发展的文化格局。

三、宗教与社会主义政治关系冲突的可能性

在社会主义条件下，宗教和政治的关系也有可能出现异常、发生冲突，究其原因，既与宗教和政治的特性有关，也与宗教和政治的相互替代有关。

1. 在社会主义制度下国家不需要"利用宗教"

众所周知，宗教的指导理论、信仰目标以及与社会经济的关系，与社会主义政治是有性质区别的。社会主义政治以马克思主义辩证唯物主义和历史唯物主义为指导，以坚持社会主义和实现共产主义为目标，以解放和发展社会生产力、代表最广大人民群众根本利益为根本。所以，社会主义政治耸立于经济基础之上、扎根于人民群众之中、依赖于社会实践发展。它坚持彻底唯物主义和以人为本的思想，不需要任何掩饰、欺骗，也不需要超现实力量的神化。正如恩格斯所说的："我们要求把历史的内容还给历史，但我们认为历史不是'神'的启示，而是人的启示，并且只能是人的启示。为了认识人类本质的美好……我们没有必要首先招来什么'神'的抽象概念，把一切美好的、伟大的、崇高的、真正人性事物归在它的名下。为了确信人的事物的伟大和美好，我们没有必要采取这种迂回的办法，没有必要给真正人性的事物打上'神性的'烙印。相反，任何一种事物，越是'神性的'即非人性的，我们就越不能赞成它。"① 所以，在我国社会主义条件下，宗教再不是统治者用来神化自己和维护统治的工具，宗教只是一部分信教群众的信仰或文化生活而受到尊重。这是我国宗教与封建主义、资本主义国家宗教的根本区别。

当然，在我国社会主义条件下，也可能出现少数地方机构和个别政府官员利用宗教的现象，其表现主要包括：有些地方政府利用宗教发展经济，有

---

① 《马克思恩格斯全集》第 1 卷，人民出版社 1995 年版，第 650–651 页。

些政府官员利用宗教团体与宗教人员为权力维持作辩护，有些腐败分子利用宗教为贪污腐化作掩饰。如受贿 300 万元的原重庆市委宣传部部长张宗海，作为管理社会主义意识形态部门的主要领导，居然信佛信神。他每年花大钱到华严寺等名寺去烧香拜佛，乞求神灵保护他的腐败行径不致败露。他甚至在就任市委宣传部部长的前几天，还在某风景区写下了"谒真武观原知万物皆循道，朝官音阁顿悟众生可成佛"的联句。原湖南省有色金属工业总公司副总经理李会刚受所谓宗教"大师"指点，花费百万元到北京买官。这种少数政府官员利用宗教的现象，多是出于自身利益的需要，即把宗教作为谋取私益、保佑平安的工具。

2. 在社会主义制度下出现"消灭宗教"的极左现象

由于我国以马克思主义的辩证唯物论与历史唯物论作为指导思想，不需要利用宗教对社会主义国家进行神化，所以有学者认为，在我国，社会主义的本质决定社会主义与宗教不相容，信仰宗教的群众大都是因为对现实失去了信心才去信教的，信教的群众不能成为"建设社会主义的生力军"①。这是一种寻求社会同质、排斥异质文化的文化理想主义倾向。

同时，因为宗教在历史上普遍被统治阶级所利用，并成为政治斗争和统治人民的工具，所以有些人往往把宗教与剥削阶级及其意识形态混同起来，而忽视宗教也是一部分被剥削阶级群众信仰的事实，容易凸显宗教的消极作用，忽视了宗教存在的主客观根源与积极影响。于是，在进行革命的过程中，宗教常常受到冲击。1957 年以后，我国政治上"左"的思想日益严重，宗教受到控制和批判，特别是在"文化大革命"中，党的宗教信仰自由的政策也遭到严重破坏，一切宗教活动都被禁止，广大宗教界人士及信教群众被扣上种种罪名而遭到严重迫害，党同宗教界人士及广大宗教信徒的统一战线也受到空前的损失。这种禁止宗教活动、查封宗教场所、批判宗教信仰的行为，实际上就是企图强行以政治方式"消灭宗教"、取代宗教。

3. 在社会主义制度下存在宗教冲击政治的倾向

我国实现政教分离，坚持宗教信仰自由原则，纠正了过去对宗教强行禁止的错误，制定了一系列政策保障宗教的存在与发展，有利于宗教在社会主义现代化建设中发挥作用。但是，我们也要看到，我国宗教不是孤立存在的，有的宗教组织和有些教徒，或沿袭新中国成立前宗教与政治的关系，在社会主义条件下拒绝调整和改革；或与国外宗教组织有联系并受其影响，试

---

① 高崖、曹志：《论宗教的社会适应性》，载《求是学刊》1990 年第 3 期。

图照搬国外"政教合一""政教互用"模式来改变我国政教分离原则；或借口宗教的独立性与特殊性企图分裂国家，鼓吹民族独立，也会出现"以教干政、以教压政、以教代政"的现象。

4. 宗教与社会主义政治冲突的根源

在我国，出现以政治压制、消灭宗教的倾向，其意图是通过消除宗教的消极影响和对社会主义政治可能造成的威胁，来维护社会主义政治的"纯洁"与稳定，其实质是以社会主义政治替代客观存在的宗教。这种倾向忽视了我国将长期处在社会主义初级阶段的客观实际，不懂宗教存在的主观与客观条件，不知道压制、消灭宗教不仅不可能"纯洁"与稳定社会主义政治，而且政治打压将迫使宗教寻求另外政治的支持与保护，导致广大信教群众对社会主义制度的怀疑、不满和反对，局部地区甚至可能发生政治动乱。因此，以政治压制、消灭宗教所导致的结果，不是政治的"纯洁"与稳定，而是政治的麻烦与削弱，是对不信教群众与信教群众根本利益的损害。

少数地方机构和个别政府官员利用宗教，其形式是宗教与政治在一定程度上的结合，其目的是谋取局部与个人利益。在这种情况下，宗教成为谋利的手段，政治也成为谋利的工具。政治对宗教的利用不仅违背了我国政教分离的原则，而且在不信教群众中因指导思想与目标的偏离而引起思想、信仰上的混乱，在信教群众中因影响了宗教的神圣性而引发不满与反抗，也可能导致宗教与政治的冲突，对政治主导与宗教发展都有害。

在我国局部地区存在的以宗教冲击并试图替代社会主义政治的倾向，不管宗教教徒装饰得如何神圣，实际上他们也把宗教当作了对抗社会主义政治、分裂国家的工具，变成了谋求另外性质政治或一些教徒根本利益的手段，宗教演变为另一种性质的政治。在这种情况下，政治遭受冲击影响主导作用发挥，宗教的演变与政治化自然会受到社会主义政治的限制与打击，也有损宗教的存在与发展。

总之，在我国，不管是政治利用宗教、消灭宗教，还是宗教冲击政治、替代政治，一是根源于根本利益，即都把宗教作为谋求根本利益的手段；二是根源于认识原因，即把思想领域的信仰问题与现实领域的政治问题混同，使思想信仰政治化或政治问题宗教化，这种混淆与替代不可避免地会由主观认识的冲突转化为客观社会的冲突。

5. 我国古代宗教与政治冲突的历史教训

在我国古代社会，也出现过消灭宗教与利用宗教的两种倾向。在我国北魏、北周、后周时期，由于统治者政治上不强，推动社会经济发展不力，统治者试图以推崇宗教，主要是推崇佛教来维护统治。结果导致宗教教职人员数量膨胀、宗教势力增强。这样不仅增加了对神职人员的贡奉而侵犯了统治者的利益、加重了社会负担，而且威胁了统治者的统治地位与社会稳定。北魏太武帝、北周武帝、后周世宗、后唐武宗都曾发起过灭佛事件，在行政高压下，强行拆毁寺院，强迫僧尼还俗，收回寺庙与土地，造成广大宗教教职人员强烈不满，引起社会震荡，社会经济、政治、文化发展受阻，统治者也难以继续统治下去。因而，在我国封建社会，统治者忽视国家政治，试图以利用、发展宗教的方式来维护统治的，不可能有效维护统治和推进社会发展。

同样，在我国历史上，被统治者利用宗教实现政治目标的起义、革命也有很多，如三国时的黄巾起义、元朝的白莲教起义，近代如红灯照、义和团、太平天国运动等，都是打着宗教的旗帜，试图实现政治统治的目的，结果都失败了。所以有学者通过研究中国历史上宗教与政治的关系得出结论：在中国的历史上，任何一个时代，政治如果扯上了宗教问题，便非失败不可。这一结论，也符合新中国成立后处理宗教与政治关系的实际，即以政治方式强行消除宗教或以宗教方式企图实现政治目的，都不可能有利、有效和成功。

四、宗教与社会主义政治相适应的条件与方式

根据前面关于宗教与政治一般关系、宗教与社会主义政治特殊关系的分析可以看出，宗教与政治、宗教与社会主义政治，既有相适应与和谐的可能，也有相矛盾与冲突的可能。在社会主义条件下，既然以政治方式利用和消灭宗教、以宗教方式冲击和替代政治都只能导致政治受挫与宗教损失，那么，寻求宗教与社会主义政治相适应的条件与方式，建立和谐稳定的政教关系，就成为需要研究的重点。

1. 遵循宗教与社会主义政治相适应的原则

由于宗教与社会主义政治的关系，不是单一对等关系，涉及既要相互分离、又要相互作用、还可能相互转化的复杂关系，所以，要有相应的原则来规范这些关系。

第一，坚持政治与宗教相分离的原则。政教分离是相对于政教合一而言的，其要义是宗教组织与国家政权必须彻底分开，宗教组织不参与和干预政府的政务，主要从事宗教的独立活动；政府则把宗教信仰、宗教活动作为信教群众的私事和自由，并合法地保障宗教组织的正当宗教活动，不对其进行

干预与强制。政教分离原则是既有利于社会主义政治充分发挥作用，又有利于宗教独立存在与发展的原则，是我国处理宗教与政治关系的前提。

第二，坚持政治上团结合作与思想信仰上互相尊重的原则。古往今来，任何国家都要坚持一元政治主导，同时保证社会的多样化发展。正如马克思在论述国家政治与思想统治时指出的："统治阶级的思想在每一时代都是占统治地位的思想。这就是说，一个阶级是社会上占统治地位的物质力量，同时也是社会上占统治地位的精神力量。"① 统治阶级的思想指的主要是政治思想，一个国家占统治地位的政治思想决定国家的性质与发展方向，因而只能是一元的，决不能多元化。社会主义政治决定着我国的社会主义性质，主导着我国的发展方向，制约着包括宗教在内的其他领域的发展。宗教与社会主义政治的关系，是一种主从关系而不是相反关系，即政治主导宗教。同时，我国是一个多宗教国家，各个宗教的理论与方式是多样化的。只有在社会主义政治的主导与保障下，各个宗教才能拥有平等地位，才能真正独立的、多样的发展。离开社会主义政治的主导与保障，难免出现不同宗教之间和同一宗教的不同教派之间的矛盾与冲突。因此，坚持社会主义一元政治主导与宗教多样化发展，既是我国社会稳定、发展的根本条件，也是各个宗教多样化存在与发展的根本保证。

坚持一元政治主导，就是坚持共同的政治基础。我国的政治基础是爱国主义和建设中国特色社会主义，具体讲就是实现祖国统一、振兴中华民族、把我国建设成为富强民主文明和谐的社会主义现代化强国。这是全国各族人民包括信教群众的共同目标与共同利益，是政治上团结合作的基础。而在信仰上相互尊重，则是对人们思想上的自主性、选择性与自由性的维护，是为了发挥人们的主观能动性，因而是政治上团结合作的主观条件。忽视或没有团结合作的基础，宗教与社会主义政治相适应是一句空话；忽视或否定信仰上相互尊重，宗教与社会主义政治相适应也不可能实现。政治上团结合作可以促进信仰上相互尊重，信仰上相互尊重可以有效加强政治上团结合作，两者是相辅相成、相互促进的关系。

2. 创造宗教与社会主义社会相适应的政治条件

宗教与社会主义社会相适应是有条件的，而且条件既是相互的而不是孤立的，又是有主从之分而不是对等的。

一般来说，宗教与一定社会相适应，主要取决于政治主导条件，宗教与

① 《马克思恩格斯选集》第 1 卷，人民出版社 1995 年版，第 2 页。

社会主义社会相适应也是如此。

所谓政治主导，就是政治对社会经济、文化（包括宗教）在方向与规范上的规定与引导。政治能不能强有力的主导社会发展，特别是社会经济发展，这是宗教与社会主义政治相适应的根本条件。政治主导乏力，经济发展缓慢，宗教组织与信教群众就会突破一定的政治目标与规范，寻求现实与长远的利益，发生宗教与政治的冲突。政治主导的力度，主要取决于政治的三个根本条件。

第一，政治鲜明。政治鲜明就是政治性质、政治目标、政治原则明确而坚定，能够旗帜鲜明地指引方向和凝聚人心，能够抵御其他政治的冲击与干扰。我国自改革开放以来，在革命与社会主义建设的基础上，始终坚持国家的社会主义性质，明确提出了建设富强民主文明和谐的社会主义现代化国家的目标，坚定坚持四项基本原则和改革开放，努力开创了中国特色社会主义现代化建设的新局面，有效抵御了东欧剧变的冲击和社会主义处于低潮的压力，使中国特色社会主义政治具有强大的感召力与凝聚力，得到了包括宗教组织与信教群众在内的各级组织和广大群众的广泛支持、拥护。但是，我们也要清醒地看到，有些人，特别是某些党员干部，对社会主义性质认识模糊，对共产主义信仰动摇，对我国政治原则背离。这些官员在政治目标上的丧失与政治原则上的背离，不仅造成了我国社会主义现代化建设的损失，而且引起了包括信教群众在内的广大群众的反对，严重冲击了中国特色社会主义政治的主导，影响了一些人，包括一些信教群众在共同政治基础上的团结合作。因此，坚定不移地走中国特色社会主义道路，特别是广大共产党员和党的干部确立中国特色社会主义的共同理想，有力推进经济与社会发展，是宗教与社会主义社会相适应的根本前提与基础。

第二，政治昌明。政治昌明就是发展民主，健全法治，社会安定有序、充满活力，人们，包括信教群众的自主权利、信仰自由得到保证，积极性、主动性、创造性能够充分调动，社会真正呈现既有民主又有集中，既有自由又有纪律，既有统一意志又有个人心情舒畅的局面。我国自改革开放以来，建立社会主义市场经济体制赋予人们自主权，不断发展社会主义民主，扩大人们的自由性，健全、完善社会主义法治体系，保障人们的自主权与自由性，既改变了计划经济体制下高度统一、缺乏民主的状况，也避免了"文化大革命"中不讲法治的"大民主"状况。正是在政治昌明条件下，广大人民群众，包括信教群众的主体性充分发挥，社会在有序竞争中充满活力，才有力推动了我国近30年经济、社会的持续、快速发展，也有效保证了宗教与社会主义政治相适应。

第三，政治开明。政治开明就是实现对内对外开放政策，不仅在经济、科技上进行引进、吸收，而且在文化上进行比较、借鉴，对宗教宽容。

政治鲜明、政治昌明、政治开明是不可分割地联系在一起的，政治鲜明是前提，政治昌明是保证，政治开明是基础，它是宗教与社会主义政治相适应的根本条件。

3. 宗教改革是适应社会主义社会的主要条件

宗教与一定社会相适应，也取决于宗教所创造的条件。宗教创造条件，概括来说，就是宗教要根据社会的发展和国家政治的要求，进行教义与方式的调整、改革。

人类社会历史经历了许多政治变革、经济进步和社会变化，这些变革往往有宗教的变革相伴随。历史上有些宗教消失了，有些宗教可以延续下来，在很大程度上取决于宗教自身的改革。宗教改革一般包括教义改革和组织改革。西方16世纪欧洲的宗教改革，是适应资产阶级经济发展和反对封建制度的政治需要而发生的。加尔文的宗教改革，重新解读了创造与救赎，否定"出世"信仰，肯定"入世"信仰；路德的宗教改革，消除了"圣品"与"俗品"、"属灵"与"属世"的对立；韦伯的宗教改革，从伦理层面阐述了宗教"禁欲主义"思想与资本主义奋斗精神的结合，提出了"新教伦理"。这些宗教改革，除了造成一大批脱离天主教会的新教宗派和延续宗教发展外，还促进了资本主义社会的发展，并受到西方各国政府的重视、利用。如果宗教不伴随资产阶级革命而进行宗教改革，仍然坚持中世纪的宗教教义与宗教制度，宗教必然与资产阶级政治发生冲突甚至成为资产阶级革命的对象。

在我国，宗教改革也是宗教适应社会主义的主要条件。新中国建立之初，我国社会政治制度和经济制度发生了根本变化，宗教面临着重大的历史抉择。在广大信教群众的强烈要求和主动参与下，在党和政府的支持与鼓励下，宗教界的有识之士进行了与新中国政治经济相适应的重大改革。天主教、基督教内部进行的反帝爱国运动，革掉了帝国主义对教会的控制，肃清了帝国主义的影响，实行了中国教会自治、自养、自传，独立自主自办教会。中国的佛教、道教、伊斯兰教则革掉了封建剥削和封建压迫制度。1959年在西藏开展的民主改革，废除了西藏社会的政教合一的封建农奴制度。中国宗教在20世纪50年代所发生的这些变革，使各宗教组织不再是帝国主义、封建地主阶级和官僚资产阶级控制和利用的工具，而是与社会主义社会相适应，成为中国共产党领导下的爱国统一战线的组成部分，并形成了爱国爱教、独立自主、崇尚和谐、服务社会的传统。

我国实行改革开放以来，明确提出了宗教与社会主义社会相适应的问题。全国各族人民正在建设有中国特色的社会主义现代化国家，中国政府倡导宗教要与之相适应，并不是要求信教群众放弃宗教信仰，也不是要改变宗教的基本教义，而是要求宗教在经济全球化、文化多元化条件下，在我国法律的范围内独立自主自办教会，继续发挥信教群众爱国爱教、崇尚和谐、振兴中华的主动性与积极性，与社会的发展和文明的进步相适应。这既符合我国建设社会主义和谐社会的要求，也符合信教群众和各宗教本身的根本利益。

宗教之所以要与一定社会政治相适应，根本原因是宗教是一种具有相对独立性的文化，主要属于上层建筑领域。按照马克思主义关于经济基础与上层建筑关系的原理，宗教既由一定的经济基础所决定，又必须适应一定社会的经济基础和在这一基础上形成的政治上层建筑才能存在与发展。否则，宗教就会失去经济基础与政治保证而消失。因而，宗教要与其所处的社会相适应，是宗教存在与发展的普遍规律。

4. 宗教与社会主义社会相适应的方式

1991年，中共中央、国务院颁发的《关于进一步做好宗教工作若干问题的通知》（中发〔1991〕6号）指出：" 动员全党、各级政府和社会各方面进一步重视、关心和做好宗教工作，使宗教与社会主义社会相适应。" 做好宗教工作的主要方式，一是积极，二是引导。所谓积极，就是主动关心、热情帮助，使宗教组织和信教群众能够受到党、政府的重视，在社会生活中能够自主、独立地存在与发展并得到社会认可、支持，而不是消极、被动地对待宗教和信教群众，更不是冷落、排斥宗教和信教群众；所谓引导，就是按照爱国、守法、团结、进步的要求，引导宗教组织和信教群众服从和服务于国家的最高利益和民族的整体利益，努力对宗教教义作出符合社会进步要求的阐释，主动反对一切利用宗教进行危害社会主义祖国和人民利益的非法活动，为民族团结、社会发展和祖国统一作贡献。

宗教信仰虽然与社会主义思想是异质的，但它属于人们思想领域、精神世界的问题，" 对待人民内部的思想问题，对待精神世界的问题，用简单的方法去处理，不但不会收效，而且非常有害"。" 只有采取讨论的方法、批评的方法，说理的方法，才能真正发展正确的意见，克服错误的意见，才能真正解决问题。"① 而讨论的方法、批评的方法、说理的方法，既不是简单强制，也不是迎合迁就，而是积极引导。

---

① 《毛泽东选集》第7卷，人民出版社1999年版，第232页。

执政成本与执政效益的辩证及转化

——兼论执政党的执政能力建设 *

在纪念邓小平诞辰 100 周年大会上，胡锦涛发表长篇重要讲话，强调要从执政理念、执政基础、执政方略、执政体制、执政方式、执政资源、执政环境方面，研究和解决党的执政能力建设问题。其中执政资源就是讲的执政成本与执政效益。研究和解决党在执政过程中执政成本与执政效益的辩证关系及转化，既是社会发展的客观需要，也是提高党的执政能力的现实而紧迫的重大课题。

一、高度重视执政成本与执政效益关系的研究

市场经济体制的建立，信息社会的到来，以及科学技术的迅猛发展，既给执政党提供了新的执政资源，也向执政党提出了利用执政资源、提高执政效益的新要求。

（一）市场经济条件下的竞争与资源配置方式，向执政党提出了执政的新要求

我国社会主义市场经济体制的建立与运行，深刻地改变了社会的结构，使大量深层次的社会问题不断涌现并迅速转化，对中国共产党的执政能力与执政方式提出了一系列新问题。

在计划经济体制下，党的执政是在权力高度集中、资源统一调配的情况下进行的。这种体制往往容易为执政党提供不受限制地利用执政资源的条件，即在执政过程中既忽视执政成本，也不注重执政效益，从而导致党政机关机构臃肿、人浮于事、官僚主义、效率低下，制约经济与社会的发展。市场经济体制的建立，与党政机关的权力下放是同时进行的，资源按计划指令下达和分配的方式逐步过渡到按市场方式调节和配置。这一改革，不仅深刻地改变了社会的结构，也改变了执政党利用执政资源的观念与方式。执政党

---

* 原载于《中山大学学报（社会科学版）》2005 年第 6 期，作者郑永廷、曹群，收录时有修改。

再不能像过去那样不受限制地利用、调配执政资源，而必须主要按市场规则调节和配置资源。同时，执政党对市场经济的领导与宏观调控方式，必须与市场经济体制的特性相一致。市场经济是一种优化资源配置的效益经济，以降低成本、加大产出、追求最大经济效益为目的。这一特性，必定要求执政党在领导和调控市场经济的过程中，尽量减少成本、提高效益。否则，执政党的过大执政成本不仅会向市场转化，而且执政效益不高会直接妨碍市场资源的优化配置，甚至阻滞市场的正常运行。另外，市场经济也是一种竞争经济，市场竞争说到底就是投入与产出的竞争，是效益的竞争。这种竞争虽然直接体现在经济实体上，但也与执政党的领导、决策、政策密切相关。通过正确的政策和有效调控，鼓励竞争，保证公开、公平、公正竞争，是避免资源浪费、提高效益的根本条件。正确政策的制定和有效调控的实施，需要执政党自身适应竞争、推动竞争，也就是要适应竞争状况的变化，及时进行政策调整和宏观调控，提高领导与决策的效益。否则，在激烈竞争中所产生的新情况与新问题，如果得不到及时处理与调控，就会影响正常竞争，甚至发生难以想象的后果。所以，随着我国市场经济体制形成后对社会资源配置方式的改变，执政党的执政资源的配置方式也应进行相应的改变，其改变的趋向就是尽可能降低执政成本，提高执政效益。惟有如此，执政党才能适应市场经济的发展，才能以自身的示范行为引导和推进市场经济的发展。

同时，执政党还面临着国际市场的挑战问题。市场经济体制向全球扩展，加速了统一的世界市场的形成。市场调节和政府干预之间往往存在着一种天然的张力，市场化的经济改革往往伴随着国家从微观经济活动领域的退出。随着市场经济体制的逐步建立、私人经济部门的成长壮大，被称为"第三部门"的非营利、非政府的民间组织成长起来，它们成为实现社会自治自律的重要力量。在这样的情况下，市场力量的全球扩张便制约了国家权力的边界，市场调节和社会自治侵蚀着执政党的权利，促使政府从全能政府向有限政府转变。显然，执政党必须适应这一发展趋势，减少对经济领域的直接干预，减少执政机构与执政人员，即降低执政成本。并且，资本的全球运动也约束着国家的经济管理权力。在市场条件下，哪里有利润，哪里就有资本的身影。追逐利润的天性促使资本奔走于世界各地，哪里的投资环境有利，资本就会流向哪里。为了促进经济增长，各国不得不展开吸引投资的激烈竞争。我国为了吸引国外投资，必须尽力改善投资环境，减少办事环节，加快办事节奏，提高办事效益。

我们应当清醒地看到，由于我国由计划经济体制向市场经济体制转变的时间不长，一些干部对市场经济体制还不适应，有的仍然沿袭传统的领导方式处理市场经济中产生的各种问题。中央党校对县级以上干部的一项调查显示，被调查干部中需要增强科学判断形势能力者占60%；需要增强应对复杂局面、依法执政、总揽全局能力者，分别占35.7%、43.4%、19.9%；而普遍缺少的是驾驭市场经济的能力，比例高达66.9%。这充分说明，根据市场经济体制的要求，研究执政成本与执政效益十分必要。

（二）信息社会条件下的资源利用与整合，向执政党提出了执政的新要求

科学技术是推动全球化的动力之一，同时它也改变着国家权力行使的范围、方式和空间。当代科学技术发展突飞猛进，现代交通和通信技术日新月异，信息网络化程度越来越高，信息传递即时化和信息来源多样化，文化交流空前活跃，这一切都对国家权力的行使产生了深刻的影响。

信息的全球传播赋予了作为其载体的媒介特别是电视和互联网以很大的权力。媒介特别是全球性媒介所拥有的巨大影响力，对国家权力构成了很大的制约，所以有学者将媒介权力称为"第四种权力"。信息来源的多样化和信息传递的即时化，使国家封锁消息和暗箱决策的能力大打折扣。在信息时代，公众对知情权的要求空前迫切，这无疑改变着国家权力的行使方式，促使国家权力的行使走向公开、透明。交通和通信费用的大幅度降低，信息网络化程度的日益提高，大大提高了公民跨地区、跨国家组织政治活动的能力和对国家行为作出政治反应的能力，这也对国家权力构成了制约。信息跨越国界的全球传播所产生的国际舆论和国际反应对政府决策的压力也空前增加，促使政府决策更加慎重，更要考虑国际影响和国际形象。

信息社会对国家权力的这些影响，从不同侧面说明，执政党必须根据信息的特点改变执政方式，即：一方面要适应信息多样、多变的特点，及时进行信息的判断、选择、整合，提高利用信息资源的能力与效益；另一方面要改革传统的执政方式，广泛运用信息技术，推进执政方式现代化，尽可能减少决策、管理的失误，增强执政的实效。

（三）民主与法治的发展，对执政党执政资源的使用与转化提出了新要求

我国在过去计划体制下形成的弊端，主要表现为权力过分集中，容易造成个人决定重大问题。这种缺乏民主的个人决策及其失误往往造成执政资源

的浪费，从而制约了执政党的执政效益。我国改革开放以来，党通过一系列的改革措施，逐步理顺党与国家政权及其他各类组织的关系，解决权力过分集中于党的问题，并强调发展党内民主、保障党员的民主权利、充分发挥党代表大会的作用，在一定程度上理顺了党内权力结构，初步解决了邓小平同志所讲的权力过分集中于少数人的问题。但是，上述问题的彻底解决，有待于一系列政治制度和法律制度的改革与深化。

我国政治体制改革是随着经济体制改革的推进逐步展开的。由于党的历史方位已经发生了两个"根本性的转变"，即从夺取政权到长期执政的转变，从受外部封锁、实行计划经济到对外开放、发展社会主义市场经济的转变，决定了执政党要解决好两个历史性课题：一是要适应对外开放和市场经济的变化，提高自身的领导水平和执政能力；二是要增强党拒腐防变和抵御风险的能力。执政党提高领导水平和执政能力的集中表现，就是善于利用执政资源，提高执政效益，为社会创造更多财富，给人民带来实惠，并要防止执政者将执政资源转化为私人财产和随意浪费执政资源的行为。如果执政党无法满足市场经济中各种主体的利益需要，甚至由于执政不当导致市场的交易成本增加，挥霍、浪费执政资源，就会带来公民的不满从而导致执政党地位的动摇。因而，中国共产党及其所领导的政府惟有切实全心全意为人民服务，使人民群众在市场中降低交易成本、获得较高利益，才能保持和巩固执政党的地位。

世界其他各国执政党的经验教训为我们进行民主政治改革提供了借鉴，即执政党执政必须适应时代的变化遵循一定的规律。苏联共产党执政74年最终垮台原因很多，其中一个重要原因就是缺乏党内民主，权力高度集中于少数人手中，党员的民主权利得不到保障，结果党组织失去了对党员的吸引力，党的凝聚力、战斗力随之瓦解。这警示我们，一个政党要保持生机和活力，就必须健全党内民主，加强法治建设。时代在发展，形势在变化，民主和法治建设也要随之发展。党的执政地位固然是历史的必然和人民的选择，然而，这种历史选择是一个动态的发展过程，党的执政地位不是与生俱来的，也不是一劳永逸的，人民和历史也会不断地进行选择。党只有加强民主和法治建设，不断增强执政能力，创造新的业绩，在推动社会的全面进步和人的全面发展中保持党的先进性，才能始终获得人民的拥护。

总之，研究新的历史条件下党的执政成本与执政效益问题，是现代社会所提出的客观要求，是党所面临的重大课题。科学管理执政成本，提高执政效益，是提高党的执政能力和增强党的影响力的前提，是落实"发展是第一要务"的关键，是驾驭社会全面协调发展的保证。

二、深刻认识执政成本与执政效益的关系和实质

研究执政成本的管理和提高执政效益，是科学执政、民主执政、依法执政的要求和体现，需要深刻认识并把握执政成本和执政效益的内涵及其相互关系。

（一）执政成本

所谓执政成本，通常是指执政党维持执政地位和政权运行，为推行自己的社会理想和政治主张而耗费的执政资源的总和，简单地说，就是在执政过程中对执政资源的消耗。任何执政党在执政过程中，都要不同程度地消耗社会资源和执政党已有的资源。不同质与量的资源消耗，形成了不同的执政成本。执政成本的内容是丰富的，主要包括以下四方面。

第一，执政的经济成本。执政的经济成本通常是指各级各类政府官员和公务人员的工资、福利支出，各级各类党政机构的业务费和办公费支出。从广义上说，执政的经济成本还要考虑政府以出资人身份进行的投资、经营的资产的盈亏情况，执政党推行改革的资源耗费，因决策失误而造成的经济损失，等等。这些经济资源消耗的总和，形成了执政党执政的经济成本。

第二，执政的政治成本。对于执政党来说，掌握执政权本身就是一种资源，而且是最主要的执政资源。执政党要谨防"执政权"的丢失，努力维护好"执政权"这一资源，保持党对国家政权的有效掌控。执政党的宗旨、指导思想就是很宝贵的政治资源。主义、宗旨是无形的，但主义、宗旨作为一种资源在执政中的作用是巨大的。正如马克思所说的，"理论一经掌握群众，也会变成物质力量"①。列宁说得更加明确，"没有革命的理论，就不会有革命的运动"②。执政的过程也需要耗费政治资源。首先，随着时间和形势的变化，政党自身的政治能量会逐渐减弱。正如有的学者所指出的，一个政党在连续执政十几年甚至几十年后，就会发现，它所面临的是一个和过去完全不同的社会。因为过去对政党执政认同的人群已经自然更替了。其次，执政党推出的公共产品——制度与政策等，也很难避免不均衡现象，即制度与政策等不能完全符合或适应社会的需要。尤其是在我国这样一个幅员广

① 《马克思恩格斯选集》第1卷，人民出版社1972年版，第9页。
② 《列宁选集》第1卷，人民出版社1995年版，第153页。

大、地区之间发展不平衡的国度内，更容易出现不均衡现象。例如，统一制定的制度、政策，在经济文化发达地区往往是制度滞后、政策供不应求；而在经济文化落后地区一般是制度超前、政策供过于求。最后，随着经济社会的发展，制度和政策也会产生折旧现象。执政党也可能出现决策失误、政策措施不当，甚至出现腐败现象等。这就使得执政党不可避免地要消耗已经具有的公众对自己的认同和支持，要以支付已有的威望、凝聚力、影响力、动员力为代价，来消除上述情况造成的对执政的消极影响。这些政治资源的消耗，形成了执政的政治成本。

第三，执政的文化成本。执政党要利用自己的意识形态影响社会公众，让社会公众相信、认同并自觉地追随，在全社会形成与之相适应的理想、信念、价值观念、道德准则、法律意识和社会心理等，这样执政才能更加坚实稳固。为此，执政还要支付文化成本，即意识形态成本。执政党都需要一定的意识形态作为执政的思想舆论上的支持。因此，执政党不仅要为使自己的思想观念成为占统治地位的思想付出必要的代价，而且还要为意识形态与时俱进、开拓创新、丰富发展而不断付出物质和精神的代价。邓小平曾经说过，思想理论的创新，这是一项十分重大的任务，这绝不是改头换面地抄袭旧书本所能完成的工作，而是要费尽革命家心血的崇高的创造性的科学工作。执政党的精力，以及时间、机会的耗费，主流意识形态统领社会思想文化能力的消耗，就是执政党所要付出的文化成本。

第四，执政的其他成本。执政党在执政过程中除了主要付出经济成本、政治成本和文化成本外，还要支付时间与机会成本、环境成本、信息成本等。时间与机会成本，指的是在执政过程中，抓住机遇、快速发展与耗费过多时间、错失了良好时机的成本付出状况。环境成为执政成本，是因为过去人们认识的局限性造成了日益严重的生态环境失衡。20世纪70年代以来，生态环境问题越来越引起各国执政党的重视，执政也不能以牺牲环境为代价。信息成本成为执政成本，是因为在现代社会中，信息日益成为经济社会发展的重要资源，信息在执政过程中的作用也日益突出。尽管信息可以无限复制，但是信息的价值是会被耗费的。所以执政党不仅要为收集、整理、分析、利用信息作出必要的支付，还要承担信息逐渐贬值的损失，这就形成了信息成本。

总之，执政党执政是有成本的。如果一个政权维持它的运作总是要比别的政权多花费几倍、几十倍、甚至上百倍的物力、财力、精力等，那么，实施的效果暂且不论，至少这种运作在成本上是难以为继的。如果入不敷出，就会导致执政破产。

（二）执政效益

所谓执政效益，是指执政党在执政过程中运用执政资源所达成的执政成果和效率。执政资源是执政过程中可供投入的部分；执政成果是执政过程中的产出部分，是执政党表现出来的执政业绩，构成了执政收益。执政效率即是执政成本与执政收益的比率。执政党执政可以看作一个"成本投入与结果产出"的过程。投入有多有少、有优有劣，结果也有大有小、有好有坏。执政成效是衡量党的执政能力强弱的重要尺度，是政党维持其执政地位的基础。执政成效所指向的目标必须与人类社会发展的目标相一致。当前，衡量党的执政成效的根本标准就是是否做到"三个有利于"，是否体现"三个代表"重要思想，是否促进党的路线、纲领和奋斗目标的实现。执政效益也是极其丰富的，主要包括三个方面。

第一，执政的政治效益。执政的政治效益包括政治制度的维护、政治秩序的稳定、政治理论的发展、政治关系的丰富、政治凝聚力的增强等。这就是说，政治效益具体表现为执政党的有力领导、正确决策，有效的政策措施，意识形态深入人心，社会政治稳定，经济建设有序，人民生活安定和谐，民主法制建设稳步推进，国际地位逐步提高，等等；体现为公众对现有政治制度、执政党及其价值观念的认同和支持，丰厚主流意识形态的积淀，以及执政党在社会上的凝聚力、影响力、动员力增强，等等。长期以来，人们更倾向于执政的经济效益，不自觉地忽略了执政的政治效益，正因为许多人认为政治效益是无法度量的东西，从而造成了执政政治资源的浪费。

第二，执政的经济效益。执政的经济效益是指由一定执政资源的投入所带来的社会经济持续发展、科学技术的创新、社会环境的普遍改善等，是可以运用一系列经济指标来度量的收益和成效。执政的经济效益要符合成本收益的原则，即追求行政投入既要达到既定的收益和目的，也要符合公平效益的原则，兼顾社会的政治效益和文化效益等。同时，要体现执政节约的原则，政府的财政投入要追求投入效益的最大化，力求将经济成本降到最低限度。执政的经济效益多数是可以进行量化考核，很多是可以用投入产出来加以计量的，但也有一些效用或效益是不可计量的，例如环境的污染和治理，其支出成本和收益的考核和量化，也要作为执政成本和执政效益考察的内容。如果执政的经济效益一时高，但对环境污染严重，对可持续发展造成危害，也不能以这种一时的经济效益作为衡量执政效益的依据。

第三，执政的文化效益。执政的文化效益是执政者在领导和组织文化建设过程中由一定的执政投入所带来的文化效益，包括社会主义文化建设、教育发展，以及社会风气和道德风尚良好等。执政的文化效益是不可忽视的，文化效益往往会影响、制约政治效益和经济效益的实现。社会民众的共同理想，对社会主义事业的信仰和信念，追求全面发展的价值观念、行为方式和生活方式，公众对社会主义道德准则的认同和遵守程度，公民法律意识、法律观念，个体心理健康水平和人际和谐程度，等等，都是衡量执政文化效益的具体表现。文化效益最集中地体现为社会公众对主流意识形态的认同和理解程度，这不仅关系到执政党执政的社会基础，也是执政党执政过程中最重要的思想武器和舆论支持。

（三）执政成本与执政效益的关系

执政成本与执政效益是一个不可分割的矛盾统一体，两者既互为条件、相伴共存，又互相矛盾、此增彼减。

第一，执政效益需要一定执政成本，执政成本要为执政效益服务。任何收益都必须耗费一定的资源或支付一定的成本，政党执政也不例外。如果把执政看成一个"成本投入与收益产出"的过程，其中，执政党一定执政资源的利用和耗费，是执政收益的必要前提；而增强和提高执政效益，则是执政党执政的目的。因而执政资源要以提高执政效益为中心和为执政效益服务。当前我国经济建设快速发展，社会安定和谐，民众生活水平明显提高，民主与法制建设稳步推进，国际地位逐步提高，等等，取得了显著的执政效益，其前提是一定经济成本、政治成本、文化成本的投入，特别是正确的决策和对时间与机会的把握。同时，经济发展、政治稳定、社会和谐的执政效益为执政党执政进一步积累了丰厚的执政资源。

第二，执政成本与执政效益一般呈负相关关系。执政党在执政过程中，要根据社会经济水平和政治、文化状况，投入一定的执政成本。执政成本投入不足，影响执政的正常运行，难以获得充分的执政效益；执政成本投入过多，不仅大量占有社会资源而抵消了执政效益，而且容易导致执政摩擦、矛盾甚至冲突，消耗执政的政治资源与文化资源，降低执政效益。例如，一些地方干部提拔过快、过宽造成官位增多，必定导致机构膨胀，人浮于事，办事推诿，争权夺利，不仅执政的经济成本过高，造成财政负担过重，而且引发民众不满，降低政府威信；相反，如果精简机构和人员，既可以提高办事效率、降低执政成本，又可以提高执政效益，赢得民众拥护。一般说来，当政党掌握政权之后，通过政权可以比较容易占有其他社会资源，因而执政成本的投入难以受到制约。执政成本投入大，执政效益就会低；而降低执政成本，就能提高执政效益。所以，执政党要在执政过程中不断调整、改革体制与机构，其目的就是通过控制、降低、优化执政成本，以提高执政效益。执政活动的成本管理和控制是复杂的系统工程，需要建立科学成本管理制度和成本效益的指标体系，并根据制度和各种指标体系对于执政的各个环节进行调控，只有把执政成本与执政效益进行科学化、制度化规范，才能合理使用执政成本，自觉节约执政成本，最大限度地提高执政效益。

三、科学实现执政成本的投入与转化

执政成本的投入和转化十分重要，它关系到社会的稳定和执政党的地位。苏联东欧共产党之所以丧失执政地位，很重要的原因就是执政成本过大，并且没有有效实现执政成本的转化，提高执政效益，官员腐败和老百姓得不到实惠的社会状况，使东欧在顷刻间发生剧变。相反，发达资本主义国家的执政党，在战后进行了一系列旨在缓和社会矛盾和推动生产力发展的改革，以信息技术、空间技术为主要内容的新科技革命，不仅带动了社会生产力的发展，而且改变了原来的执政方式，拓展了发达国家执政党的执政空间。科学使用执政成本，善于进行执政成本的转化，是战后发达资本主义国家避免严重执政危机的重要原因。为此，中国共产党要吸取其他执政党的经验教训，要充分重视和科学利用执政成本的投入和转化。

（一）执政成本的各要素是相互联系和相互转化的

执政成本的各个要素不是孤立的，而是紧密联系在一起、相互影响、相互制约、相互转换的。执政的经济成本过高，往往是经济、政治体制不合理、不完善的表现。经济成本过高，政治成本、意识形态成本往往也会比较高。因为经济成本过高，意味着政府机构膨胀、效率降低，不仅导致资源浪费、特权滋生，而且使国家财政收入过多用于政府开支，用于社会发展和公共事业的费用减少，影响公众享受社会福利，致使公众对执政党不满，从而增加执政的政治成本。而钱权交易、贪污受贿的腐败现象，更是因为经济成本过高使公众对执政党的信心动摇，加大了执政政治成本的投入。政治成本的过多投入，也会使执政党倡导的主流意识形态受到公众的质疑，有的甚至会转而接受非主流意识形态，从而使执政的文化成本提高。反之，政治成本的提高也可能会导致执政的经济资源减少、文化成本提高。因为政治成本的提高，意味着公众对执政党信心不足，支持下降。这种情况可能会影响社会稳定，影响投资者的信心，使政策推行困难，经济发展受阻。经济发展迟缓必定引起公众对执政党的意识形态认同下降，这就需要执政党付出较高的文化成本来巩固其在意识形态领域的主导地位。所以，执政的经济成本与执政的政治成本、文化成本是不可分割地联系在一起并可以相互转化的，我们不能以过去只算政治账、不算经济账的思维方式对待新形势下的执政，也不能在执政过程中不计政治成本与文化成本。

正因为执政的经济成本、政治成本、文化成本可以相互转化，所以在实际执政过程中很难区分这几种成本。比如因腐败而引起的执政成本的提高，就同时提高了经济成本、政治成本和文化成本，可以称之为综合成本的提高。腐败浪费了一个国家拥有的最重要的资源，即政府的合法性，这是一项惨重的成本。美国一些政治学家指出：政治腐败造成的经济代价尽管很高，但它的社会影响则更严重。最重要的是，公职人员的违法行为在人们中间养成了一种不健康的犬儒主义，同时往往侵蚀着政治制度的威信。应该看到，在改革开放中，我国也出现了腐败现象，造成经济损失，影响党的威信，阻碍文化建设。但是中国共产党的执政仍然稳固，原因就在于党发展了政治资源与文化资源，通过改革开放和开辟中国特色社会主义道路，促进经济持续快速发展。经济的巨大成就，又转化为政治资源与文化资源，从而保证了党执政地位的稳定。

（二）执政成本的综合投入是我国社会和谐发展的保证

执政党的执政成本投入是一个综合、动态的过程，社会的和谐发展依赖于各种执政资源的综合利用。科学执政的重要条件和充分体现是执政成本的综合投入与协调。所谓执政成本的综合投入，不是单纯经济成本、政治成本、文化成本的投入，它涉及多种执政资源的利用和配置，既有量的大小、多少的耗费问题，也有各种资源结构的安排和布局问题，即各种执政成本之间的协调问题。由于在一定时期内，执政党可以支配的执政资源是有限的，而社会发展的矛盾和人民群众的需要是多样的，要满足人们多方面的需要，协调社会多方面的矛盾，实现经济、政治、文化，以及个人与社会、社会与自然的协调发展，都需要执政党统筹规划、科学安排、综合投入，合理利用各种资源，科学使用执政成本，协调、组织好各种投入及其比例。党中央提出要以科学发展观为指导，实现我国社会全面、协调、可持续发展，体现了共产党执政的性质和宗旨，决定了执政成本投入的方向和执政资源分配的结构。只有通过科学使用和分配执政成本，才能引导社会全面、和谐、可持续发展。相反，如前所述，任何在执政成本上投入的不足、过度和失衡，都会导致社会发展失衡与失控。

（三）掌握执政成本与执政效益转化的条件和经验

执政成本与执政效益的转化和执政成本各要素的相互转化都是有一定条件的，并不是随意进行的。如有些国家或地区的执政当局把经济搞上去了，执政的地位却丢掉了，原因就是执政的政治资源丧失太多，文化资源积淀不够，或者说执政者只注重经济发展，而忽视了政治、文化的投入和建设。为此，执政党既要拥有可支配的财力、物力和人力资源，这是实现执政成本与执政效益转化的物质基础；又要高度重视和发展政治资源，包括权力资源、组织资源等，这是实现执政成本与执政效益转化的根本保证；还要掌握和丰富文化资源，包括科学文化与意识形态等，这是实现执政成本与执政效益转化的基本条件。

我们党在执政过程中，在实现执政成本与执政效益转化方面，积累了丰富的经验，探索了在新形势下的执政规律。这些经验归纳起来主要有以下四个方面。

第一，坚持党的思想路线是提高执政效益的核心。坚持解放思想、实事求是、与时俱进的思想路线，是减少思想阻力，降低社会阻抗，解放和发展生产力，释放和开发政治、文化资源的根本途径。改革开放以来，我们党恢复和发展了党的思想路线，并依据思想路线，形成了社会主义初级阶段的基本路线、基本纲领和基本经验，成功地开辟了中国特色社会主义道路，创立了中国特色社会主义理论，经济上持续稳定增长并融入了经济全球化大潮，政治上有效抵御了东欧剧变所产生的巨大冲击并提高了国际地位，文化上坚持社会主义意识形态并发展了中国特色的民族文化。所有这些经济、政治和文化上的巨大成就，说到底，都源于党的思想路线这一核心资源，都是党在执政过程中坚持正确思想路线的结晶。

第二，改革执政体制是提高执政效益的关键。我国自改革开放以来，始终坚持经济体制、政治体制和文化体制的改革。这些体制改革，实际上是执政体制的改革。特别是市场经济体制的形成，不仅改变了我国社会的发展模式，而且改变了党的执政方式。我们党按照党的政治原则和经济体制的要求，坚持以经济建设为中心，坚持发展为第一要务，坚持全面、协调、可持续发展的科学发展观，以制度、纪律规范执政者一心一意搞建设，全心全意谋发展，致使大多数执政者能够以高度的责任感，谨慎、合理地使用执政资源，追求最大执政效益。我国经济持续增长和社会的全面进步，正是改革执政体制、提高执政效益的最好见证。制度或体制，对社会发展、人的发展和党的执政，具有规范、制约的根本性作用。

第三，规范执政成本投入是提高执政效益的保证。规范执政也是依法执政。加强依法执政与监督执政建设，减少执政成本流失与执政摩擦，是提高执政效益和推进经济发展的根本保证。依法执政，其实质就是要规范执政成本的投入，为社会的投入产出作出示范。执政党执政，是倾向于法治还是倾向于人治。其根本区别是，对执政成本的使用是人为还是按照法纪规范，是在执政过程中树立个人权威、发挥个人资源，还是维护法制权威、发挥制度资源。执政党规范执政成本投入，既是建设法治国家的前提，也是提高执政效益的保证。

第四，推行政务公开是提高执政效率的根本条件。政务公开，最重要的是将执政资源的投入、分配公开。如干部的选拔与任用是公开进行还是暗中操作，权力授予与使用是民主方式还是专制行为，经费划拨是公平合理还是亲疏有别，等等，其实质就是投入和分配执政资源上的区别。我们党坚持立党为公、执政为民，就是要面向公众实行民主施政、公平施政，而民主施政、公平施政的前提就是要推行"阳光政务"，实行政务公开。只有实行政务公开，才能真正体现权力和执政资源的公共性，才能真正使执政者与公众融为一体，也才能真正尊重公众的权利与义务，广泛调动公众的积极性与创造性，把执政资源转化为执政效益。

论社会主义和谐文化建设的基础与价值取向

——兼论思想政治教育的文化视野*

胡锦涛同志曾指出："实现社会和谐，建设美好社会，始终是人类孜孜以求的一个社会理想，也是包括中国共产党在内的马克思主义政党不懈追求的一个社会理想。"① 党的十六届四中全会提出了"构建社会主义和谐社会"的命题。和谐文化建设，既是构建社会主义和谐社会的重要组成部分，又是构建社会主义和谐社会的思想基础。我国古代先贤们对和谐文化早有论述，继承和弘扬历史文化遗产，研究我国和谐文化建设，对推进社会主义和谐社会的建设、对加强和改进思想政治教育具有重要而深远的意义。

一、和谐文化建设的现实基础与客观需要

文化系统作为社会系统的子系统，其组成要素是多元的。我国社会当前的客观现实需要实现多元文化和谐并存，相互借鉴、共同发展，为构建和谐社会提供良好的舆论支持和思想基础。

（一）多元文化在我国社会的长期存在

随着经济全球化的推进和信息社会的发展，虽然不同形态文化之间的交流、融合越来越广泛和深刻，但这绝不意味着全球文化的一元化。正如联合国教科文组织发表的《世界文化多样性宣言》所说："人类的共同遗产文化在不同的时代和不同的地方具有各种不同的表达形式。这种多样性的具体表现是构成人类的各群体和各社会的特性所具有的独特性和多样化。"②

多元文化的存在一是源于人类生活实践的本土性，即不同地域的人由于自然环境、社会组织、生活方式、行为方式等的不同，形成了不同的文化；

---

* 原文载《学校党建与思想教育》2007年第5期，作者郑永廷、聂立清，收录时有修改。

① 胡锦涛：《在省部级主要领导干部构建社会主义和谐社会专题研讨班上的讲话》，载《人民日报》2005年6月27日，第1版。

② 联合国教科文组织：《世界文化多样性宣言》，http://www.chinesefolklore.org.cn，刊载日期：2006年7月8日。

二是源于不同的族群特征，即不同的社群、民族、阶级，都有自身特殊的文化，民族、阶级的多样化造就了文化的多元化；三是源于文化的历史性，即文化作为一种意识形式，具有相对独立性，在反作用于经济基础和影响人们价值观念的过程中逐步形成特色并不断丰富。这样，在一个具体的社会中，往往存在着三种不同的意识形态：反映这个社会占统治地位的经济政治制度并为其服务的意识形态；反映已被消灭和正在消灭的旧经济政治制度的残余形式的意识形态；为新社会的诞生作舆论宣传，反映现存社会里孕育成长着的新社会因素的新意识形态。

文化多样性是人们交流思想、革新观念、创作和繁荣文化产品的基本方式。文化多样性对于人类来说，就像生物多样性对于维持生态平衡那样不可缺少。每个民族之所以能够存续至今，保持具有本民族特色的生活方式而不被其他民族同化，就是因为有其独特的文化形态和文化个性。

马克思曾经指出："人们自己创造自己的历史，但是他们并不是随心所欲地创造，并不是在他们自己选定的条件下创造，而是在直接碰到的、既定的、从过去承继下来的条件下创造。"① 在我国，多元文化的长期存在是必然的。我国现阶段的多元文化主要表现在：除了反映社会主义政治经济制度并为之服务的社会主义主导文化外，还存在我国传承的古代文化、宗教文化以及不断兴起且丰富多彩的大众文化（如休闲文化、消费文化、娱乐文化等），也存在不断传入我国的西方文化。因此，多元文化对社会和每个人影响的长期存在，是不可避免的客观现实。

（二）多元文化共处的冲突与和谐状态

"任何一种文化，只有它能够与其他文化相区别时才能被辨识，也才能有现实的存在。"② 在多元文化社会里，不同个性文化并存共处，既有矛盾、冲突的一面，也有和谐共生的一面。矛盾双方既对立又统一，这是事物存在和发展的一个基本规律。文化的冲突即文明的冲突。文明表明各个民族、各个国家文化发展所达到的不同程度和水平，体现各个民族、各个国家的发展特点和方式。因为文化是一个社会或社会群体所共同具有的价值观、信仰和意义体系，所以文化冲突的实质是价值冲突。

文化冲突一般表现为物质文化与精神文化的冲突、主流文化与非主流文

---

① 《马克思恩格斯选集》第 1 卷，人民出版社 1995 年版。
② 单世联：《论全球化时代的文化多样性》，载《天津社会科学》2005 年第 2 期。

化的冲突、现代文化与传统文化的冲突、先进文化与落后文化的冲突，以及本土文化与外来文化的冲突等。当代社会，物质文化随着科学技术的进步和生产力的发展，正在发生着日新月异的变化，但是，相对稳定的精神文化却并没有实现相应的发展。于是，反映落后行为方式的价值观在社会生活中显得不和谐。"社会的一些领域或一些地方道德失范，是非、善恶、美丑界限混淆，拜金主义、享乐主义、极端个人主义有所滋长，见利忘义、损公肥私行为时有发生，不讲信用、欺骗欺诈成为社会公害，以权谋私、腐化堕落现象严重存在。"① 改革开放后，我国社会处于快速转型期，一些封建文化沉渣泛起，宗教文化扩展迅速，西方文化大量传入，休闲、消费、娱乐等大众文化方兴未艾。作为主流的社会主义文化，面对这样一个多元文化迅速发展的格局，如何坚持社会主义文化一元主导与多元文化并存的局面，回应文化"西化论"的挑战，避免文化的冲突与损耗，形成文化的和谐与繁荣，这是我国文化建设，也是思想政治教育所面临的重大课题。

美国学者亨廷顿曾出版专著《文明的冲突与世界程序的重建》，把世界文明划分为七大文明体系，认为"在这个新世界里，最普遍的、重要的和危险的冲突……是属于不同文化实体的人民之间的冲突"② 尽管亨廷顿承认世界的多元文化格局，也主张进行"文明的对话"③，但他从总体上论证了文化冲突不可避免，只看到了文化冲突的一面。这种论证很显然是为美国的文化输出与文化帝国主义政策做辩护的。

文化和谐与文化冲突相对应，是多元文化并存共生的状态，是民族、国家以和谐为基本价值取向，倡导多元文化相互交流、对话、借鉴，百花齐放、百家争鸣、共同发展。《世界文化多样性宣言》明确指出，"各种形式的文化遗产都应当作为人类的经历和期望的见证得到保护、开发利用和代代相传，以支持各种创作和建立各种文化之间的真正对话"，"从文化多样性到文化多元化在日益走向多样化的当今社会中，必须确保属于多元的、不同的和发展的文化特性的个人和群体的和睦关系和共处"④。

---

① 《公民道德建设实施纲要》序言，学习出版社 2001 年版。
② 《公民道德建设实施纲要》序言，学习出版社 2001 年版。
③ 《公民道德建设实施纲要》序言，学习出版社 2001 年版。
④ 联合国教科文组织：《世界文化多样性宣言》，http://www.chinesefolklore.org.cn，刊载日期：2006 年 7 月 8 日。

（三）和谐文化建设的客观需要

和谐文化是我国社会发展的客观需要。首先，和谐文化是构建社会主义和谐社会的重要内容。任何一个社会系统都是由经济、政治、文化三个子系统构成的。以胡锦涛同志为总书记的党中央深刻总结我国社会主义现代化建设的基本经验，并结合新形势提出了科学发展观、构建社会主义和谐社会的方略与目标，明确了中国特色社会主义经济建设、政治建设、文化建设、社会建设"四位一体"的总体格局，和谐文化建设丰富了构建社会主义和谐社会的内容。其次，和谐文化是构建社会主义和谐社会的思想基础。文化，特别是精神文化，作为人的价值观和信仰体系，是一个民族的灵魂，是维系民族团结和国家统一的精神纽带。随着我国社会主义市场经济的不断发展，城乡不平衡、地区不平衡、经济社会发展不平衡的矛盾更加突出；阶级、阶层不断分化，新的社会阶层出现，社会整合难度加大；人们的主体性、选择性、差异性明显增强；社会利益关系、价值取向、理想信念更加多样化、复杂化。面对这些新问题，既需要从经济格局、方针政策上进行规划与协调，也需要在思想上谋求共识，在文化上寻求和谐，以开放视野、和谐思维认识对待社会、事物、价值、信仰的多样性，以和谐方式相互沟通、形成共识、凝聚人心。最后，和谐文化建设为和谐社会发展提供精神动力。我们所要建设的和谐文化是社会主义先进文化；是民族的、科学的、大众的文化；是以社会和人的全面发展为目的，以协调、和谐为特征，既坚持社会主义的方向，又体现多样化发展特色的文化。用这样的文化引领社会、教育人民，有利于中国特色社会主义共同理想的形成，有利于增强社会发展动力。

二、和谐文化建设的文化基础与历史传承

和谐文化是我国的文化传统。早在我国古代的《诗经》中，就提出了"民亦劳止，汔可小康"的思想，即人民劳累困苦，希望过康乐和谐的生活。在《中庸》篇中，提出的"致中和，天地位焉，万物育焉"思想，把天、地、人看成一个统一、平衡、和谐的整体，主张天人合一，强调人应该认识自然、尊重自然、顺应自然、保护自然，反对破坏自然。在成书于西汉的《礼记·礼运》篇中，系统阐述了作为大同社会初级阶段的小康社会的和谐状况，提出以"仁"待人、待物和"四海之内皆兄弟"的和谐主张。孟子提出了"仁民""爱物""上下与天地同流"思想。老子提出了"人法

地，地法天，天法道，道法自然"命题。庄子强调"天地与我共生，而万物与我为一"的观念。这些都表达了人与自然和谐相处的"天人合一"思想。

在人与人、人与社会的关系上，古代先贤提出了仁、义、礼、智、信、宽、敏、惠、中、恕的相处准则，以建立和谐的人际关系和天下大同的社会。《论语》中强调"礼之用，和为贵"。《老子》中认为"君子和而不同，小人同而不和""知和为常，知常曰明"。《管子》中论说："畜之以道，则民和；养之以德，则民合。和合故能习，习故能谐。"《礼记·礼运》中描绘："大道之行也，天下为公，选贤与能，讲信修睦。故人不独亲其亲，不独子其子，使老有所终，壮有所用，幼有所长，鳏、寡、孤、独、废、疾者皆有所养。"墨子主张"兼相爱""爱无差等"。孟子提出："天时不如地利，地利不如人和。"古代这些丰富的和谐思想，在近代得到了充实与发展，洪秀全要建立"务使天下共享"，"有田同耕，有饭同吃，有衣同穿，有钱同使，无处不均匀，无人不饱暖"的社会；康有为在《大同书》中提出要建立"人人相亲，人人平等，天下为公"的社会；孙中山领导的资产阶级革命，打的也是天下为公的旗帜。

在人自身的身心关系上，我国古代一向主张身心和谐并保持平和、恬淡的心态，以开阔、豁达的心胸去对待一切人和事物。孔子说："富与贵，人之所欲也"，但"欲而不贪"，"君子有三戒：少之时，血气未定，戒之在色；及其壮也，血气方刚，戒之在斗；及其老也，血气已衰，戒之在得"。老子主张："见素抱朴，少私寡欲。"庄子认为："平易恬淡则忧患不能入，邪气不能袭，故而德全而神不亏。"《礼记》还概括了保持身心与家、国和谐的公式："格物、致知、诚意、正心、修身、齐家、治国、平天下。"

这些和谐思想，在我国历史发展过程中不断丰富，铸塑了我国注重世俗伦理与整体价值观的文化特色，形成了我国注重德教与修养和追求社会理想的传统。中国共产党人在新的历史条件下，坚持马克思主义与中国实际相结合，其中包括从中国的文化国情出发，有效地实现了整体主义价值观向集体主义价值观的转化，实现了民本思想向人民主体思想的超越，实现了人的等级秩序向人的平等地位的变革，确立了建设社会主义社会的理想。特别是全面建设小康社会目标的确定，科学发展观和建设社会主义和谐社会理论的提出，使我国传统和谐思想在当代社会条件下实现了充分的现代转化，使我国的文化特色更加鲜明，使中华民族几千年为之奋斗的小康社会、和谐社会、大同世界的社会理想在新的历史时期更加富有感召力和凝聚力。这些既继承优秀文化传统，又体现文化创新的理论成果，不仅对和谐共处与和平发展产生了重大而深远影响，而且为我国各个领域的思想政治教育、和谐社会建设和中华民族社会理想的实现，奠定了深厚的思想基础。

三、和谐文化建设的基本原则与价值取向

和谐文化建设，是一项既基于文化存在与现实需要，又坚持文化主导与发展创新的建设。

（一）坚持先进文化的前进方向

江泽民指出："在当代中国，发展先进文化，就是要发展面向现代化、面向世界、面向未来的，民族的科学的大众的社会主义文化。"① 我国要建设的和谐文化只能是先进文化。和谐文化建设只有坚持先进文化的前进方向，才能不断反映和推进我国经济、政治的发展；才能在世界范围的各种文化比较中，显示出强大的生命力与竞争力；才能不断满足人们日益增长的文化需要。

和谐文化建设面向现代化，就是既继承传统，又超越传统，符合现代化的潮流和要求，站在整个社会主义现代化建设事业的全局的高度，把为社会主义现代化建设服务作为出发点；和谐文化建设面向世界，就是要打破文化建设闭关自守的狭隘性和封闭性，坚持开放性，在经济全球化、文化多元化的时代背景下，积极开展与世界各国的文化交流与合作，吸收、借鉴、利用各国文化的优秀成果，在差异中求和谐，在比较中谋发展，并为世界文化的进步发展作贡献；和谐文化建设面向未来，就是要有前瞻性，积极发挥文化在和谐社会构建中的引导、教育功能，培养和造就一代又一代适应未来社会发展趋势的、面向世界的人才。

和谐文化建设坚持民族文化的前进方向，就是在追求文化和谐、面向世界的时候，不照搬、不盲目崇拜其他民族的文化，继承和发扬中华民族的优秀文化传统，保持民族文化的特色和个性，并不断创新，建设有中国特色的社会主义文化；和谐文化建设坚持科学的前进方向，就是要反映我国经济、政治、社会的发展规律，体现时代精神，代表先进生产力的发展要求，遵循

---

① 江泽民：《全面建设小康社会，开创中国特色社会主义事业新局面》，见《保持共产党员先进性教育读本》，党建读物出版社 2005 年版。

文化发展的客观趋势；和谐文化建设坚持大众的前进方向，就是要始终代表最广大人民群众的根本利益，为广大人民群众服务，充分发挥人民群众在和谐文化建设中的主体作用和聪明才智，不断提高人们的思想道德素质和文化修养。

在市场经济与对外开放的条件下，一些人忽视甚至轻视先进文化的学习，在社会生活中出现了与我国社会发展不相协调的文化倾向。如有人过度宣扬文化的商业化，在市场经济大潮中迷失了社会主义的理想、信念；有人认为在开放与全球化条件下，文化不再具有意识形态属性和社会功能，主张文化"非意识形态化"；有人热衷于宣扬封建帝王和宗法社会的"美妙"与"和谐"，粉饰落后的封建文化；有人崇尚西方资本主义文化，把美国的价值观念和文化模式奉为经典；有人散布迷信、愚昧、颓废、庸俗等落后文化、殖民文化、色情文化，污染社会环境，腐蚀人的灵魂，侵蚀民族精神。这些倾向，不仅背离了先进文化的前进方向，而且阻碍了社会的和谐发展，成为文化建设与思想政治教育的难题。对此，我们必须把握文化建设与思想政治教育的正确方向，坚持马克思主义的指导，引导人们从落后的文化影响中超脱出来，跟上现代文明的步伐。

（二）坚持一元主导与多样发展的建设原则

我们所建设的和谐文化是社会主义和谐文化，必须坚持和保证以社会主义文化为主导。

在我国春秋战国时期，伴随着社会的巨大变化，产生了一大批思想家、政治家、军事家、科学家，史称"诸子百家"，形成了众多流派，为我国留下了丰富的文化遗产，对我国社会发展产生了深远影响。后来，逐渐发展为儒家文化一元主导，道家、法家、佛教等文化多元并存的博大文化格局。这种一元文化主导、多元文化并存发展的模式，既是我国，也是一切民族、国家文化存在与发展的基本状态。

我国经历了社会的快速转变，即从计划经济体制向市场经济体制，从农业社会向工业社会、信息社会，从封闭社会向开放社会，从集权社会向民主社会，从相对单一社会向多样化社会的转变。社会的转变使我国的经济成分、组织方式、就业方式、利益关系和分配方式日益多样化。特别是经济形式从单一公有制发展为以公有制为主体，个体所有制、股份制、混合所有制、外资经济、民营经济、农户经济等多种所有制并存，必然要求政治民主化、观念多元化、管理法制化、文化多样化。但是，社会主义是我国的基本社会制度，以公有制和按劳分配为主导是我国的基本经济制度，它决定了我国文化建设和意识形态领域，必须坚持以为人民服务为核心、以集体主义为原则的价值取向。所谓一元主导，就是在经济领域坚持公有制和按劳分配为主导，在政治领域坚持四项基本原则和改革开放为主导，在文化领域坚持以为人民服务为核心、以集体主义为原则的价值主导，在社会领域坚持以全面、协调、和谐发展为主导。各个方面的主导是内在地、不可分割地联系在一起的，总和起来就是坚持马克思主义指导、社会主义意识形态或中国特色社会主义文化主导。坚持一元主导，是我国文化安全、文化建设的根本保证，是思想政治教育的根本任务。

在文化建设和思想政治教育过程中，除了坚持社会主义文化主导之外，还要进行多元文化的协调和促进多样文化的发展。多元文化是指思想、观念、价值取向的不同，多样文化是指文化的层次、样态、方式的区别。多元文化可以对话、沟通、协调，多样文化需要丰富、发展。和谐文化建设就是要使多元协调、多而不乱、并行不悖，如与宗教信仰者进行对话，与不同政见者沟通，共同维护我国社会稳定、共同发展的大局。我们党始终坚持的"百花齐放、百家争鸣"的方针，提出的和谐社会建设的思想，就是鼓励和而不同、多样发展的。人为地一概排斥、反对"多样"就会使"一元"丧失主导对象而陷于孤立。"文化大革命"所犯的文化萧条与虚无的错误，正是违背了一元主导与多样发展的文化建设原则。

一元文化主导与多样文化发展是辩证统一的。一元文化主导要以多样文化发展为基础，多样文化发展要以一元文化主导为导向。离开多样文化发展，一元文化主导就会空洞、抽象，发生文化虚无主义错误；离开一元文化主导，多样文化发展就没有主心骨，必定偏离社会主义文化方向而陷于文化混乱、冲突。只有坚持一元主导与多样发展的建设原则，才能建设和谐文化。

（三）充分发挥多样文化的积极作用

在我国，文化的多样性从性质上看，有社会主义文化、资本主义文化、封建主义文化；从范围上看，有本土文化、外来文化；从时间上看，有古代文化、近现代文化与当代文化；从文化形式上看，有哲学文化、政治文化、道德文化、宗教文化、艺术文化等。充分发挥多样文化的积极作用，一是要正视我国的文化现实，承认这些文化的存在，形成文化多样化的观念，这是发挥多样文化积极作用的前提。二是尽可能借鉴、吸收异质文化，如资本主义文化、封建主义文化的有益成果，丰富、发展社会主义文化。三是充分正面发挥一些文化的特殊功能，如宗教文化有崇尚道德、净化心灵的功能，休闲文化具有缓解压力、调整身心的功能等。四是要协调我国主流文化、精英文化、大众文化的关系并充分发挥其作用。我国主流文化是社会主义文化，是表达国家意识形态的文化，对整个文化系统的发展具有定向、规范、控制和引导的作用。精英文化是我国人文知识分子创造、传播和分享的文化，是社会文化理想、价值观念和人文精神的重要载体，在社会文化教育事业中具有教化功能，担负着文明、弘扬社会正义、确立人生信念、引领大众文化的责任。大众文化是由人民群众创造并在人民群众中传播的文化，反映人民群众的利益和呼声，为人民群众所喜闻乐见的文化。大众文化贴近实际、贴近生活、贴近群众，是对社会现实和日常生活经验的直接表达和描述，具有为大众提供文化消费、休闲娱乐、情感宣泄、精神安慰等功能，能够满足大众的多种精神需求。由于视野上的宽容性、运作上的灵活性和巨大的受众性，特别是随着大众传媒技术的日益迅捷，大众文化联系社会和个体的纽带作用不断增强，以至于主流文化、精英文化也要借助于大众文化而得以传播和发挥作用。"正是大众文化所形成的巨大文化市场，为主流文化、精英文化实现其社会价值找到了基本的切入点。从某种程度上来说，大众文化吸引了越来越多的人投身文化市场，提高了文化生产能力，提高了文化生产手段的效能和文化产品的数量与水平，从而高雅艺术进入寻常百姓家，精英文化也有了越来越多的市场和受众。"[1] 主流文化、精英文化引导、规范大众文化，又通过大众文化得以传播，三者相互促进、和谐发展。

---

[1] 宗立华：《大众文化的本质、作用与建设策略》，载《学术交流》2005 年第 6 期。

论制度创新与人的全面发展 *

如果说人的观念更新是人的全面发展的灵魂，人的能力提高是人的全面发展的核心的话，制度创新则是人的全面发展的保证。人的观念更新和能力提高，只有在现代制度条件下和制度创新过程中才能真正实现。在不同制度条件下，人的发展状况是不同的。

一、马克思主义关于制度与人的发展论述

马克思主义关于制度与人的发展关系，是从人的活动、人的关系入手展开的。在理论和实践上，既为制度的制定、变革提供了依据，也为促进人的发展明确了路径。

（一）马克思主义关于生产力与生产关系的辩证原理，为研究制度与人的发展提供了理论指导

马克思主义认为，生产活动是人的第一个历史活动，也是人从事其他活动的基础。马克思认为，"主体的一定存在以作为生产条件的共同体本身为前提的所有一切形式（它们或多或少是自然形成的，但同时也都是历史过程的结果），必然地只和有限的而且原则上有限的生产力的发展相适应。生产力的发展使这些形式解体，而他们的解体本身又是人类生产力的某种发展"①。在这里，马克思不仅强调了生产力、科学技术对生产关系或制度的决定作用，而且肯定了生产关系或制度对生产力、科学技术的反作用。随着生产力和科学技术的发展，生产关系必须变革，而生产关系的变革实际上就是制度创新。

马克思主义所创立的生产力与生产关系的原理，从以下方面为制度与人的发展关系提供了理论指导：其一，不管是制定、改变制度，还是促进人的发展，都必须以一定生产力水平和人们的生产活动为基础；其二，制定、创

＊　原载于《社会主义研究》2007 年第 5 期，作者郑永廷、许文贤，收录时有修改。
① 《马克思恩格斯全集》第 46 卷，人民出版社 1972 年版，第 497 页。

新人的发展制度，必须以一定生产关系为依据，不同的生产关系对人的发展作用不同并决定不同的选人、用人制度；其三，生产力与生产关系在互动中是不断发展变化的，制度作为生产关系的体现，作为人的发展规范，也处在不断发展变化中，制度的改变与创新既是人的发展需要，也是人的发展保证。

（二）马克思主义的社会交往理论，为研究制度与人的发展提供了方法论指导

马克思认为，交往是传承文明的重要机制，交往是个人社会化和民族历史走向世界历史的重要条件，交往是生产的前提并为生产提供动力，交往使个人获得现实存在和发展的条件。①

马克思主义的交往理论，从如下两个方面为制度与人的发展提供了方法论指导：其一，为制度改革、创新与人的发展指明了根本途径。"人的本质并不是单个人所固有的抽象物。在其现实性上，它是一切社会关系的总和。"②这一论述告诉我们，人的本质由现实的社会关系所决定，并随着社会关系的变化、发展而变化、发展。人的社会关系，受国家的政治制度、经济制度、文化制度所制约，受民族传统习惯和国外因素的影响，这些综合因素所形成的复杂关系，决定着人的本质。而一定制度，正是以规范社会关系的方式保证和推进人发展的。其二，为制度改革、创新和人的发展提供了指导原则。在马克思看来，人们在社会生产中形成的各种关系实际上是利益关系。当生产关系进行调整和变革时，必然调整和改变人们的利益关系。利益驱动，既是制度变革的直接动因，也是人的发展变化的内在动因。运用利益杠杆，使人们的获益与受损通过制度规范和制度变革加以保证，才会在制度变革与人的发展上实行良性互动，即制度变革推动人的发展，人的发展带动制度创新。

二、我国社会发展对人全面发展的制度创新要求

（一）市场经济体制的建立，既增强了人的自主性与竞争性，也加强了人的规范性与自律性

在市场经济体制下，我国社会组织出现多样化发展趋向，个体自主权越来越大，个体在多种群体身份中的选择越来越多变，个体的独立性增强。这

---

① 《马克思恩格斯选集》第 1 卷，人民出版社 1972 年版，第 344 页。
② 《马克思恩格斯选集》第 1 卷，人民出版社 1972 年版，第 18 页。

种独立与自主既是市场体制所赋予每个人的权利，也是每个人在市场竞争中发展自身的根本条件。它使个体摆脱了过去计划体制下的依赖性与顺从性，使人的发展产生了历史性飞跃。

但是，我们也要清醒看到，一个刚从高度统一、依赖的计划体制下走出来的人群，如果没有新的制度加以规范，一些人要么会仍然停留在过去状态而不知所措，要么会出现像布朗粒子一样的无规则行为，这两种情况在我国体制转折过程中都不同程度出现过。前者表现为"滞后性"，即自身发展跟不上体制转型的变革；后者表现为"失范性"，即自身发展突破了市场体制的规则，思想与行为呈现出无序乃至破坏状态而对社会、他人的发展造成阻滞。因此，创立适应市场体制的一系列制度，既是促进人的全面发展的根本保证，也是推进市场体制不断发展的根本途径。

（二）我国教育的普及与发展，以及科学技术的迅速发展和广泛使用，提出了个体规范化的新要求

在现代社会条件下，教育是全面提高人的素质的主要途径。我国教育的快速发展为人的全面发展创造了前所未有的条件。要建立适应市场经济体制的教育制度，既需对原有制度进行改革，也需要根据新的客观需要，进行教育目标、体制、政策、内容等一系列问题上的制度创新，把人的全面发展、潜能开发，置于新的制度框架之内。

同时，现代科学技术的发展和广泛应用，特别是社会信息化程度的不断提高，增强了人们的专业性、探索性与选择性，这些都是人获得发展的标志。人的信息行为、科技行为既需要个人的价值规范，也需要社会规范。否则，具有双刃剑作用的信息与科技既会使人的发展产生畸变，也会使社会倒退。所以，随着科技的不断发展而不断更新规范，是保证人的全面发展所必须。

（三）我国社会主义民主与法制建设的发展，既加大了人的发展权利，也强化了人的发展规范

社会主义民主的发展，体现在人身上就是自主权扩大、自由性增大。正确使用自主权，发展自由性，意味着人的活动范围的扩大，社会关系的丰富以及自主性、能动性的充分发挥。我国从高度集中的计划体制走过来的时间不长，社会主义民主发展尚不充分。因此，使社会民主制度化、规范化，则是引导人们正确使用民主权利，推进自主、自由发展的保证。同时，随着人

们自主权和自由性的加大，一些人无限度地、错误地使用自主权和扩大自由性的行为在所难免。为了在新的历史条件下规范无限度使用和错误使用自主权，必须建设和创新合理使用自主权、正确扩大自由性的制度。社会主义法制体系正是在各个层面上，对人们使用民主权利，有效发挥自身作用和全面发展自己的规范体系。我国在民主与法制建设过程中，在人的发展进程中，往往同时存在两种极端的相辅相成现象：一是一些人的无政府主义、"大民主"行为与一些领导者的家长制行为相冲突；二是一些人的依赖、顺从行为与一些领导者的为所欲为行为相适应。这两种极端常常交替在我国社会生活中出现，表明我国民主与法制的制度化水平需要提高。

综上所述，我国经济、政治、文化的迅速发展，都向人的发展和社会发展提出了制度创新要求。只有制度创新，才能有效消解旧的传统制度的强大惯性对人的发展阻抗，才能保证和促进人成为既具有主体性又是制度化的个体。

三、建设促进人的全面发展的制度体系

所谓制度体系，是若干相互联系和作用的具体制度所构成的具有特定功能和目的的有机制度系统。由于人的发展的复杂性与多样性，需要制定各种制度形成合力推进人的全面发展。系统探索人的发展制度的组成、结构、功能是制度建设与创新的重要任务。

（一）人的全面发展制度体系的特点

人的发展制度除具备一般制度的特征之外，与其他制度相比较，具有自身特点。

一是制度的人文性。人的发展制度，既不同于经济发展制度，更不同于物的管理制度，它是为了协调人们在发展过程中的相互关系的社会性活动，是为了减少人们在发展过程中的摩擦、冲突而实行的集体对个体的行为规范，它主要是面向人、为了人的制度。因而，首先，人的发展制度要体现尊重人、关心人、爱护人的精神，这既是人发展的前提，也是制定、执行和创新制度的基础。对人的鄙弃、冷漠、排斥，不可能为人的发展提供有利条件。其次，人的发展，不仅表现为生理素质和科学文化素质的提高，更表现为积极性、主动性、创造性的增强。因而，人的发展制度，既要规范人的职业行为，也要规范人的政治、道德行为，既要促进人的能力提高，也要激发

人的内在动力。最后，人的发展，不仅体现作为手段的人，以其能力增强为社会创造物质和精神财富作贡献，而且作为目的的人，以其更高的生活质量与生命质量的追求为社会文明作贡献。因此，人的发展制度，无论从发展的前提、发展的进程还是从发展的结果看，都需要坚持以人为本，这是人的发展制度与其他发展制度相区别的特点。

二是制度的稀缺性。作为规范人们行为的制度安排不可能完全满足每个人的要求，也不可能针对人的每一种行为制定相应的制度加以规范。特别是在人群中所涌现出来的天才、奇才、怪才等特殊人才，他们的行为往往与众不同，甚至可能要突破某些制度规范，给予特殊的行为认可，这就更加显示了制度的稀缺性。所以，人的发展制度，作为人们遵循发展规范和相互行为的知识载体，担负着传递行为信息的职能，相对于每个人对信息的需要而言，特别是对富有特色、特长的人对信息的需要而言，制度所能传递的和所能满足人们发展需要的信息总是不足的，从而使人的发展制度的稀缺性特征更突出。人的发展制度的稀缺性，归根结底是由人才，特别是高级专门人才资源的稀缺性决定的。

同时，人的发展制度体系也是一种资源，是一种"产品"。它的形成、完善、实施和创新是一种极其复杂的活动，需要耗费大量资源。一方面，它不是个人的设计，而是集体乃至多个学科研究、实践的产物；另一方面，制度体系的创新更是一种具有艰巨性和风险性的探索活动，既需要对原有制度进行改革，也需要对新制度进行试验、修改和帮助人们不断适应，还可能遇到创新制度过程中的不确定因素乃至曲折、失败的风险而无法弥补。所有这些，都比经济制度、管理制度创新更复杂、更困难。

三是制度的全面性。制度的全面性，是由人的本质的全面性和人的全面发展目标所决定的。首先，人有物质性、社会性、精神性本质和需要，人要与社会的经济、政治、文化发生这样或那样的复杂关系，人是在主观与客观、个体与环境的互动中发展的。为此，改革、创新人的发展制度，必须从人的全面性本质出发，满足人的全面需要，规范人在发展过程中的物质活动、社会活动、文化活动行为，这是人的发展制度与物的管理制度的区别。其次，人在社会生活中，其发展既是目的，也是手段。人追求自身生活质量、生命质量的提高，既是个人的根本目的，也是社会的根本目标。人的发展制度既要规范人作为目的的行为，也要规范人作为手段的行为，体现目的与手段的统一。而经济制度、管理制度、法律制度等，往往以经济发展、社会稳定为主要目的，侧重以人的发展为手段。人的发展制度则以满足人的需要、发展为主要目的。最后，人的全面发展是社会主义制度本质的体现，是我国社会的根本目标。人的发展制度必须与我国社会主义的政治制度、经济制度相一致，必须体现始终代表最广大人民的根本利益，体现以人为本，坚持全面、协调和可持续发展的科学发展观，促进人的思想和精神生活的全面发展，以及人与社会、自然的协调发展。这是我国人的发展制度与资本主义社会人的发展制度的区别。

（二）人的全面发展制度体系建构

人的发展制度体系，是一个由各种具体制度构成的有机整体，形成规范人的发展的特定制度结构，发挥促进人的发展的特定功能。人的发展制度体系作为以人的发展为中心的系统，外接社会的经济、政治、文化制度，内连人的发展的各种行为，前承过去传统制度，后启未来制度创新趋向，是一个社会性与个体性、历史性与未来性的统一体。依照这一思路，我们可以从三个层面来建构人的发展制度体系：一是以时间为线索的纵向建构体系，包括人的发展制度体系的传统基础、人的发展制度体系的现实框架、人的发展制度体系的创新取向。二是以空间层次为线索的横向建构体系，包括人的发展制度体系的制度原则、人的发展制度体系制度安排、人的发展制度体系的制度保障。三是以管理为线索的工作建构体系。本文不准备研究前两个建构体系，仅对工作建构体系作简要探索。

人的发展，必须建立在一定的客观基础上，这就是任何人都要从事一定的工作，在一定的职业、专业领域才能发展自己。所以，评价人的发展、实现人的发展要以一定的职业和专业工作为基础，在此基础上，才能形成和创新制度。

第一，识人选人制度是前提。对一定职业和专业工作的管理，首先是识人、选人。所谓识人，就是对要求和招聘来从事工作的人，按职业与专业要求进行基本情况的了解与素质测评，以求对每个人的状况与综合素质有一个比较客观正确的认识。所谓选人，就是从要求和招聘来从事工作的众多人中，通过比较，挑选最符合职业与专业工作要求的人员加以聘用。识人要制定一套识人的程序与测评的指标体系，选人要制定一则选人的规则与方式。识人与选人制度，也叫聘用制，是人的发展制度体系的前提与基础。忽视这个前提，或识人不准、选人不当，不仅贻误工作，而且不利于人的发展。为了保证识人、选人得当，聘用制必须体现公开、平等、竞争择优的原则。

第二，学习培训制度是重点。职业和专业工作效率的高低、质量的好坏，关键在于提高员工的思想道德素质和科学文化素质，提高职业和专业工作水平，也就是要实现在工作实践中发展人和在发展人的过程中促进工作的互动。管理工作不能就工作抓工作，要以工作为基础，重点抓人的学习、培训、提高，实现人力资源向社会物质财富与精神财富的转化。因此，员工的学习制度、培训制度、研究制度是人的发展制度体系的重点。在学习型社会条件下，在人才资源已成为最重要资源的竞争环境中，有效的培训制度越来越重要。学习培训制度要以人才资源能力建设为核心，以培养人的学习能力、实践能力、创新能力为重点，促进员工在实践中不断增长知识、提升能力，树立正确的世界观、人生观、价值观，发扬拼搏奉献精神、艰苦创业精神、团结协作精神和诚实守信精神，促进人的全面发展。

第三，激励制度是关键。激励制度是以人们的利益和归属感为基础所建构的制度，包括物质激励与精神激励。物质激励制度是以效率优先、兼顾公平为原则，以按劳分配为主体、多种分配方式并存的分配制度。不同职业或专业工作，要根据市场经济体制要求和职业与专业工作特点探索、创新适应本职业和专业工作的分配制度，以分配为杠杆激发人们的发展动力。精神激励是以增强人们的归属感、集体荣誉感和精神动力为目的的。在市场经济体制下，个体主体性和自由性的增强，使个体与集体之间存在分离、分化现象，但市场体制条件下的激烈竞争，又迫切需要增强个体的精神动力和集体的凝聚力以增强个体的和集体的竞争力，因而精神激励不可缺少。物质激励与精神激励，两者必须有机结合，物质激励要以精神激励为目的，否则人们会陷于具体物质利益而难以提高境界；精神激励要以物质激励为基础，否则就会陷于空谈而没有效果。

奖励制度是激励制度的具体化，是对作出贡献并在发展上起示范作用的人员，给予经济利益和社会荣誉以进行鼓励的制度。该制度以肯定贡献、推广经验、鼓励带头的方式激发人们求发展、作贡献。有奖励制度必须有惩罚制度与之相结合。惩罚制度是对表现落后、玩忽职守、造成损失人员的批评、警告、罚款、处分等，也是从经济利益和社会荣誉两方面所进行的惩处。奖励制度与惩罚制度必须结合，以奖励为主、惩罚为辅，奖励与惩罚都是一种激励。

第四，调配流动制度是机制。工作在一定集体中的人员往往相互之间会发生裙带关系、"近亲繁殖"、相互矛盾的现象，也会出现知识、能力、兴趣、个性与职业和专业工作不相符合的情况，这些都会制约和影响人的发展。因此，进行人员调配、岗位交换、内外流动十分必要。否则，要么形成人的模式化、复制性发展，要么产生相互耗散。人员的调配流动既是开放社会的特征，也是市场体制配置人才的要求。合理配置人才结构、合理配备人员、合理进行人员流动，既是为人才发挥作用创造条件，也是为人的发展提供机遇。

社会保障制度是条件。人除了工作，还要生活；除了发展，还要享乐。随着职业与专业分工的发展，人们的物质、休闲、文化生活都在逐步社会化。这些生活条件往往直接影响着人们的工作和自身发展。因此，创造良好生活条件、规范生活行为、提倡文明健康的生活方式，是促进人发展的重要条件。

论政治观的发展结构[*]

每一种政治观只有在一定的相互关系结构中才能存在、发展和发挥作用。社会政治观的结构不一样，对社会政治生活发挥的作用也不一样。因此，在对政治观进行内容分析的基础上，还要进行结构分析。

分析政治观结构的目的，是为了寻求建立政治观的最佳结构，发挥政治观的最佳社会功能。政治是社会上层建筑的核心，对经济和社会发展起着巨大制约作用。一个国家只有形成合理的政治结构，才能使阶级关系相对协调，政治局面比较稳定，经济建设持续发展。而要形成合理的政治结构，就要寻求建立合理的政治观结构。在现代社会，这种结构应当是一种开放、自调、稳定的结构。只有这样，才能促进政治观在同政治环境及其他政治观之间的相互作用中，达到一种动态平衡，促进国家政治局面的长治久安。

一、什么是政治观的发展结构

划分和把握政治观的结构是社会政治生活发展的客观要求。社会的经济结构决定社会的政治结构，进而决定着社会的政治意识结构的形成和发展。随着社会的发展与进步，社会变得越来越复杂。社会的复杂性导致社会政治格局的不断变动和政治结构的复杂化。复杂的政治结构又会反过来要求建立与之相适应的复杂的政治观结构。所以，政治观结构是经济结构和政治结构发展的结果，是社会现实中客观存在的政治意识现象。我们要依据经济结构来把握社会的政治结构，依据政治结构来寻求社会的政治观结构。这是我们划分和分析政治观结构的客观依据。

由于现代社会政治观结构的复杂性，因而划分和分析政治观结构也有不同的角度和层次，如动态、静态、横向、纵向、宏观、微观结构等。在现实生活中，这些结构是交织在一起的，并只能在运动变化的过程中形成、发展和存在。因此，我们将着重从动态角度来划分和把握政治观的结构。根据这一要求，可以把政治观的动态结构进一步划分为政治观的发展结构、交换结

---

* 原载于《政治观概论》，武汉大学出版社 1991 年版，作者王玄武、郑永廷，收录时有修改。

构、协调结构和冲突结构。

政治观的发展是一个普遍的社会意识现象。它不仅表现为人类社会不同历史发展阶段上政治观的演进，如奴隶社会政治观向封建社会、资本主义社会和社会主义社会政治观的依次发展和更替，而且表现为同一社会内部各种政治观具体形成和发展的过程。无论前者抑或后者，都具有一定的发展结构。这里所要探讨的，是政治观发展的微观结构，它是宏观发展结构的基础。政治观的发展结构指的是政治观从萌芽、形成到发展、完善的过程及方式。任何政治观都不是凭空产生和一成不变的，都要经过从感性到理性、从零散到系统、从初级到高级的发展过程。

一般来说，政治观的发展是从政治心理的萌生开始的。政治心理是政治观的初级形式，它集中表现为一定的政治直觉、政治感受、政治情绪、政治习俗、政治倾向和政治心态，是现实政治生活和利益关系在人们头脑中的直接的、朴素的、原始的反映，带有强烈的感情色彩和自发倾向，但它是政治观发展的起点。如无产阶级政治观就是从工人为维护自己起码的生存条件而自发产生的捣毁机器、怠工、罢工的意识、念头中发展起来的，是从政治自发意识逐渐走向政治自觉意识的。资产阶级政治观的发展也是这样。资产阶级政治观同商品经济的发展有着直接的联系。在从事品生产和交换的过程中，资产阶级受到了封建专制制度的限制和束缚，因而从要求商品交换和贸易自由发展到要求政治自由，从反对封建经济特权发展到反对宗教神权及其所维护的封建政治特权，进而要求实现和维护资产阶级的人权。无论是无产阶级反对资产阶级的自发斗争意识，还是资产阶级反对封建阶级的自发政治要求，都还直接受着眼前经济利益和政治情感的支配，还未形成系统的政治观点和明确的政治目标，尚处于朦胧的政治心理和自发的政治意识度。

当这种政治心理在实践中越来越强化，即越来越普遍和越来越深入地成为社会的政治心理时，人们就可以对这种反复多次、普遍出现的政治直觉、感受、倾向、情感等进行提炼和概括，形成一定的政治观点。这种政治观点是政治心理和自发意识的自觉的升华，是在政治心理的基础上发展起来的，是以政治概念和政治判断形式出现的政治意识。它产生于政治心理，但比政治心理对社会政治生活的反映更广泛、更深入。例如，当资产阶级感受到封建社会政教合一的神杖和特权对商品经济的束缚越来越严重时，对封建特权和宗教神权产生的不满情绪就越来越强烈，进而在此基础上逐渐形成并提出了"人是人，不是神，人人生而平等"，以及人身自由、言论自由、集会自由等政治观点。这些政治观点对资产阶级政治要求的反映更概括、更集中、更明确。无产阶级政治观也是自发政治意识的升华。当工人在为资本家卖命的过程中看到资本家不劳而获，而工人创造了财富却越来越贫困时，就会形成"资本家是寄生虫"和"工人的血汗养活了资本家"的看法。当对这种现象的认识和感受越来越普遍时，工人的认识就上升一步，逐渐形成"工人在受资本家剥削"和"私有制是万恶之源"的观点，进而产生了"剥夺剥夺者"和"消灭私有制"的政治观点。这些政治观点是无产阶级在政治斗争中从自发走向自觉的反映和表现。

这些政治观点提出后，经过一定阶级的政治家、思想家在实践基础上的总结概括、逻辑论证和系统阐述，并根据社会发展规律和认识发展规律不断进行思想加工，由此及彼、由表及里，去粗取精、去伪存真，排除过时的政治理论观念，提出新的政治理论观念，就逐渐丰富和形成了系统的政治理论学说，这是政治观的最高形式。例如，科学社会主义和无产阶级专政的学说就是马克思、恩格斯、列宁等人在对工人阶级的自发政治意识和零散的政治观点进行概括和集中的基础上形成的，它是无产阶级政治观的最高形式。这种最高形式的政治观是许多政治观点和观念的逻辑集合体，它深刻揭示了社会政治活动的本质及其发展规律，全面系统地反映了一定阶级、阶层或集团的政治利益、目标和策略，是一定阶级、阶层或集团的政治行动纲领。

因此，政治观的发展是从政治心理开始，然后升华为政治观点，最后发展成政治理论的。在这个发展过程中，政治心理、政治观点和政治理论是三个基本的发展阶段，这三个基本的发展阶段及其三者之间相互联系、相互作用的方式，就构成了政治观发展的结构。

二、政治观发展的结构方式

在政治观的发展过程中，政治心理、政治观点和政治理论不是孤立存在、互相脱节、直线发展的，而是以互相联系、互相作用、前后相继、循序渐进的方式向前发展的，三者之间体现出一定的发展层次和结构关系。

在这一发展结构中，初级形式的政治心理是高级形式的政治观念和政治理论学说在现实政治生活中形成、发展和存在的基础。每一种政治观的形成都要以一定阶级或群众在社会实践中产生的亲身的政治体验、朴素的阶级感情和丰富的感性材料为前提。离开了一定阶级或群众的亲身的政治体验、朴素的阶级感情和丰富的感性材料，就不可能产生一定的政治观，政治观念和政治理论的形成和发展就成了无源之水、无本之木。同样，脱离了一定阶级或群众的政治心理，一定的政治观念即使产生了，也不可能为群众普遍接受，不可能在社会上发生作用，不可能存在和发展下去。当然，政治心理要成为政治观存在和发展的基础，也要具备一定的条件。这就是，政治心理的感性材料要十分丰富，不能是个别的、零碎的，而是具备一定的普遍性和代表性。同时，政治心理要符合客观实际，具有真实性，不能是虚幻的东西。只有这样，才能对丰富而真实的政治心理感性材料进行概括，形成正确的政治观念和政治理论。如果某种政治心理只是个别人的，不符合客观实际的政治感受，就不可能成为正确的政治观形成和发展的基础。

政治观念和政治理论是初级形式的政治心理发展的结果，它们包含着政治心理，但又不能归结为政治心理，而属于比政治心理更为高级的政治观。政治理论、观念一经形成，必然会反过来制约社会政治心理的发展，影响人们的政治倾向，强化人们的政治情感，深化人们的政治感受，指导人们的政治行为。具体来说，政治理论、观念可以对政治心理的发展起到导向作用，使人们的政治情感、倾向、心理按照一定方向发展和强化，从而形成或达成一定的政治共识。政治理论观念还可以深化人们的政治心理意识，使人们在理解的基础上更深刻地感觉政治现象，提高政治心理产生的自觉性，减少自发性，增强人们的政治情感、倾向和心理的稳定性和持久性，达到和形成稳定、持久的社会政治心理状态。这种稳定的政治心理状态是维护稳定的政治局面的前提，它只有以政治理论、观念作指导才能形成。否则，政治热情，倾向、态度和心理等就是自发的、盲目的、易消退或易变的东西。例如，20世纪 50 年代的大学生受过系统的马克思主义理论教育，他们热爱党、拥护社会主义制度的感情和倾向是以理论为根基、发自内心和思想深处的，因而相当稳定和持久，不易受一时一事的政治波动所影响。而 20 世纪 80 年代的大学生虽然总的来说也是热爱党、拥护社会主义制度的，但他们中一些人的马克思主义理论功底没有 50 年代的大学生那样深厚，因而热爱党和拥护社会主义制度的感情和倾向也没 50 年代的大学生那样诚挚、稳定和持久，一旦遇上政治风浪，有的人往往容易出现波动和曲折。所以，政治观念和政治理论学说对政治心理的影响是很大的。但是，两者影响的程度和范围不一样，前者的影响是局部的、暂时的，后者的影响是全面的、系统的和长期的。政治观念和政治理论对政治心理的影响也是有条件的。政治观点是在概括政治心理的基础上对政治生活做出的判断性反映，这种判断必须准确。政治理论是在完善政治观点的基础上形成的政治思想体系，它对政治生活本质和规律的反映必须全面、深刻。只有这样，政治观念和政治理论才能真正高于政治心理并且反过来影响和制约政治心理的发展。

总之，在政治观发展的过程中，政治心理、政治观念和政治理论形成了一种相互联系、互相依存又互相作用的纵向发展结构。在这个纵向发展结构中，每一个发展阶段或要素既不能互相脱节，也不能随意超越；否则，就会出现结构性障碍，影响政治观的发展。

三、创造政治观最佳发展结构的条件

政治观的发展结构是由政治心理、政治观点和政治理论组成的，但三者相互结合的条件不一样，政治观发展的结构和功能也不一样。因此，为了形成政治观发展的最佳结构，必须创造和具备一定的条件。

第一，政治观的发展必须要有正确的价值取向。任何政治观都不是平白无故地产生和发展起来的，都代表和体现了一定的价值取向。这种价值取向，归根到底就是要反映一定阶级的根本经济利益和政治价值标准。一种政治观能否形成最佳发展结构，不在于有无一定的价值取向，而在于有无正确的价值取向，在于能否抓住一定阶级或群众普遍的、内在的、本质的政治需要，是否正确地反映、吻合和遵循了大多数群众业已自然形成的政治价值标准和社会政治文化，是否以生动具体的方式表达了群众的政治要求、愿望并为群众喜闻乐见，以及政治心理、政治观点和政治理论之间的价值取向是否一致、并行不悖。如果某种政治观不是抽象的、脱离实际的，而是具体、生动、准确地反映了群众的根本经济利益和政治价值标准，就会变为群众自己的东西，群众自身就会形成政治心理向政治观和政治理论升华的需要和动力，促进政治观发展结构的合理化和完善化。相反，如果脱离了社会实际和广大群众的政治需要，违背了群众的根本利益和价值标准，就不可能形成结构合理、体系完善的政治观，也不可能为群众所接受。

第二，政治观的发展要以政治实践为基础。政治观的发展离不开一定的政治实践。只有经过一定的政治实践才能调整各个阶级的政治关系，实现一定阶级的根本利益，加深人们对政治现象及其本质的认识，形成反映一定阶级或群众的政治利益需要的政治心理、政治观点和政治理论，并且检验这种不同层次的政治观对政治生活的反映是否正确，是否符合社会政治生活的客观实际及其发展规律。如果离开了一定的政治实践，无论是政治心理、政治观点还是政治理论，就既不可能产生，也不可能达到相互间的协调一致，更不可能完成由低级到高级的升华、发展、完善。

第三，政治观的发展不是自发完成的，必须自觉地进行。政治观虽然是群众的政治需要和社会的政治实践的反映，但不可能在群众中和政治实践中自发地产生和形成，而必须由代表一定阶级或群众的政治家、思想家对本阶级或群众的政治需要和社会的政治实践进行科学的概括和总结，并结合实际向群众宣传、解释、教育，才能形成代表一定阶级或群众的根本利益并为他们所普遍接受的完整的、系统的政治观。如果没有具备较高政治思想文化素质的政治家、思想家对社会的政治实践和群众的政治需要进行理论概括和总结，群众的政治意识就会停留在自发的政治心理状态，就会出现理论断层，导致政治观发展结构的破坏和发展的被迫中断。

所以，正确的价值取向、坚实的政治实践基础和政治家、思想家的理论概括，是形成政治观发展的最佳结构的条件。离开了这些条件，政治观就无法形成合理的发展结构，也无法进一步向前发展和完善。

论政治观的功能与作用 *

和任何系统一样，政治系统也不是孤立存在的，它总是处在一定的外部环境影响下，在与各种社会因素发生联系的运行过程中，发挥自身的功能与作用。

一、政治观的功能

不论过去、现在还是将来，只要有国家、阶级存在，人们就要以一定的政治观为指导，组织政治团体，确立政治机关，制定政治制度，建立政治关系，展开政治活动，从而形成一定方式的政治生活，构成独立的政治系统，嵌入整个社会的大系统中，成为社会生活的组成部分。因而，政治系统，是受某种政治理论的支配和影响，在社会中开放运行的系统。这种开放性的特点，首先体现在一个国家的内部。在国家内部，还包括经济系统、文化系统、管理系统等。这些政治系统以外的诸多系统，构成政治系统的外部环境和影响因素，是政治系统赖以存在的基础，也是政治系统的作用对象和发挥功能的条件。政治系统虽然在经济系统的基础上产生、发展，但政治系统一经形成，就对经济系统产生直接的反作用。我们看到的一个显而易见的历史事实，任何一个国家或地区的统治者，决不会把手中所掌握的、用以安身立命的政治系统人为地在社会系统中封闭起来，决不会把它当作政治装饰品而束之高阁，而只会尽可能地扩大政治系统的开放程度，使之在治国安邦中发挥最大的功能。这种功能，是政治系统的对内功能。

（一）政治观和政治系统发挥功能的两个条件

一个国家或地区的政治系统，除了与其内部的其他系统发生联系和作用外，还要与其他国家或地区，即国际的经济、政治、文化产生联系。这种国际的经济、政治、文化条件，也是政治系统的外部环境和影响因素，是政治系统的作用对象。政治系统也只有同这些外部条件发生联系和作用，即实行

---

* 原载于《政治观概论》，武汉大学出版社 1991 年版，作者王玄武、郑永廷，收录时有修改。

政治开放，才能发挥政治系统的对外功能。不管哪个国家、哪个地区，实行政治封闭，在时间上不可能持久，在范围上不可能全方位，开放的政治总是要冲破封闭政治的藩篱，为其发展开辟道路。所以，我们可以看到，秦帝国面对匈奴的入侵，推行御敌于国门之外的政策，企图以万里长城把国土封闭起来，但并没有挡住外族的南下；清帝国以闭关锁国之策对付西方资本主义列强的侵犯，终于被侵略者的坚船利炮轰开了国门；"文化大革命"中我们关起门来搞夜郎自大，很快被汹涌澎湃的改革浪潮冲破了虚狂无知的迷梦。

总的说来，政治系统是不能封闭的。如果一定要按照封闭的政治观来支配政治系统，那么，政治系统将会失去其活动空间和作用对象，比较容易和社会条件的变迁产生冲突，发生运行障碍，逐步丧失功能作用，最后导致自身灭亡。因而，封闭的政治可以说是一种无能的政治，封闭的政治观导致政治系统保守、僵化。而开放的政治观，则是发挥政治系统功能作用的一个前提条件，它能够不断调节自身与社会条件之间的关系，促进政治系统的活化。

与开放性相联系的另一个重要条件是政治系统的适应性问题。所谓适应性，是指某种政治观支配和影响的政治系统，在一定社会条件作用下，能够保持结构稳定，正常发挥功能，适应自身所处的社会环境，促进社会历史的发展。所以，政治系统的适应性归根到底取决于政治观是否反映历史发展的规律，是否符合社会发展的趋势。

政治系统的适应性，在程度上是有差异的。这种差异性，一是通过政治观反映社会发展规律的正确态度表现出来的。一般说来，政治观对社会发展规律的反映越正确，适应性就越强，对社会的促进作用就越大；相反，适应性就越差，对社会的促进作用就越小，甚至会起阻碍作用。二是通过政治观掌握群众的深广程度表现出来的。任何政治观，只有掌握群众，付诸实践，才能成为物。如果不为群众所掌握，再进步的政治观也是不起作用的。因政治观掌握群众的深度和广度，直接决定和影响着政治系统的适应性程度。根据政治观和政治系统的适应程度，我们可以大致分出以下四种类型。

第一种，适应型。这种类型的政治观与政治系统符合历史发展的要求，在社会生活中运行良好，对社会环境有能力作出积极反映与推动，能够充分发挥自身功能，使国家或地区政局稳定，大部分社会成员政治上取得一致认同。

第二种，基本适应型。这种类型的政治观与政治系统基本符合历史发展要求，在运行过程中，或内部结构不合理产生障碍，或外部作用造成压力一时难以承受，由此影响作用发挥，导致群众政治上有分歧，政局出现局部波动。通过政治观的调整、政治系统内部结构的改造，能够消除功能障碍，使政治系统趋于稳定，进而维持政局基本稳定。

第三种，基本不适型。这种类型的政治观和政治系统违背历史发展趋势，其内部结构趋向解体，已无力适应社会环境的作用与影响，功能逐步丧失，大部分社会成员追求和接受新的政治思想、反对旧的政治观念和政治系统，致使国家与地区充满政治危机。

第四种，不适应型。这是一种走向没落的政治观和濒于瓦解的政治系统。这种政治观和政治系统已经丧失其赖以存在的社会基础和群众基础，处于内外重压之下，维持社会稳定并为这个社会经济系统服务的任何可能性都已丧失殆尽，毫无能力缓解紧张局势和政治动乱，在新的政治观与新的政治系统的挑战面前，节节败退，彻底崩溃。

所以，政治观与政治系统的适应性，是其发挥作用的决定性条件。如果某种政治观与政治系统同社会的其他系统，如经济系统、道德系统、管理系统等长期不相适应，处于对抗状态而又无法调节，它又怎么能在相互联系、相互影响中对其他社会因素产生应有的作用呢？因而，在历史上，政治观与政治系统几经更替，有的没落、崩溃，有的兴起、壮大，都是以同当时社会是否相适应为前提的。

政治观与政治系统的适应性，当然是一个很复杂的问题，涉及的因素很多，但最主要的还是取决于政治观与政治系统本身的性质。我们知道，一定的政治观与政治系统，归根到底是一定经济基础的产物。正如马克思所说的："物质生活的生产方式制约着整个社会生活、政治生活和精神生活的过程。"① 当政治观与政治系统能够促进经济基础的发展并同由此经济基础产生的其他上层建筑部分相协调，那么，它就是适应的；否则，它便是不适应的。不适应的政治观与政治系统虽然会以多种方式影响和作用于经济基础，限制、阻碍社会生产力的发展，但"随着经济基础的变更，全部庞大的上层建筑也或慢或快地发生变革"②。生产力的发展，迟早会冲破过时的政治观与政治系统的束缚，寻求和创造出一种新的政治观和政治系统与之相适应，并为之服务。应当看到，一种新生的政治观与政治系统，在其形成与发展的过程中，不可避免地会遇到过时的、没落的政治观和政治系统的阻碍与

---

① 《马克思恩格斯选集》第 2 卷，人民出版社 1995 年版，第 38 页。
② 《马克思恩格斯选集》第 2 卷，人民出版社 1995 年版，第 33 页。

反抗，有时甚至几经曲折和反复，暂时被原有的、走向没落的政治观和政治系统抑制、击败，或是被外来的政治势力所封锁，被侵略战争吞没。对这种新旧政治观与政治系统在交替中进行的较量，对某一政治系统与外来政治干预以及战争侵略的抗争，我们不能简单地从形式上来判断它的适应性。先进的政治观和政治系统总是在不断战胜旧的政治观和政治系统的过程中，经受曲折与反复，不断完善，由最初不大适应而走向适应；落后的政治观和政治系统则是由过去适应，走向不适应，直至崩溃。

我们分析了政治观和政治系统发挥功能作用的两个重要条件。那么，政治观和政治系统的功能概括起来讲，究竟是什么呢？它同其他系统有什么不同呢？

（二）经济、文化、管理系统在社会中的功能

我们来看经济系统。在这个系统中，不管是企业，还是商业、农业，如果我们把它们的运行过程加以简化，那么，我们可以清楚地看到，它们都是由一定的经济投资开始或经过各种不同方式的生产加工，或将商品采取各种不同方式的渠道流通，获得一定的产品和利润，来满足社会的物质需要。因而，经济系统的功能可以概括为，通过经济的投入与产出，实现增殖，为社会提供物质条件。

文化系统，如文学、艺术、科学等，它的社会功能，也是一种生产，即精神产品的生产。在这个系统中，生产加工的主要不是物质的原材料，而是社会信息、社会意识、社会生活内容。因而，它的功能是通过社会信息和社会生活的加工和改造、生产精神产品，满足社会的精神生活需要。

管理系统，如行政管理、经济管理、工程技术管理等，其社会功能并不是直接进行产品生产，而是按照某些原则，使社会或社会组织遵循规范运行，达到控制的有序状态，保证社会生产和社会活动的正常运行。

（三）政治系统的社会功能及其特点

政治系统的社会功能，同其他系统相比，有着自身的特殊性，那么，它的特殊功能是什么呢？首先，我们来分析一下政治系统内部主要职能机构的作用。

政治决策集团或政治决策机关，如党派首脑集团、政府决策部门，担负着政治领导的职能，它要根据社会历史、现实和未来发展的需要，提出政治目标，制定政治纲领，确立路线方针，颁布政策法令，协调政治关系。这些

政治决策的结果，并不是现存的物质成果和精神产品，可以直接供社会消费，也不像业务管理部门的制度、规范那么细微而具体。它界定了社会发展的方位，确定了各阶级、阶层和社会利益集团的相互关系原则，具有强烈的价值观念。它要求社会的各个部门、每个成员，不管愿意还是不愿意，自觉还是不自觉，都必须接受处于领导或统治地位的政治集团的政治主张，接受其价值观念。正如马克思和恩格斯所说的："统治阶级的思想在每一时代都是占统治地位的思想。这就是说，一个阶级是社会上占统治地位的物质力量，同时也是社会上占统治地位的精神力量。"① 统治阶级或代表统治阶级的政治集团作为思想的生产者而进行统治，他们调节着自己时代的思想的生产和分配。这就意味着他们的思想是一个时代的占统治地位的思想。处于统治或支配地位的政治观念的影响和政治价值的分配，决不会在全社会自发进行。它一方面要受到其他政治观念的反抗，另一方面要受到某些社会成员习惯势力的阻碍。所以，一种新的政治观念，一种新的价值导向，刚开始，能够接受的往往是少数人。为了使全社会都接受政治决策集团的政治观念和价值观念，在政治系统中，还要有相应的机构担负这项职能。宣传机关通过传播媒介，广泛持久地宣传政治观念和价值取向的合理性，形成一定的政治舆论；教育部门采用说服、灌输的方式，系统、深入地论证政治观念和价值取向的正确性，提高政治认识程度；监督机关运用督促检查手段，不断纠正违反政治原则的行为和妨碍价值取向的倾向，保证社会成员政治上的一致性；组织人事部门通过政务官员的调整与任命，启用能够自觉贯彻政治路线和方针政策的人员，把政治观念转化为人们的实际行为；公安系统武装部门则采取专政手段，防止和镇压敌对政治势力的破坏，维护政治安定，保证政治价值的实现……所有这些决策集团、专政机关、舆论教育及管理部门，都以一定的方式和手段担负着一定的政治灌输责任。这就是向全社会宣传政治主张，并要求社会所有成员接受这种政治主张，让社会成员遵循一定的政治目标和政治原则，按照一定的政治要求与政治关系运行。一个国家、一个社会，如果没有或者忽视政治指导与政治价值宣传，这个国家或社会无疑会陷于混乱。

一个国家的政治系统，在执行社会职能的过程中，采用的方法和手段是多种多样的。概括起来，大致是两种：一种是专政，包括强制、镇压、斗争、打击等方式；一种是民主，包括协商、说服、引导等方式。在不同的历

---

① 《马克思恩格斯选集》第 1 卷，人民出版社 1995 年版，第 98 页。

史条件下，选择与运用这些方式的重点是不同的。例如，在以阶级斗争为纲的社会条件下，政治系统更强调专政；在以经济建设为中心的社会条件下，政治系统则两者都强调。专政通过强制来实行政治价值，而民主则是通过和平方式来实行政治价值的。政治系统在履行自身职能的过程中，同其他系统相比，有如下几个特点。

第一，政治系统宣传政治主张、进行价值导向的范围是广泛的，且是不均匀的。这种宣传的广泛性表现在它是面向全社会，而不是社会的某一部分；它是面向全体社会成员，而不是某一部分人。而接受的不均匀性又是由其广泛性造成的。在社会上，社会成员有着不同的社会分工，人们所从事的专业不同，所从事的工作不同，接受政治系统的宣传和要求则不同，对政治信息量的获取与享有也会有差别。一位党的领导干部当然要比一般群众更能理解、贯彻执行党和国家的路线和方针政策；一个高级军官比一位普通群众当然需要更广泛地了解国内外的政治局势力而占有更多的政治信息。除了政治分工的原因之外，人们的经历、地位、所处的工作与生活条件、兴趣等因素，也会带来政治影响的不均匀性。例如，靠近政治文化中心城市工作的人们，比远离城市的乡村农民受政治影响更大一些；一个向往从政、权力观念较重的人，比一个不关心政治而埋头业务的人更容易受政治意识的影响。因此，政治系统在执行自身职能时，一方面要求社会全体成员都必须接受价值导向和政治影响，另一方面又不可能对每个人提出平均的政治要求和同样的政治影响，也不必要让社会的每一个成员都具有政治上的一样条件，人人都成为政治家。

第二，政治系统面向社会宣传政治主张、进行价值导向，不是一次完成的，而必须持续进行。政治系统行使职能的不间断性特点，是由社会的复杂性决定的。任何一个社会，不可能只有一种政治主张和一种价值的导向，而是同时存在着几种政治势力的较量与几种政治价值倾向。处于支配地位的政治系统如果间断其社会职能，无疑是强化其他政治势力的社会作用而招致政治冲突，导致社会不安定。同时，一种新的政治观念、政治主张，人们不可能自发接受，也不可能一下子被所有的人都接受，要靠不断地宣传、灌输、督促、奖惩等手段，使越来越多的社会成员接受。所以，一个社会、一个国家或地区，可以暂时因灾荒、战争、动乱而中断物质生产、精神生产，而不能停止政治系统的职能。每一个阶级、每一个政治集团，为了达到政治目标，总是竭尽全力地推动政治系统的运行，使其连续不断地执行其政治功能。

第三，政治系统发挥社会功能、进行价值导向，具有一定的强制性。这种强制性主要表现在两个方面：其一，在政治路线、政治原则问题上，社会成员必须遵从，不允许有反对的行为和任意选择的自由；其二，对敌对的政治势力、政治观点，明确公开地进行限制、批判。因而，在根本政治原则的选择上，人们就不能像购买和消耗物质产品或精神产品那样，可以随意地挑选；否则，就会受到政治系统的干预乃至强制性的制约。

二、政治观的作用

政治观念，是社会意识的一部分，它除了具有社会意识的一般作用之外，还有其自身的特殊作用。而这种特殊作用，是政治观的自身特点所决定的。

（一）导向作用

每一种政治观，都具有某种鲜明的方向性。这种方向性，是通过人们的政治态度、政治主张、政治价值取向以及政治行为表现出来的。人们对过去和现在社会中的政治生活、政治事件、政治观点，或是拥护、赞成，或是批评、反对，这种不同的态度和行为不仅仅是面对现实的利害之争，更不单纯是面向过去的学术，而是为了在未来社会得到延续，或是推进、发展某种政治主张，或是逆转、制止某种政治思想。因此，每一种政治观，都有指向未来，为一定的阶级导向的特征。这一特征，是在两个方面表现出来的。

第一，政治观的产生，既是现实社会的需要，也是对未来社会的预示。任何政治理论问世，都有广泛深刻的历史背景，起源于特殊的实际场合，是应社会发展的客观需要产生的。一般来说，当社会正在经历艰难困苦的时候，当原有的政治理论同社会发展的实际情况产生冲突而发生社会变革的时候，新的政治理论就在社会危机与政治危机的裂缝中出现。而新的政治理论的诞生，将逐步影响人们的价值取向，并进而为社会的发展开辟新的方向和道路。我们从历史上三个时期所产生的最重要的政治理论，可以充分说明这个道理。

第一个时期，古代奴隶制衰落时期，大约在公元前4—3世纪。在西方古代的雅典时期和罗马时期，正是奴隶社会走向衰落的时期，奴隶主与奴隶之间的矛盾和斗争日趋尖锐，奴隶反叛、逃亡和人民起义不断发生，奴隶主内部各派势力的抗争也不断加剧，社会处在动荡与危机之中。在这样一种社会背景下，出现了许多政治派别，如以皮浪为首的怀疑派，主张逃避现实，无为而治；以西塞罗为首的折中主义，呼吁相互让步，"等级和睦"；以普罗提诺为代表的新柏拉图主义，宣扬野蛮迷信的神秘主义，给政治蒙上神学外衣。这一时期最有影响力的政治家是柏拉图和亚里士多德，柏拉图写了《理想国》和《法律篇》，亚里士多德著有《政治学》。他们试图为分崩离析的奴隶社会开出一剂良药，极力为社会的稳定与发展寻求和谐的秩序，并为未来社会描绘了一幅理想的模式。

在中国，大约公元前6—3世纪，同样处在奴隶制瓦解、封建制形成的社会动荡与变革时期，也同样涌现出了许多政治家与思想家。他们面对社会的深刻危机，按照各自特殊的政治原则，描述了现实社会和未来社会发展的总体结构与相互关系。老子提出了"小国寡民"的设想；庄子描绘了"至德之世""无何有之乡"的幻境；荀子的"王制"社会主张人人劳动，自食其力，不分君臣等级；《礼记·礼运》篇里勾画了社会的"大同"美景；杨朱童子还设计了富有诗情画意的牧羊式的田园生活。孔子和孟子，是这一时期最有影响的政治思想家。孔子提出了以仁学为核心的政治伦理思想，企图以"天下归仁"的政治方略来拯救奴隶社会"礼乐崩溃"的动荡局面，从而把社会引向符合周礼的"天下有道"的模式。孟子则继承和发展了孔子的仁学，提倡"仁政"，力图通过"讲道德，说仁义"的政治途径，缓和激烈冲突的阶级矛盾，把社会引向"以德服人"的王道世界。

总之，不管是西方，还是中国，在古代奴隶制走向没落的时期，都产生过五花八门的政治流派和政治思想。这些政治思想，有的是对现实社会的近似描述，有的是在深入考察基础上的合理升华，也有大量的异想天开的幻想。不管是哪一种情况，有一点是共同的，即每一个政治家所提出的政治思想，并不是出自好奇，也不是有意别出心裁，而是现实社会矛盾的产物。他们提出自己的政治思想的目的，其一是为了给充满矛盾和危机的社会探求出路，寻找归宿，把社会导向他们自认为美好的境界；其二是为了给现实社会中的人们以精神上的向往与寄托，把人们的思想引向他们规范的理想境界。所以，我们可以看到，尽管柏拉图和亚里士多德因岁月流逝已十分悠远，但西方政治思想和社会的发展，直到现代，都在很大程度上因循柏拉图和亚里士多德两位伟大政治家的学说。中国的孔子和孟子所提出的政治思想，主导中国封建社会发展几千年。

第二个时期，大约公元16—18世纪，是封建社会解体，资本主义形成、发展的时期。在这一时期，新兴的资产阶级同封建阶级的矛盾十分尖锐，资产阶级为了占领上层建筑，在政治思想领域中，抛弃了封建阶级的政治原则，提出了一套完整的适合维护资产统治的政治理论。这样一套政治理论，是在17—18世纪，主要由资产阶级政治家霍布斯和洛克创立的。霍布斯从反对封建统治阶级的神学统治入手，确立了以利己主义为基础、从人性出发的政治观。他第一个系统地阐述了社会契约思想，提出了自然法理论，并提出了"三权分立"的政治原则，从而把资产阶级的政治理论，进行了系统的总结和明确的阐述，为尔后整个资本主义发展确立了方向、奠定了理论基础。1776年美国发表的《独立宣言》、1789年法国宣布的《人权宣言》和1793年制定的宪法等，都是霍布斯、洛克政治导向的实际结果。他们为资本主义社会所确立的政治思想，已经指导资本主义发展了几百年。

第三个时期，无产阶级革命时期。资本主义社会的不断发展，也伴随着无产阶级力量的不断壮大。资本主义社会的固有矛盾和无产阶级要求摆脱剥削和压迫的要求使资本主义社会产生了危机。无产阶级由破坏机器、进行罢工开始到19世纪40年代，西欧资本主义国家的无产阶级开展了独立的政治斗争。不仅斗争的规划需要理论指导，而且无产阶级的整个事业也需要理论的指引。就是在这样的历史条件下，马克思和恩格斯发表了以《共产党宣言》为代表的一系列政治理论文章。这些文章，分析了资本主义社会的矛盾，选择出消灭剥削和压迫、消灭阶级差别的主张，阐述了无产阶级革命的战略与策略任务，预示了未来社会是资本主义必然灭亡、共产主义必然胜利的前景。因此，《共产党宣言》像一面旗帜，指引着无产阶级夺取了一个又一个胜利。

从以上三个历史时期所形成的重要政治理论可以看出。每一种政治理论虽然源于一定的历史场合，但它不一定只适用于那种场合；它虽然是应社会现实的需要而产生，但也是为了未来社会的发展而出现的。它为现实社会中的人们导向，不是为了回复过去，而是为了走向未来。因此，政治观的导向作用，是由它既面向现在、又面向未来的特点决定的。

第二，关注未来社会发展与受某种政治观支配是密不可分的。关注未来社会的发展，必然受某种政治观的支配；受某种政治观的支配，必然关注未来社会的发展，这两者是密不可分的。

我们知道，每一个人，都会以不同的方式，自觉或不自觉地按照自己的政治观价值取向，对未来社会发展方向进行可能性判断。这种判断本身，或者是提出某种政治观点，或者是某种政治观念、政治原则的具体运用。不管是在西方还是在中国，各个历史时期，都有一批空想政治家，以各种不同方式对未来社会进行估计，提出了政治理论构想。在西方，古希腊时期的柏拉图写了《理想国》；16—17 世纪，早期空想社会主义者托马斯·莫尔著有《乌托邦》，托马斯·康帕内拉发表《太阳城》；18 世纪的空想社会主义者梅叶·摩莱里、马布利，各自以不同的笔调，描绘了未来社会的理想蓝图；19 世纪三位伟大的空想社会主义者圣西门、傅里叶和欧文，以及空想社会主义者埃蒂耶纳·卡贝、路易·奥古斯特·布朗基和威廉·魏特林，则直接为科学社会主义提供了理论依据。在中国，各个时期、各个时代也有不少空想思想家预见社会的发展方向，提出未来社会的建构原则，如老子的"小国寡民"，《礼记·礼运》中描写的"大同世界"，陶渊明幻想的"世外桃源"，以及谭嗣同、孙中山倡导的"天下为公"的"大同"社会，等等，都向人们展示了未来社会的发展模式。所有这些政治家提出的政治理论，虽然在当时的社会条件下是一种空想，但它不是毫无意义的，他们的理论，或描述了未来新兴阶级的象征，或成为未来社会发展的先声。正如恩格斯在评论希腊哲学时所说的那样，从那里"差不多可以找到以后各种观点的胚胎、萌芽"。早期空想社会主义者的理论则展现了"共产主义思想的微光"①。而圣西门、傅里叶、欧文三位思想家的学说，"天才地预示了我们现在已经科学地证明了其正确性的无数真理"②。

在历史上，也有很多政治思想家提出了一系列保守的政治理论，他们或者主张回到过去而"法古"，或者提出维持现状而修今，抱住过时的、陈旧的政治观不放。如我国古代的儒家与墨家两派，政治上极力推行"祖述尧舜，宪章文武"的先王观，认为先王是帝王的楷模，先期是理想的盛世。孔子就明确提出"克己复礼"，按周礼的规范为现实"正名"，他笔下的先王之道与先王之世成为他政治理想国的理想形式。自孔子之后，所有儒家涉及政治理论问题必称先王之道，如董仲舒的神化皇权的天人合一论无非是殷周天地观的复活，朱熹的天理论也无非是商周天命观的翻版。历代的封建统治者尊尚儒学，在政治上都是极其保守的。他们主张尊古倒退，搬用过时陈旧的政治观，不只是维护现状的需要，也是针对将来社会发展的需要。正如马克思和恩格斯所说的，他们"请出亡灵"，"借用它们的名字、战斗口号和衣服"，以便"演出世界历史的新的一幕"③。

① 《马克思恩格斯选集》第 7 卷，人民出版社 1959 年版，第 405 页。
② 《马克思恩格斯全集》第 18 卷，人民出版社 1964 年版，第 566 页。
③ 《马克思恩格斯选集》第 1 卷，人民出版社 1995 年版，第 585 页。

（二）鼓动作用

各种各样的政治理论，除了具有鲜明的方向性之外，还具有很强的鼓动性。政治理论的鼓动作用，是通过政治激励来实现的。政治激励主要表现在两个方面：其一是目标激励，其二是情感激励。

不管什么样的政治理论，它总是明确地反映着某个国家、阶级、集团、民族的要求。一个国家政治上的发展前景、一个阶级或政党的奋斗纲领、一个社会集团的政治主张、一个民族的政治归属，都突出而充分地体现在各自的政治理论体系之中，使其成为向往与努力的共同目标。例如，历代封建统治阶级力图把宗法关系和森严的等级制度作为社会目标，加以固定化、永恒化，来稳固封建地主阶级的统治，而历次农民革命运动，又总是把"均贫富，等贵贱"作为奋斗旗帜以唤醒民众；资产阶级用"自由、平等、博爱"的抽象花环，编织了一个所谓符合人性的社会蓝图，而无产阶级则提出了消灭私有制，消灭一切阶级差别，最终实现共产主义的奋斗纲领。至于历史上那些形形色色的政治空想家、启蒙思想家们所勾画的五花八门的国家模式及虚幻蓝图，都不过是在这个阶级或那个阶级所确立的政治目标的前后或左右的摇摆，而各个阶级、国家在不同历史时期所确立的阶段政治目标，或各个国家中不同政治派别所遵从的政治准则，也不过是这个国家中居于统治地位的阶级或政党长远的政治目标的纵向或横向的分解。这些近期的与长远的政治目标、理想与现实的政治目标、虚幻的与可行的政治目标、正确的与错误的政治目标，都会对处于不同条件、不同地位的人们产生吸引、激励，成为鼓动人们为之奋斗的精神力量。

政治理论的鼓动作用，还表现在对人们的情感激励上。因为政治理论讨论和分析的是实际的社会问题，是同人们切身利益相关的各种因素。政治理论对社会现象的评价是不同的，有的甚至完全相反。例如，是倡导民主，还是主张专制？是坚持平等原则，还是推行等级制度？是以权谋私，还是为人民服务？是爱国主义，还是卖国主义，等等。政治理论在论述以上问题的时候，总是紧密联系社会现实，按照确定的价值标准，进行无情的裁判与取舍，或揭露、批判、否定，或赞扬、继承、肯定，其倾向性是毫不含糊、极其强烈的。绝没有什么都赞成或什么都反对的政治理论。当政治理论所揭露、批判的倾向和赞扬、肯定的倾向之间所产生的强烈的对比，同人们的认识产生共鸣，当政治理论同社会现实通过人们的经验加以联系，一种爱与憎、拥护与反对的情绪情感就会在人们内心升腾，成为激发人们政治热情的精神力量。

政治理论对人们能够产生鼓动、激励作用，是政治理论特点。政治理论的这一特点，并不取决于政治理论正确不正确，而是取决于政治理论是否被接受、受信仰。这里，我们分两种情况来加以分析。

有一种政治理论，它是在社会客观事实的基础上产生的，但它并不是社会现象的罗列和拼凑，而是对社会现象的理论概括、社会发展规律的揭示。这样的政治理论，既以充分事实为基础，又有强大的逻辑力量，因而它具有说服力、号召力，能使人信服。马克思和恩格斯所写的《共产党宣言》，就是这种理论的杰出代表作。《共产党宣言》运用历史唯物主义关于生产关系一定要适合生产力性质、要遵循科学原理，无情地揭露了资产阶级对工人阶级进行经济剥削和政治压迫的真相，全面分析了资本主义社会的各种矛盾及其根源，阐述了人类社会历史发展的必然规律，讴歌了无产阶级夺取政权、建立新型社会制度的伟大创举。因此，《共产党宣言》犹如火红的旗帜和战斗檄文，以其强烈的说服力与号召力，激起全世界无产阶级和劳苦大众为自身解放而奋斗。又如，美国资产阶级政治思想家托马斯·杰弗逊写的《独立宣言》，也是从当时美国的社会现实出发的，只不过他所依据的理论是资产阶级的天赋人权。他按照所有的人应当生而平等的观点，鞭挞了英王为首的殖民统治者野蛮掠夺的罪恶事实，呼吁人民为争取独立、平等而斗争。他的这部被马克思称为"人类第一个《人权宣言》"的文献，也曾经极大鼓舞了资产阶级和殖民统治下人民的革命情绪。

当然，有些政治观点或政治理论，也是从事实出发的，但不是从客观的、真实的事实出发的，而是从歪曲的、不真实事实出发的。在确立、传播政治观点的过程中，故意篡改或隐瞒真实情况，煽动情绪，人们在不了解真实情况的时候，也很可能蒙受政治欺骗，暂时被这种政治观点说服。但这种说服，并不是理性说服，而是操纵性说服。政治欺骗或操纵性说服是一切剥削阶级常用的政治手段。特别是那些殖民主义者，他们总是要寻找某种借口，歪曲事实真相来为残酷的政治压迫和罪恶的掠夺辩护。早在古希腊时代，柏拉图为了建立他的理想国，到处鼓吹操纵性说服；希特勒为了称霸全球，拼命宣传种族主义理论；美国前总统尼克松为了隐瞒政治丑闻，极力掩盖"水门事件"；等等。所有这些具有欺骗性的政治观点，在一定条件下同样可以产生鼓动作用，有时甚至可以把人们的情绪煽动到狂热的程度。但是，它的作用同具有理性说眼力的政治观点不同，是短暂的、不稳定的。当人们认清了真实情况之后，它的作用就会立即丧失。

还有一种政治观点，不是在客观事实的基础上产生的，而是以某种幻想、玄念为出发点而建构的，如某些空想政治家、神学家的政治观就是如此。例如基督教神学体系的创立者奥勒利乌斯·奥古斯丁，在他的《上帝之国》中，把新柏拉图主义与基督教经典《圣经》结合起来，对"上帝创世说""三位一体说"等教义，从神学观的高度给予了系统的理论论证后，制定了"原罪说"和"预定说"等教条，提出了神学政治的基本主张，并以此为根据来说明一切社会政治问题。像这样一类宗教政治观，在封建社会曾经广泛被人们接受，直到现在还为一些人信服且表现十分虔诚。这种观点虽然没有理性说眼力，但它能给予人们心理上不加鉴别的信仰材料。当人们面对现实难以从真实的事实中找到答案时，在痛苦中便盲目地接受宗教的感情煽动，屈从诱导，顺从教义，使理性服从盲从。当然，这种神学政治观的鼓动作用也是局部的，它会随着社会的进步和科学的发展而迅速衰退。

（三）调节作用

一种政治理论观点，当它在社会生活中确立起来并为一部分人接受之后，它便成为一种实实在在的现实，同其他的政治因素构成特定的政治环境。尽管它是一种理论观点，是属于抽象的思想领域的逻辑实体，但它又影响社会生活，是指导人们行动的因素，在历史环境中起着实际因素的作用，有非常现实的意义。所以生活中存在或涌现的政治观点、政治思潮、政治舆论，常常是社会最敏感的问题。有哪一个统治者、领导者面对敏感的政治问题而书生气十足、无动于衷呢？

前面我们分析过任何特定的政治系统，即使人为地把它封闭起来，也不可能完全切断它同其他政治系统的交流与介入。这种交流与介入，主要不是政治机构与政治制度的交叉与结合，而是政治理论观点的交换与渗透。因而，在一个社会中，在一个国家里，往往同时存在多种政治理论观点。这些政治理论观点，也许是相互斗争、相互对立和冲突的。人们绝不会毫无选择地接受所有的政治理论观点，而是各自接受他们认为具有价值的某种观点，接受他们自己所处的环境。即使是在社会中属于统治地位的政治观点，不管统治者采取多么强制的手段，也不是所有的社会成员同样程度地接受它，总是有或多或少的社会成员持不同政见，总是会受到不同性质政治观点的公开或隐蔽的反对。这样，一个社会，一个国家为了避免人们陷于自发的、无休止的政治观点的抗争，为了求得政治系统的稳定和政治环境的安定，必须寻求一种调节手段。这种调节手段，只能是政治理论、政治舆论本身，而不能用经济的、道德的手段代替。

政治理论之所以具有社会调节作用，是因为政治理论具有社会整合的功能，即它能够把人们的认识统一起来，从而使所有人的任何国家、任何社会都会有许多派别，有许多群体，在政治观点上发生分歧，在利益上发生摩擦。特别是中国，它是一个多民族的、有着11亿人口的大国，民主党派、群众团体众多，各阶层的队伍都十分庞大，而且正处在变革过程之中。这种情况急需形成政治理论的凝聚力，把全社会整合起来，使社会成员达到一种共识，使各利益集团调整关系，协调利益，缓解矛盾，减少冲突。"只有这样，我国各民族之间，各阶层之间才有团结合作的政治基础，中国共产党领导的多党合作制才有政治思想上的保证。"历史经验证明，如果政治理论的整合功能发挥得好，人们的思想和行为便趋向一致，社会的安定与团结程度就会增大。因而可以说，政治理论的整合功能与人们行为和社会安定成正比。相反，如果政治思想混乱、多种价值系统打架，人们的行为和各个利益集团的关系就难以协调，必然会纷争不断、一盘散沙，社会缺乏安定，人们的情绪不稳定。在我国"文化大革命"期间，似乎极端强化了政治理论的整合功能，何以导致了政治动乱呢？主要是因为"文化大革命"所遵循的政治理论，是错误的"无产阶级专政条件下继续革命"的理论。这一理论不仅同马克思主义的正确理论相悖，使人们行为失常，而且极其现实地损害了各阶层、各团体的切身利益，造成了长时间的政治抗争。因而，"文化大革命"恰好是错误政治理论的整合功能抵消、削弱了正确政治理论的整合功能，社会缺乏统一的、强有力的政治理论调节，尽管主观愿望十分美好，但政治动乱不可避免。

政治理论的整合功能，不仅表现在吸引、凝聚方面，而且同时表现在排斥、分化方面，即它是在既吸引又排斥、既凝聚又分化的矛盾运动中发挥作用的。一种政治理论在调节社会和人们行为的过程中，必须遵循前后一贯、观念同事实一致的不相矛盾原则。这样，该政治理论必定同已经和将要发生作用、将要出现的政治理论，以及由这些政治理论所导致的社会行为发生矛盾，乃至冲突。也就是说，一个国家、一个社会，事实上存在着多种政治影响。对多种政治影响，有两种调节方式，一种是和平调节，一种是强制调节。所谓和平调节，就是通过政治协商、对话、谈判来调整各利益集团之间的政治关系，缓和政治冲突，达到政治共识。在国际上就有提供和平调节国际政治、军事冲突论坛的组织机构。我国的政治协商会议，成功地运用和平调节手段，有效地协调了我国各民主党派、人民团体同中国共产党之间，以及其相互之间的关系，形成了在中国共产党领导下的亲密合作的良好局面和振兴民族、富强祖国的政治共识。所谓强制调节，是通过政治批判、压制、攻击来限制、反对其他政治理论、政治集团的影响，突出占支配地位的政治理论及政治集团的作用。这种调节是以政治集权、政治服从为特征的。它也是在调节社会政治关系，不过是用强制、斗争的方式而已。如新中国成立前国民党在白区禁止所谓"赤化宣传"，我们对腐朽的封建主义、资本主义思想进行批判，资产阶级对社会主义制度的攻击，等等，都是为了强化某种政治理论而采用的强制性手段。

统治者或政治家往往交替使用以上两种政治调节方式，但强调的侧重点是不同的：像古希腊的亚里士多德，欧洲近代政治家卢梭，我国古代的政治思想家孔子、孟子等，更主张政治上的合作，侧重于和平调节方式；而我国古代的法家、欧洲近代政治家霍布斯，强调运用政治斗争、政治冲突的手段，来达到政治集权与政治服从的目的。因而，我们不能简单地说哪种调节方式好、哪种不好，而要看用于调节的政治理论、政治方向是否正确。

论新时期我国社会价值观的偏差及其矫正[*]

随着我国经济和社会的发展，人们的价值观也发生了变化。由于卓有成效的思想政治工作的不断开展，人们的价值观总体上是好的，但也部分地存在着价值观的偏差，因而，分析当前我国社会中价值观的偏差，探索矫正对策，对帮助人们坚持正确的价值取向、树立科学的价值观、促进人的全面发展，具有重要的现实意义。

一、新时期我国社会中的价值观偏差

当前我国社会中的价值观偏差主要表现在价值取向的范围、时间和内容三个方面。

（一）价值取向范围上的个人主义和利己主义倾向，即过分强调个体和局部价值而轻视社会和全局价值

价值取向在范围上有个体和局部价值与社会和全局价值之分，两者是不可分割、辩证统一的。社会主义坚持两者的统一并通过集体主义原则来实现。集体主义的内容是：一方面，从广大劳动人民的根本利益出发，坚持集体利益高于个人利益；另一方面，在维护集体利益的前提下，把个人利益和集体利益结合起来，当两者之间发生矛盾时，个人利益服从集体利益，在必要时甚至牺牲个人利益。

以公有制为基础的社会主义制度有利于集体主义的成长，保证了集体主义成为社会主义社会的主导性价值观。随着主体性的高扬，价值主体日益由社会本位向个人本位转化，个体和局部价值被前所未有地肯定，人们从无私奉献或奉献与索取并重发展到了更多地注重个人享受，大部分人注重个体和局部价值与社会和全局价值的统一。但是，也有些人奉行个人主义和利己主义价值原则，过分强调个体和局部价值，而轻视社会和全局价值。有些人从发展市场经济的片面实际出发，要求为个人主义和利己主义正名；以个人主

---

*　原载于《中国特色社会主义研究》2011 年第 1 期，作者江传月、郑永廷，收录时有修改。

义作为自己立身处世的原则，把个人利益作为自己行为的出发点，处处为自己着想，把个人利益凌驾于社会、集体、他人利益之上，片面追求个人价值、个人利益和个人需求的实现，热衷追求"自我"以及以"自我"为中心的自我设计、自我价值和自我实现。他们往往以自己拥有的金钱多少、权力大小，或以自己所处的地位高低来评价自我价值；有的直接表现为自私自利，甚至赤裸裸地损人利己、损公肥私，为了一己私利而不惜损害国家、集体或他人的利益。

个人主义和利己主义都是个人至上、个人本位，因而，在总体价值目标上是一致的。法国政治评论家阿历克西·德·托克维尔曾把个人主义形容为一种温和的利己主义。利己主义在表现形式上更加露骨地强调一己私利的至上性，把一己私利的得失，视为道德上善恶与否的唯一标准，甚至不惜损害他人利益和社会利益。

个人主义和利己主义以"人的本性是自私的"观点为理论基础，把"自爱""自利""自保"作为道德上的金科玉律，无视个人与社会之间的辩证关系，夸大个人、局部价值，忽视社会、全局价值，视个人为目的、社会为手段，使整体从属于部分，因此把一切都弄颠倒了。在马克思主义看来，在历史中只有承认人既是目的又是手段才符合历史本身。因此，在人与社会的关系中，目的和手段是对立统一的关系，片面地、孤立地看待个人与社会关系必然会得出错误的结论。

个人主义和利己主义强调个性自由、个人利益至上，容易导致无政府主义，甚至导致反社会倾向的发生。正如美国伦理学家弗兰克·梯利说的那样，"一个极端的利己主义者容易给社会生活造成危险"①。托克维尔当年在歌颂美国人的独立创造精神时，就已经意识到个人主义对美国社会的危害性。他认为，虽然个人主义思想最初只是侵蚀社会伦理道德，但最终必然发展到使人自私自利。

集体主义与个人主义和利己主义有根本区别。集体主义不是抽象地谈论个人问题，抽象地谈论个人的价值，而是从人的社会存在和历史活动中谈论这一系列问题，因而能够把个体和局部价值与社会和全局价值很好地结合起来。

---

① ［美］梯利：《伦理学导论》，何意译，广西师范大学出版社 2002 年版，第 361 页。

（二）价值取向时间上的功利主义和实用主义倾向，即只注重当前功利满足而忽视长远价值追求

价值追求在时间上有当前功利和长远价值之分。长远价值与当前功利是不同时序上的一对价值形态。两者是辩证统一的关系。一方面，长远价值与当前功利互为前提而存在；另一方面，长远价值与当前功利相互促进而共同发展。两者之中，前者是方向，是目标；当两者相互矛盾时，要优先选择前者。

当今时代，科技的力量空前强大，人类的行为对自然界和社会的影响更加强烈，因而长远价值追求与当前功利满足的关系更加凸显。就个人而言，社会的发展使我们的当前功利满足能够得到一定程度的实现，因而，可以而且应该超越当前功利满足，着眼长远价值追求。

然而，有些人只顾当前功利满足，过于急功近利，不谋求长远发展，存在着重现实而轻长远的倾向。有些人认为实现共产主义理想是渺茫的，因而只关心"看得见、摸得着"的实惠。在大学里，学子们在学习上表现出疏离经典、满足世俗，在价值取向上躲避崇高、追逐感觉；入党动机不纯，只有投机性政治热情，把入党作为追求个人发展，打造择业和就业竞争资本的功能性手段；出现考研热、考证热、实用知识热等现象；在求职方面，不少毕业生选择大城市、好岗位、高薪酬的当下实惠。社会上，不少人在择偶时不谈理想和品德等，而注重对方的经济状况等当前功利条件，有人主张"干得好不如嫁（娶）得好""钓个金龟婿"，因而既有女性傍男性大款，也有男性傍富婆。有些人思想上存在着迷惘与困惑，却不愿意从精神和理论的层面求解；一些人表现出急躁、浮躁、焦躁、烦躁的情绪，却不明白"人无远虑，必有近忧"的古训。

过于追求局部、当前功利满足是功利主义和实用主义的负面效应的显现。虽然功利主义与个人主义、利己主义、享乐主义有区别，并且对克服片面强调精神与道义而不重视物质利益的道义论也有积极的理论意义，但是，功利主义把道德的目的归结为人的幸福，又把幸福简单地理解为人的感情快乐，使道德归向心理快乐主义，如此，很容易滑向享乐主义。事实上，在现实生活中，已有不少功利主义的信奉者走向了享乐主义。

实用主义强调效用和功利，以"方便""有用""实惠"作为主体认识和实践活动的出发点。过分地强调立足于现实生活，把主体获得对于客体的功效当作最高目的，淹没了未来，阻滞了人的本质力量充分对象化。

人对当前功利的追求是正常的，因为"人们奋斗所争取的一切都同他们的利益有关"①。但是，人们不能囿于一时一事的功利追求，而是要按照应然要求，不断地完成自我超越，更好地造就和完善自身，努力实现长远价值。

（三）价值取向内容上的物质主义倾向，即过分追求物质价值而轻视精神价值

价值追求在内容上有物质价值和精神价值之分。物质价值和精神价值是人类最基本的价值，分别满足人类最基本的两种需要：物质需要和精神需要。两者互相依存：物质价值是基础，它制约着人生精神价值的产生和发展；精神价值对人生的物质价值的创造和实现也有着很大的能动作用。因此，对每个个体而言，应该同时追求物质价值和精神价值，不可偏废一方；而且，由于两者之间的联系，必须使两者处于协调状态。

人类进入21世纪，生产方式的发展促进了物质的极大丰富，也较快地改善了民众的生活。因此，这个高物质的时代，人的需要的满足和人的全面发展，应当在更大程度上通过满足人的精神价值来实现。然而，一些人在价值观上有物质主义倾向，夸大物质价值的地位，过于追求物质价值而忽视精神价值。有些人把"挣很多钱""发财"作为人生幸福的标准，把物质享乐作为人生追求的最大目标；坚持"理想理想，见利就想""前途前途，有钱就图"，忽视人自身的价值和意义，理想信念淡漠；在生活上仅仅满足于物质需求，精神生活贫乏和空虚；主张"书读万卷不如腰缠万贯"。因而，读书只为混文凭并以之为跳板来谋取金钱，找工作只看"钱途"。有的人甚至为了金钱而违法犯罪。总之，他们的各项活动总是要"用对钱袋的影响来衡量每一种活动的意义"②，物质至上、金钱万能的价值取向已经占领了一部分人的头脑，而人的理想、信仰等精神价值却被挤占。

这种物质主义就是物本价值取向，其实质是以人性之中的动物性或自然性的满足为逻辑支点，将物质的满足作为人的最高目的，把物质价值置于价值体系的最高点，是一种典型的片面认识和错误取向。满足基本的生活需要、生存条件，追求物质财富，是一切个人和社会活动得以发展的起点，也是个人积极性的动力之源。诚如马克思所说："人们为了能够'创造历史'，

---

① 《马克思恩格斯全集》第34卷，人民出版社2008年版，第82页。
② 《马克思恩格斯全集》第38卷，人民出版社1972年版，第300页。

必须能够生活。但是为了生活，首先就需要衣食住以及其他东西。因此第一历史活动就是生产满足这些需要的资料，即生产物质生活本身。"① 然而，人之所以为人，正在于他在物质需求满足的基础上，总是力图超越，升华为对精神享受、人格完善、真善美和自由的追求。

二、新时期我国社会中存在价值观偏差的原因

在我国改革和社会转型时期，出现价值观偏差是正常的，而且，价值观偏差也是多方面原因所造成的。

（一）市场经济消极方面的延伸，价值规律被泛化

价值观作为一种意识现象，是社会存在的反映。正如马克思、恩格斯所断言的那样："人们的观念、观点和概念，一句话，人们的意识，随着人们的生活条件、人们的社会关系、人们的社会存在的改变而改变。"② 改革开放以来，中国社会进入了由计划经济向社会主义市场经济转型的变革时期。市场经济自身具有盲目性、自发性的弱点，而且它会诱发一些消极的东西，这些反映延伸到人们的观念领域，容易导致价值观的偏差。

在市场经济条件下，企业以独立法人身份进入市场，企业在经济活动中必须自担风险、自负责任，这样，物质利益的多少也就是其经营状况好坏的直接结果。部分利益主体在市场竞争中受物质利益驱动，往往不同程度地存在盲目性与自发性，其价值取向也往往发生过分追求物质利益的偏差。

市场经济遵循价值规律，强调社会群体和个体的自主性和竞争性，对经济和社会发展具有强大推动力。同时，在市场竞争条件下，一些社会群体和个体往往过分强化自身利益，有的甚至滋生极端个人主义思想，淡化国家利益、整体利益和全局利益。

经济体制、社会经济结构、社会组织体制等在改革过程中会产生因社会结构失衡而出现的结构性的社会问题，如中西部地区差距和城乡差别问题，分配不公和贫富分化问题，环境保护问题，就业问题，社会保障问题，教育、医疗等一系列问题。在市场经济体制中，等价交换原则是市场活动的游戏规则。有些人将这个经济领域中的价值规律泛化到政治领域，为了满足个

---

① 《马克思恩格斯选集》第 1 卷，人民出版社 1995 年版，第 79 页。
② 《马克思恩格斯选集》第 1 卷，人民出版社 1995 年版，第 291 页。

人私欲玩弄政治权术，以权谋私，大搞钱权交易；泛化到道德领域，用功利和物质价值来衡量道德；泛化到情感领域，只从功利和物质价值中获得成就感和满足感，人际交往只围绕着功利和物质价值。这些很容易引发过分强调个体和局部价值而轻视社会和全局价值，只注重当前功利满足而忽视长远价值追求，重物质而轻精神的偏差。

（二）科技被神化和人文被挤压与忽视

人文离不开科技，没有科技的人文就会空洞，甚至会导致迷信；科技也离不开人文，科技若无人文的关怀，任由其发展，其后果可能不堪设想。科技可以改善人的物质生存条件，但不能解决人的精神问题；科学可以医治具体的疾患和创伤，却解决不了人心中的惆怅。痛苦、焦虑、不幸以及欢乐、爱、幸福等人生问题，都不可能以科学的方式规定。精神问题要靠人文环境的建设和人文教育来解决。

进入 20 世纪后，由于科技在经济领域中的巨大成功以及其带来的丰厚的物质与现实利益，使有些人产生以科技为本的价值取向，持"技术万能""技术崇拜"的观念。这种对科技的强化甚至神化，会引起人们在主观上过分关注身外世界的某一方面，以物质、科技作为衡量价值的准绳，忽视自身内在精神世界的耕耘与和谐。这种观点使人功利化，认为"技术"可以一统天下，一切问题通过"技术"就可以迎刃而解，而看不到哲学、道德、艺术、历史等的价值，无暇顾及人文关怀，造成个人不知历史，不懂传统，不讲政治理想、道德，造成科技与人文背离的现象。

这种现象反映了人对自身物质性、社会性、精神性本质认识与把握的片面性。只追求科技而缺乏对人文价值的关怀，人就会失去精神支柱；崇拜科技、贬低人文，只会使人沦为科技的奴隶。正如马尔库塞所指出的，在技术发展的发达工业社会中，人在技术的压制下已变成只按技术合理性行动而没有批判性和创造性的"单向度的人"了。针对这种状况，我们极有必要记住爱因斯坦的一句话："单靠知识和技巧，不能使人类走向幸福和高尚的生活。人类有充分的理由，把那些崇高的道德标准和道德价值的传播者，置于客观真理的发现者之上。"①

---

① ［美］杜卡斯、霍夫曼编：《爱因斯坦谈人生》，高志凯译，世界知识出版社 1984 年版，第61 页。

（三）竞争和开放环境的负面影响

首先，市场经济体制下，多种所有制和分配方式必然带来收入差距；而在竞争环境中，有些人形成不讲具体条件的利益攀比习惯，容易出现个人主义、利己主义、功利主义、实用主义和物质主义等价值观的偏差。

其次，随着我国市场经济体制的形成，竞争在规范化过程中不断加剧，很多地方采取指标化的行政管理评估体系，物质的、科技的成果因其有形和能被量化、指标化，直接与个人利益挂钩，可以进行直接比较而显示出价值与利益上的差距，因而每个人可直接感受到它的作用而具有价值优势。而隐藏和渗透在这些物质的、科技的成果后面的精神动力、道德品质和政治因素，则因其无形且无法量化、指标化，很难显示差距而直接感受到它的存在与作用，因而，这些全局的、长远的价值被忽视。

最后，在对外开放的环境中，西方资本主义社会的某些腐朽的生活方式和不科学的价值观念在我国少数人中也产生了消极影响：对个人主义和利己主义不加分析地接受，过分强调个体和局部价值，脱离社会、不切实际地追求所谓自我实现；走"以物为本"的发展模式的老路，过分追求当前功利满足；一次性消费、超前和奢侈消费等消费主义的生活方式，催生着物质主义的价值取向。

三、新时期我国社会价值观偏差的矫正

审视当代中国价值观的现状，我们不能无视上述价值观的偏差，必须从多个角度、系统地采取措施进行矫正。

（一）以社会主义核心价值体系主导和引领价值观

唯物辩证法关于矛盾的主次方面的理论告诉我们，任何社会都应该有核心价值观，都需要核心价值观的主导和引领。社会主义核心价值体系体现了最广大人民群众的根本利益和意志，是全局的、长远的价值；具有统摄性，能够把各种不同价值观凝聚在自己周围，并对它们加以正确协调、整合和引导；具有理想性，它不仅立足现实，反映现实，同时又超越现实，能够引导人们进行价值追求和价值实践。

用社会主义核心价值体系主导价值观，就是通过主渠道的宣传和教育使社会主义核心价值体系占领意识形态的主阵地，保证社会主义核心价值体系

在当代中国社会意识形态中的统领地位。引领就是对多样化价值观进行辐射、整合和吸引，以实现对社会主义核心价值体系不断扩大的认同；引导人们坚持正确的价值观，对价值观偏差进行抵制、批判和必要的斗争。

要实现社会主义核心价值体系对多样化价值观的主导和引领，就要倡导积极的价值观、支持有益的价值观、改造落后的价值观、抵制腐朽的价值观。要使社会主义核心价值体系融入国民教育和精神文明建设全过程，贯穿到政策法规制定、社会管理、媒体传播、精神文化产品生产、人们日常工作生活之中。要综合运用法律、行政等手段，使社会主义核心价值体系牢牢占据舆论主渠道、教育主阵地、公共文化娱乐主要场所。要在各个领域大力弘扬积极向上的思想精神，尊重差异，包容多样，最大限度地增进全社会对社会主义核心价值体系的认同。要密切关注价值观的变动，通过设立专门的研究监测机构，建立起类似经济宏观运行监控系统那样的价值观动态调查和数据系统，及时把握不同阶层、不同群体的价值观及其变化，及时作出反应和反馈，使主流意识形态适时适度有针对性地做好引导工作，最大限度地发扬蕴含在多样化价值观中的积极向上的方面，防止某些可能发展的消极方面任意滋长。要对公开反对四项基本原则、分裂祖国、宣扬邪教和腐朽没落的价值观可能传入、进入的源头和可能达到的领域，形成立体的、严密的防御抵制系统，将其影响控制在最小范围，并针锋相对地开展斗争。

（二）加强和改进价值观教育

价值观教育有导向功能，能够帮助人们树立科学的价值观，也是矫正价值观偏差的重要途径。

第一，要创新价值观教育理念，树立以人为本的、教育目标的共性与个性统一的教育观。要大力开展主旋律教育，针对价值观的偏差，特别要加强马克思主义理论教育、集体主义教育、理想信念教育、中华民族传统文化和传统美德教育。要拓宽价值观教育途径，要统一家庭、学校和社会教育的口径，整合其力量，使三者相互衔接、互相补充。要改进价值观教育的方式和方法，要坚持理论教育与实践教育结合、现实教育与虚拟教育结合、他教与自教结合、主旋律教育与多样化价值观教育结合。

第二，坚持价值观教育与舆论引导相结合。价值观教育离不开舆论的推动和导向。加强价值观教育必须牢牢把握舆论导向，正确引导社会舆论，在全社会营造良好的舆论环境。首先，要始终坚持对社会舆论的控制和影响，掌握舆论工作的主动权。新闻宣传工作者要改进报刊、广播、电视的宣传，坚持团结鼓劲、正面宣传为主，通过新闻报道、专家点评、大众讨论、公益广告等多种形式，大力宣传社会主义核心价值观，宣传各地、各部门开展价值观教育的生动实践和鲜活经验，宣传各条战线涌现出的劳动模范和先进个人。同时，要重视对社会道德热点问题的引导，弘扬社会正气，鞭挞不良行为，扬善抑恶，尤其要对损人利己等不良行为加强社会舆论监督。在当今这个信息社会里，我们要高度重视互联网等新型传媒对社会舆论的影响，要加强对网络的监控和管理，要采取必要的法律、行政和技术手段，坚决清除那些黄色、污秽、低俗等不健康的网络信息，以确保信息的正确性和健康性。

　　第三，寓价值观教育于解决实际问题之中。价值观的形成有其主客观因素。在很多时候，价值观偏差是因为学习、生活中的具体实际问题得不到解决而产生的。因此，要寓价值观教育于解决实际问题之中，要把教育人、引导人与关心人、帮助人紧密结合起来，把党和政府的关怀落到实处，帮助人们解决学习、工作和生活等方面的困难。要针对人民群众最关心的利益问题，切实做好就业、收入分配、社会保障、看病、子女上学、生态环境保护、安全生产、社会治安、食品医药安全等民生工作。

马克思主义人的全面发展理论的丰富与发展[*]

随着知识经济的到来和发展成为当代世界的主题，人的发展，包括人力资源的开发，已经成为一个国际性的问题和世界关注的焦点。江泽民同志《在庆祝中国共产党成立八十周年大会上的讲话》（以下简称"七一"讲话）中，从人民群众的根本利益出发，站在面向现代化、面向世界、面向未来发展的高度，论述了人的发展问题，对马克思主义关于人的全面发展的理论做出了新的阐释和发展，为全面推进我国的改革升放和现代化建设指明了正确方向。

一、人的全面发展是人民群众根本利益的内在要求和实现基础

需要和利益，是历史唯物主义的重要范畴。人们的需要，特别是广大人民群众物质文化生活需要的不断产生又不断满足，是社会历史前进的内驱力。

江泽民同志在"七一"讲话中从人民群众的根本利益出发，深刻地阐述了人的全面发展与人民群众根本利益的内在联系，指出："我们党要始终代表中国最广大人民的根本利益……必须坚持把人民的根本利益作为出发点和归宿，充分发挥人民群众的积极性主动性创造性，在社会不断发展进步的基础上，使人民群众不断获得切实的经济、政治、文化利益。"① 这里主要包含了两层含义：一是人民的根本利益是人的全面发展的出发点和动力，二是人的全面发展是人民群众根本利益的内在要求和实现基础。

在现代社会条件下，随着知识经济的到来，经济和科技竞争日趋激烈。经济的竞争、科技的竞争实质上是人才的竞争，而人才的竞争则体现为人的素质的竞争、人的全面发展的竞争。人要获得经济、政治、文化利益，越来

---

* 原载于《马克思主义研究》2002 年第 1 期，作者郑永廷、石书臣，收录时有修改。

① 《江泽民文选》第 3 卷，人民出版社 2006 年版，第 279 页。

越依靠人的内在发展和全面发展。只有不断提高自身素质和全面发展，才能增强在社会中的竞争力可持续发展的后劲，进而获得更多的经济、政治、文化利益。否则，一个人如果素质不高、全面发展程度不高，就会直接影响到他的切身利益和可持续发展。正是从这个意义上讲，人的全面发展是人民群众根本利益的内在要求和实现基础。这一思想，江泽民同志在党的十五大报告中就已经提出："我国现代化建设的进程，在很大程度上取决于国民素质的提高和人才资源的开发。"① 这是江泽民同志对人的全面发展理论的新概括。

二、人的全面发展是建设有中国特色社会主义的本质要求

马克思主义关于人的全面发展理论，是以社会分工为基础的，是由生产力与生产关系的全面性所决定的。在私有制占统治地位的社会条件下的旧式社会分工，造成人终身束缚于一种职能，只是承担一种社会局部职能的局部个人，因而是片面发展的人。而马克思所说的人的全面发展，不只是指单个人的发展，而是指"每个人""任何人"即"全体社会成员"都普遍地得到发展。马克思提到的"个人全面发展"指的都是个人劳动能力（包括体力和智力的）的充分自由发展，是人的才能与品质的多方面发展，是个人社会关系的丰富和发展以及个人与社会的协调统一发展。

马克思还根据社会关系的历史发展和人的发展的内在联系，并结合共产主义社会人的发展的社会理想，把人的发展过程概括为三个基本的历史阶段：第一个阶段是人的依赖关系占统治地位的阶段，第二个阶段是以物的依赖关系为基础的人的独立性的阶段，第三个阶段是建立在个人全面发展和他们共同的社会生产能力成为他们的社会财富这一基础上的自由个性的阶段。在第三阶段，人们将在自觉、丰富、全面的社会关系中获得自由、全面的发展，成为具有自由个性的人。这就是指，在未来的共产主义社会，人们将实现真正的、全面而自由的发展。

马克思主义关于人的本质和人的全面发展的理论以及人类社会必然走向共产主义的原理，是江泽民同志强调人的全面发展的主要理论依据。正是以马克思主义关于人类社会必然走向共产主义这一原理和马克思主义关于人的全面发展理论为指导，面向我国进入全面建设小康社会、加快推进社会主义

① 《江泽民文选》第 2 卷，人民出版社 2006 年版，第 33 页。

现代化建设的实际，江泽民同志特别强调，要"努力促进人的全面发展""不断推进人的全面发展"①。首先，从共产主义只有在社会主义社会充分发展和高度发达的基础上才能实现，以及我国现代化建设的进程在很大程度上取决于国民素质的提高和人力资源的开发的逻辑关系出发，揭示了人的全面发展是推进社会主义现代化建设、社会主义走向共产主义的重要手段和基础，强调人的全面发展在未来社会发展中越来越居于主导地位。其次，结合我国建设有中国特色社会主义的实际，强调人的全面发展是马克思主义关于建设社会主义新社会的本质要求。他指出："我们建设有中国特色社会主义的各项事业，我们进行的一切工作，既要着眼于人民现实的物质文化生活需要，同时又要着眼于促进人民素质的提高，也就是要努力促进人的全面发展。这是马克思主义关于建设社会主义新社会的本质要求。"② 从而，把人的全面发展同人民现实的物质文化生活需要一样，提升到了社会主义现代化建设的目标高度。

过去，讲提高人的素质，讲人的发展，在很大程度上不是把人作为目的，而是把人作为手段。江泽民同志既强调人的全面发展是社会发展的基础，又明确指出人的全面发展"是马克思主义关于建设社会主义新社会的本质要求"③。这就实现了人的全面发展的手段意义和目的意义的统一，克服了过去在人的发展问题上偏重于手段意义而忽视目的意义的误区，突出了人的主体性和人的价值，从而为现代社会条件下人的全面发展和我国的社会主义现代化建设指明了前进方向。

三、人的全面发展是人的素质提高与人力资源开发的统一

就个体人的全面发展而言，其目标大致有三个层次：一是基本需要的满足；二是素质的提高；三是潜力的发挥，即人力资源的开发。在传统意义上，人的全面发展主要指人的素质（包括德智体等方面）的培养和提高，而且主要通过教育手段来实现。随着社会的进步和发展，特别是随着知识经济的到来，随着科技、文化功能的强化，社会将越来越重视把人作为实践、开发的对象，人力资源越来越成为最重要的资源，人类的实践对象正在发展

---

① 《江泽民文选》第 3 卷，人民出版社 2006 年版，第 294 页。
② 《江泽民文选》第 3 卷，人民出版社 2006 年版，第 294 页。
③ 《江泽民文选》第 3 卷，人民出版社 2006 年版，第 294 页。

为以人的开发为主。所以，人力资源开发日益成为人的全面发展的重要课题。

围绕人力资源开发，在西方特别是发达国家，在经济领域提出了人力资本理论和管理是生产力的理论，研究了各种培训人的方式。在教育方面，提出了学习学理论、终身教育理论，连续不断地进行教育改革；在科技方面，创立了预测学、创造学理论，不断向人的智力层次开发；在心理方面，形成了众多流派的心理学理论，旨在发掘人的内在潜能。所有这些理论和实践，都有一个集中的指向，就是发展人、开发人。从理论层面研究现代化进程与人的发展、人的价值实现的关系，将是 21 世纪西方兴起的一个新的研究热潮，而且将经久不衰。

正因为如此，在我国改革开放和社会主义现代化建设的新时期，江泽民同志一再强调要重视人的素质的提高、人力资源开发、人的全面发展，并把提高人的素质与人力资源开发高度统一起来。他一方面强调要"促进人民素质的提高"，"努力提高全民族的思想道德素质和科学文化素质"①；另一方面，又特别强调要"充分发挥人民群众的积极性主动性创造性"，"充分发挥人民群众的主观能动性和伟大创造精神"②，也就是强调人的主体性的最充分发挥，人的内在潜能的最大限度发掘。这是实现知识创新、科技创新、制度创新的内在要求和动力源泉，也是人的全面发展的最高目标。江泽民同志的这一思想，不仅从提高人的素质与人力资源开发高度统一的层次上，深刻阐述了人在现代社会条件下的全面发展，而且把人的发展和人力资源开发提到了关乎现代化进程与前途的高度。

四、人的全面发展是人的发展与社会发展的统一

马克思主义关于人的本质的理论和人的全面发展的理论告诉我们，人的发展是伴随生产力的不断发展和社会关系的不断丰富而不断发展的。在现代社会，随着经济、科技的发展，人的发展与社会发展的关系日益密切和强化。这是由"经济发展靠科技，科技发展靠人才，人才发展靠教育，教育发展要通过开发人的潜能来实现"的现代社会发展的逻辑关系所决定的。

江泽民同志在"七一"讲话中，从两个方面深刻阐述了在现代社会条

---

① 《江泽民文选》第 3 卷，人民出版社 2006 年版，第 295 页。
② 《江泽民文选》第 3 卷，人民出版社 2006 年版，第 294 页。

件下人的发展与社会发展的辩证关系。一是人的发展与社会发展互为前提和基础。他强调指出："推进人的全面发展，同推进经济、文化的发展和改善人民物质文化生活，是互为前提和基础的。"① 一方面，人的发展是社会发展的前提。社会是由人构成的社会，离开了人的发展就谈不上社会的发展。所以，要全面推进改革开放和现代化建设，必须努力推进人的全面发展。现在和将来，社会发展将越来越依赖人的素质的提高和人的全面的发展，"人越全面发展，社会的物质文化财富就会创造得越多，人民的生活就越能得到改善"②。另一方面，社会发展为人的发展提供条件和手段。"物质文化条件越充分，又越能推进人的全面发展。"③

二是人的发展与社会发展相互促进、共同发展。江泽民同志指出："社会生产力和经济文化的发展水平是逐步提高、永无止境的历史过程，人的全面发展程度也是逐步提高、永无止境的历史过程。这两个历史过程应相互结合、相互促进地向前发展。"④ 也就是说，人的全面发展与社会发展应协调统一地发展。人们既要考虑个人的发展，又要适应社会发展的要求，遵循社会的法纪、道德以及社会发展的规律，在行为上依法行事和依德行事。正像江泽民同志所指出的"要充分发挥人民群众的主观能动性和伟大创造精神，保证人民群众依法管理好自己的事情，实现自己的愿望和利益"⑤。这就是要坚持依法治国与以德治国的统一。

五、人的全面发展是物质生活发展与思想和精神生活发展的统一

江泽民同志指出："我们建设有中国特色社会主义的各项事业，我们进行的一切工作，既要着眼于人民现实的物质文化生活需要，同时又要着眼于促进人民素质的提高，也就是要努力促进人的全面发展。……我们要在发展社会主义社会物质文明和精神文明的基础上，不断推进人的全面发展。"⑥把我国社会主义的各项事业，我们进行的一切工作，与人民现实的物质文化

---

① 《江泽民文选》第 3 卷，人民出版社 2006 年版，第 295 页。
② 《江泽民文选》第 3 卷，人民出版社 2006 年版，第 295 页。
③ 《江泽民文选》第 3 卷，人民出版社 2006 年版，第 295 页。
④ 《江泽民文选》第 3 卷，人民出版社 2006 年版，第 295 页。
⑤ 《江泽民文选》第 3 卷，人民出版社 2006 年版，第 294 页。
⑥ 《江泽民文选》第 3 卷，人民出版社 2006 年版，第 294 页。

生活需要和人民素质的提高、人的全面发展紧密联系在一起，从而赋予人的全面发展以物质生活发展与思想和精神生活全面发展，即外在发展与内在丰富的时代特征。

江泽民同志强调，"要尽快地使全国人民都过上殷实的小康生活，并不断向更高水平前进"[1]，是指不断满足人民物质文化需要，实现人民物质文化生活的高质量、高水平的发展，是人的外在发展要求。同时，他又特别指出："要努力提高全民族的思想道德素质和科学文化素质，实现人们思想和精神生活的全面发展。"[2] 思想和精神生活的全面发展，是指人们的德与智、知识与能力、素质与职能、心理与生理的全面而协调发展，是人们的内在发展。这种内在发展，既是社会发展的基础和条件，也是人们追求的生命质量目标和现代文明标志。

物质生活的全面发展与思想和精神生活的全面发展是辩证统一的关系。物质生活的发展是思想和精神生活发展的基础和前提，思想和精神生活发展则是物质生活发展的精神动力并引导物质生活发展的方向。人的全面发展，是物质生活的全面发展与思想和精神生活的全面发展的高度统一。

在现代社会条件下，面对激烈的社会竞争，面对强大的物质诱因，面对科技创新，有些人热衷于物质生活的提高，即人的外在发展，或缺乏参与竞争和可持续发展的后劲，或缺乏精神动力，出现精神空虚，甚至精神家园荒芜，思想和精神世界受到侵蚀。一旦人的思想和精神世界受到侵蚀，那么，他在社会中担任的角色越重要，作用越大，对社会的危害就越严重。因而，人的思想和精神生活的全面发展显得尤为重要和突出。这也正是江泽民同志强调人的全面发展的关键所在。

六、人的全面发展是人与自然、社会的协调发展

自然界是人类及其社会赖以生存和发展的外部环境。人类及其社会存在和发展所必需的一切物质和能量，最终都来源于自然界。随着科技进步和社会生产力的发展，人认识自然、改造自然的能力大大增强。人类逐渐从依附于自然、从属于自然的被动状态转变成以征服者的姿态主动利用、改造和开发自然。但是正如恩格斯所说："不要过分陶醉于我们对自然界的胜利。对

---

① 《江泽民文选》第 3 卷，人民出版社 2006 年版，第 294 页。
② 《江泽民文选》第 3 卷，人民出版社 2006 年版，第 295 页。

于每一次这样的胜利，自然界都报复了我们。"① 虽然人类奇迹般地创造了前所未有的生产力，但同时也在一定程度上破坏了人类赖以生存的基础，人与自然的关系正在走向失衡，生态失衡、环境污染以及全球性的温室效应、臭氧层破坏等正在使人类面临严峻的生存危机。因此，人与自然协调发展的问题日益彰显出来。

在现代社会条件下，随着自然日益成为人类改造、开发的实践对象，人与自然的关系逐渐发展为主要是人与社会化自然、人化自然、人文自然的关系。这是人与社会的关系在现代社会条件下的延伸和发展。人与自然关系的新变化、新发展，不仅表现在人认识、利用、改造、开发自然方面，还表现在人对自然要承担责任，要注意保护自然、改善生态环境。所以，江泽民同志强调："要促进人和自然的协调与和谐，使人们在优美的生态环境中工作和生活。"② 也就是要实现人与自然协调统一发展。

江泽民还从人与自然、社会"三位一体"协调发展，从可持续发展的战略高度，强调了人的全面发展与可持续发展的关系。在可持续发展中，关键因素是人。人既是可持续发展的目的，即可持续发展归根到底是为了现代人和未来人的长远利益，又是实现可持续发展的决定性因素，即经济发展、环境质量、生态平衡归根到底是由人决定的。所以，可持续发展，实际是以人为中心的人、社会、自然"三位一体"的全面发展，可持续发展的实质是人的可持续发展和全面发展。正如马克思所说的那样，"历史不过是追求着自己的目的的人的活动而已"。

在现代社会条件下，经济、环境、生态方面所出现的严重问题，如片面追求经济发展，导致环境恶化、生态破坏的现象，绝不仅仅是科学技术上的问题，而在很大程度上是人的价值观问题、伦理道德问题。社会、自然的不平衡、不协调发展，归根到底是人的不全面、不协调发展的反映和表现。正因为如此，所以环境伦理、生态伦理、科技伦理以及信仰伦理才尖锐而突出地摆到了现代人的面前。现代人如果不从思想道德上警醒，不从可持续发展上找到自身发展的方位与路径，特别是找到正确的价值观念和伦理支撑，现代人就会遇到生存危机，就会影响到人民的根本利益。江泽民同志在"七一"讲话中，把人的全面发展与可持续发展紧密联系起来，指出："坚持实施可持续发展战略……努力开创生产发展、生活富裕和生态良好的文明发展

---

① 《马克思恩格斯选集》第 3 卷，人民出版社 1972 年版，第 517 页。
② 《江泽民文选》第 3 卷，人民出版社 2006 年版，第 295 页。

道路。"① 这是江泽民同志驾驭时代发展潮流、立足人民根本利益、谋求国家兴旺发达的战略思考。

总之，江泽民同志关于人的全面发展的思想，包括人的物质与精神、内在与外在、个人与社会、人类与自然、教育与开发等丰富内涵，其中最重要的就是要充分发挥人民群众的主观能动性和伟大的创造精神，增强人的主体性，从而赋予人的发展以现代特征。这是对马克思主义关于人的全面发展理论的丰富和发展。

---

① 《江泽民文选》第 3 卷，人民出版社 2006 年版，第 295 页。

建设社会主义和谐社会的内在需求*

党的十六届四中全会提出构建"社会主义和谐社会"的新命题，以和谐社会的建设统领社会主义经济建设、政治建设、文化建设，并把构建社会主义和谐社会作为党执政能力的主要任务之一。建设和谐社会，对于树立和落实科学发展观、实现经济社会协调发展、实现党的执政目标具有十分重要的意义。站在和谐社会的高度审视思想政治教育，为加强和改进新时期思想政治教育指明了新的方向。

一、建设和谐社会是新形势下思想政治教育的目标和任务

在不同的历史时期，我们党根据国际与国内发展趋势，确立了不同的工作目标与任务。思想政治教育要为实现党的目标和完成党的任务服务，这既是客观形势发展的需要，也是思想政治教育的传统。在新形势下，党中央提出了建设社会主义和谐社会的目标与任务，思想政治教育要为这一目标与任务服务。

社会主义和谐社会具有丰富的内涵。它是一种以社会主义为制度基础的和谐社会，是全体人民各尽所能、各司其职、充满创造活力的社会，是全体人民各得其所和利益关系不断得到有效协调的社会，是社会管理体制和社会服务网络不断健全的社会，是稳定有序、安定团结、各种矛盾得到妥善处理的社会。

和谐社会的内涵十分丰富。从人的层面看，包括人自身的和谐（即人的生理与心理、德与智、物质与精神、知识与能力等方面的全面与协调），人与社会的和谐（即人与他人、群体、阶层、民族、国家等社会个体和社会主体的配合与协调），人与自然的和谐（即人与自然环境、自然生态的协调和坚持开发自然、利用自然与保护自然的统一）；从社会阶层层面看，包括社会阶层之间相互开放和平等进入、各个阶层应当得到有所差别的并且是恰如其分的回报、社会各个阶层之间应当保持一种互惠互利的关系等；从社会层面看，包括社会经济、政治、文化的全面协调发展，地区和行业的统筹

---

* 原载于《思想理论教育》2005 年第 9 期，作者郑永廷、张静，收录时有修改。

发展，社会各子系统之间以及各子系统内部的和谐等。和谐社会的外延是广泛的，内涵是丰富的，它既为思想政治教育提出了人与社会的广阔发展视野，更向思想政治教育提出了规范性要求。因此，建设社会主义和谐社会是新形势下思想政治教育的目标和任务。

构建社会主义和谐社会是我们党顺应历史发展趋势，根据全面建设小康社会的需要，为推进中国特色社会主义现代化建设所确立的战略目标。这一战略目标，既体现了社会主义的本质，也是我国自古以来世世代代所追求的社会理想。

众所周知，马克思和恩格斯的科学社会主义理论，是在以批判资本主义社会存在社会化大生产与私人占有之间的尖锐矛盾、分析资本主义社会以获取最大剩余价值为目的，从而使人"物化""异化"的基础上所创立的。社会主义是生产力与生产关系相协调，经济基础与上层建筑相适应，实现人的自由、全面发展的社会。为了建立和建设社会主义社会，全世界共产党人和广大人民，在科学社会主义理论指导下，进行了长期而艰苦的斗争与探索，为反对、抵抗帝国主义的侵略和抑制资本主义的片面发展，为维护世界和平和推进社会全面进步，取得了历史性突破与成就。我国社会主义制度的建立，既为我国确立了长远目标，也为我国全面、协调发展提供了制度保证。我国正是根据社会主义的本质要求，不断使和谐社会的发展目标明确和具体。党的十一届三中全会后，邓小平从我国社会主义初级阶段的实际出发，提出了党的基本路线，明确规定要把我国建设成为富强、民主、文明的社会主义现代化国家，从经济、政治、文化的全面发展层面确立了发展目标，并提出了社会主义物质文明建设与精神文明建设"两手抓"的方针。以江泽民为代表的党的第三代领导集体，根据党的基本路线和我国社会发展的实际，制定了经济、政治、文化的发展战略，确立了全面建设小康社会的发展目标，提出了物质文明建设、政治文明建设、精神文明建设协调发展的战略举措。以胡锦涛为代表的党中央，按照党的基本路线要求，对全面建设小康社会的实际进行了理论概括，提出了以人为本，全面、协调、可持续发展的科学发展观。建设社会主义和谐社会正是对基本路线所确立的根本目标、全面建设小康社会的发展目标和科学发展观所提出的发展思路的概括。它既体现了社会主义全面、协调的本质，也表达了我国人民的共同愿望。

建立平等、互助、协调的和谐社会一直是我国人民的美好追求。在中国传统文化中，对和谐早有描述和论述，强调人与自然协调的"天人合一"思想，主张人与社会以及人与人之间"以和为贵""讲信修睦""和衷共济"传统，源远流长。《易传》中的"保合太和"、孔子的"致中和"、道家的"合异以为同"等，都表达了和谐的思想与精神。古代志士仁人把这种和谐思想推而广之，形成了对理想社会的建构与描述。如《诗经》中的"乐土"、《老子》中的"玄同"、《墨子》中的"尚同"以及《礼记》中的"大同"，从远古的《太极图》到近代的《大同书》，都演绎着我国自古以来追求的"天人合一"和"天人合德"的美好社会，传承着我国世代梦寐以求的社会理想。因此，和谐社会的提出是在新的历史条件下对我国优秀文化传统的继承和高扬，是中华民族自古以来所追求目标的继续与发展。

思想政治教育的核心是理想信念教育。当前，理想信念教育就是要启发、引导、教育人们超越个人、家庭、群体的狭隘界限，认同、接受、实践我们党所提出的我国社会的发展目标，弘扬中华民族的精神与追求，为实现中国特色社会主义的共同理想，为建设社会主义和谐社会而努力。

二、建设和谐社会对思想政治教育的内在要求

建设社会主义和谐社会，既是一个远大的社会理想、战略目标，也是一个建设举措、策略应对。在经济全球化、文化多元化、社会信息化、发展多样化的历史背景下，在市场经济体制的激烈竞争中，我国社会主义现代化建设面临着复杂多变的国内外局势，其发展进程无疑会遇到各种矛盾甚至冲突，诸如地区之间、城市与农村之间、行业之间、阶层之间以及人与人之间的发展不平衡和收入差距扩大。一些人为了自身利益而不顾道德与法制，进行官场中钱权交易的以权谋私、市场中钱德交易的假劣伪冒、学场中钱学交易的弄虚作假活动；一些社会主体为了局部和眼前利益而不惜以牺牲长远利益、破坏环境与生态为代价，陷于片面发展。所有这些情况，都已经和正在我国社会发生。如果不对这些不平衡状况与突出矛盾进行有效引导与调控，我国社会就不可避免地会发生冲突甚至动乱。而社会冲突与动乱，不仅会使我们国家、我国的社会主体与个体丧失发展机遇，而且会使我国丧失民族振兴的目标。因此，建设社会主义和谐社会，是为了实现和谐社会的目标，站在全局、长远发展的高度所提出的策略应对，具有很强的现实针对性。

当前，思想政治教育要发挥作用，具有实效性，必须切实增强针对性。首先，思想政治教育要为建设和谐社会起导向作用。所谓导向作用就是思想政治教育要为建设和谐社会起方向引导、目标指导的作用，就是要坚持用建设和谐社会的理论，即科学发展观和人的全面发展理论，动员群众、引导群

众全面推进社会主义现代化建设；就是要把社会主义现代化建设的具体实践活动提到构建社会主义和谐社会的理论高度；就是要针对人们在价值取向、发展方向、工作目标上的片面性，进行矫正与克服和全面引导，保证我国在主导方向上的共识性与一致性，增强民族的凝聚力和发展动力。

其次，思想政治教育要为建设和谐社会起协调作用。所谓协调作用就是起沟通、平衡和稳定作用。正确处理人民内部矛盾是建设和谐社会的重要基础和维护社会稳定的前提。要建设和谐社会，就必须妥善协调各方面的利益关系，正确处理人民内部矛盾。在改革开放和建立社会主义市场经济体制过程中，许多经济关系、利益关系需要重新调整，许多新的矛盾亟须化解。同时，根据一些国家发展的经验教训，当一个国家处于人均 GDP（国民生产总值）在 1000～3000 美元的发展阶段时，往往是社会问题多发期，社会稳定面临挑战。而我国发展正处于这一阶段。因此，我国统筹各项发展，协调各个方面关系，妥善解决各种社会矛盾，意义十分重大。这些矛盾都是在改革发展进程中不可避免的人民内部矛盾。解决这些矛盾的方法，毛泽东在《关于正确处理人民内部矛盾的问题》一文中就全面地进行了阐述，就是要用民主的方法、讨论的方法、说服教育的方法和批评与自我批评的方法，即通过思想政治教育加以解决。

在新形势下，思想政治教育要不断提高正确处理人民内部矛盾的能力，坚持把最广大人民的根本利益作为制定政策、开展工作的出发点和落脚点，正确反映和兼顾不同方面群众的利益，综合运用政策、法律、经济、行政等手段处理群众反映的问题。建立健全社会利益协调机制，引导群众以理性合法的形式表达利益要求、解决利益矛盾，自觉维护安定团结的社会局面。思想政治教育要引导广大干部群众正确处理个人利益和集体利益、局部利益和整体利益以及当前利益和长远利益的关系，增强主人翁意识和社会责任感。同时，贯彻党的十六届四中全会决议，"要高度重视和关心欠发达地区、比较困难的行业和群众。在全社会大力提倡团结互助、扶贫济困的良好风尚，形成平等友爱、融洽和谐的人际环境"①。也就是要关心弱势群体的生产与生活，切实保障所有社会成员分享改革发展的成果，形成全社会相互关爱、相互信任、相互促进的发展格局。

因此，思想政治教育是建设社会主义和谐社会的内在需要，是社会主义和谐社会不可缺少的组成部分，是必须发挥作用并可以大有作为的。

231

---

① 《〈中共中央关于加强党的执政能力建设的决定〉辅导读本》，人民出版社 2004 年版，第 24 页。

三、思想政治教育要为建设和谐社会培养全面发展的人

为了建设社会主义和谐社会，党的十六届四中全会要求全面贯彻"尊重劳动、尊重知识、尊重人才、尊重创造"的方针，建立一个充满创造活力的社会。这一方针，强调了人在建设社会主义和谐社会中的决定性作用，以及人才与人的全面发展的重要性，从而明确了建设社会主义和谐社会的根本条件与力量源泉。因为社会的和谐，归根结底是人的和谐，而社会和谐与人的和谐的关键，则是每个人的全面发展。只有每个人全面发展，才能相互协调和与社会、自然协调。人的片面发展，包括人的价值取向、素质、知识与能力的片面性，只会导致人顾此失彼和与社会、自然的矛盾甚至冲突，也就是由自身的不和谐造成社会的不协调。因此，人的全面发展是建设社会主义和谐社会的基础。思想政治教育的根本目标与任务，就是培养全面发展的人。这样，培养全面发展的人既是思想政治教育的永恒目标，也是建设社会主义和谐社会的重要内容和根本条件。

所谓人的全面发展，就是按照人应有的本质，"以一种全面的方式，也就是说，作为一个完整的人，占有自己的全面的本质"①。马克思所说的人的全面发展，不只是指单个人的发展，而是指"每个人""任何人"，即"全体社会成员"都普遍地得到发展。马克思提到的"个人全面发展"指的是个人劳动能力（包括体力的和智力的）的充分自由发展，是人的才能与品质的多方面发展，是个人与社会关系的丰富和发展以及个人与社会的协调统一发展。

江泽民在庆祝中国共产党成立八十周年大会上的讲话中指出，我们建设有中国特色社会主义的各项事业，我们进行的一切工作，既要着眼于人民现实的物质文化生活需要，同时又要着眼于促进人民素质的提高，也就是要努力促进人的全面发展。江泽民从人的内在需要出发，论述了人的思想与精神生活的全面发展，强调了人自身发展的全面性与和谐性；从人的外在作用论述了人与社会、自然的协调发展，强调了人与社会、自然的协调性。江泽民强调："要促进人与自然的协调与和谐，使人们在优美的生态环境中工作和生活。"② 人类在追求发展进步的过程中在一定程度上破坏了生态环境，人

---

① 《马克思恩格斯全集》第 42 卷，人民出版社 1995 年版，第 123 页。

② 中共中央文献研究室：《十五大以来中央文献选编》（下），人民出版社 2003 年版，第 1926 页。

与自然的关系正在走向失衡，人类面临着严峻的生存危机。因此，思想政治教育要帮助人们树立正确的自然观、社会观和发展观，坚持可持续发展战略，走人与自然和谐发展之路；坚持计划生育、保护环境和保护资源的基本国策，保护和改善生态环境，发展循环经济，提高资源利用效率。这是我们重新审视人与自然关系后作出的理性抉择。

以胡锦涛同志为总书记的党中央根据我国社会和人的发展需要，提出了坚持以人为本，全面、协调、可持续的科学发展观，为我国社会的和谐发展和人的全面发展提供了新的指导思想。

人的全面发展理论的发展，扩大了人的发展外延，丰富了人的发展内涵，并越来越强调人自身发展的全面性和人与社会、自然的协调性。这正是在新的历史条件下，思想政治教育所承担的重要职责与任务。

思想政治教育要为建设和谐社会培养全面发展的人，就是要引导人们坚持全面的发展观，并为人的全面发展提供指南和保证。坚持人的全面发展观，就要克服只追求物质利益的"经济人"、只获取科学技术的"工具人"、迷恋宗教与迷信的"否定人"的局限，真正按照人的属性实现人的物质与精神、科技与人文、政治与道德、生理与心理、知识与能力等方面的全面发展。在市场经济条件下，有少数人存在着以物质替代精神、以科技替代道德的片面发展观，忽视了人自身内在精神的耕耘与和谐。为了避免人们价值取向上的片面性，克服社会发展的不和谐状况，我们党一直强调加强和改进思想政治教育，并及时提出了加强社会主义精神文明建设的指导方针，反复强调物质文明建设和精神文明建设"要两手抓，两手都要硬"；要实现经济与政治的统一，在经济快速、多样发展的过程中一定要"讲政治"，把物质文明、政治文明、精神文明建设统一起来；要树立科学发展观，坚持以人为本，促进社会与人的全面、协调和可持续发展。正是这些指导方针与指导思想，推进思想政治教育的改进与发展，促进了国民素质的提高，保证了我国社会稳定、协调、快速发展。

论科学发展观的历史超越与当代意义 *

　　党的十六届三中全会提出，要树立全面、协调、可持续的发展观，促进社会和人的全面发展。这一科学发展观不仅深刻揭示了中国改革的时代背景，而且是中国新一代领导集体在总结历史经验的基础上提出的全新的发展观和价值观，为我们追求社会协调发展和人的全面发展提供了科学指南。全面、协调发展的价值取向作为社会和人的发展的指示向度，是我国社会和每个人所追求的发展目标，也是我们在改革发展中的客观现实活动或价值实现活动。研究社会价值观的历史转移和变迁，审视我国当前价值取向的状况，对于实现社会价值取向的合理转移，确立全面、协调的价值观，具有重要的理论和现实意义。

一、价值取向的历史变迁及其启示

　　价值观是人们在实践活动中形成的关于事物满足主体需要程度的判断标准。价值取向则是人们价值追求和价值实现活动的统一。它不仅反映了人的主观需求，同时还体现在人们为实现价值的现实活动中。马克思曾指出："思想、观念、意识的生产最初直接与人们的物质活动，与人们的物质交往，与现实生活的语言交织在一起的。人们的想象、思维、精神交往在这里还是人们物质行动的直接产物。表现在某一民族的政治、法律、道德、宗教、形而上学等的语言中的精神生产也是这样。"① 由于社会实践和社会生活丰富多彩，社会价值观在政治、经济、文化等诸多领域的表现，在内容与形式上也多种多样。根据内容进行划分，社会价值取向包括经济价值取向、政治价值取向、文化价值取向等，其中，由于科学技术是生产力，科技价值取向往往与经济价值取向一致，而文化价值取向常常主要表现为道德价值取向、宗教价值取向等。追溯不同历史时期价值取向的发展与变化，都存在着

---

　　* 　原载于《中山大学学报（社会科学版）》2004 年第 6 期，作者郑永廷、方涛，收录时有修改。

　　① 《马克思恩格斯选集》第 1 卷，人民出版社 1995 年版，第 72 页。

以某种价值取向为主导、多种价值取向并存的局面。同时，不同历史时期由于受生产力水平和生产方式的制约，古今中外都曾出现过社会主导价值取向对其他价值取向的抑制甚至替代的现象。

以道德为主导的价值取向是中国古代社会的鲜明特征。我国古代是一个以农立国，以血缘关系为纽带，家国一体的自给自足社会。以农立国决定了社会的相对稳定，血缘纽带编织了富有亲情的长幼有序和以仁爱为主的道德关系，家国一体催生了君臣父子的宗法等级和封建社会的伦理纲常，形成了以道德为主导价值取向的传统文化。这种以道德为主导的价值取向表现在国家、社会的层面就是以德政、德治与德教为主，表现在个体层面则是修身为本和对理想道德人格的追求。我国古代社会通过道德理想的引导和伦理价值的宣扬，实现了对人的内在调控和社会的软管理，家国一体与仁爱、亲和的整体价值观倡导加强了社会凝聚，天人合一的道德追求有利于自然与人类的协调。无疑，以伦理为主导价值取向的我国传统文化，成为我国民族文化的特色与优势，为我国现代化建设提供了丰厚的文化资源。但是，我们也要看到，这种以道德价值为主的取向在其发展过程中，也形成了对其他社会价值取向的抑制甚至替代。在经济领域，社会倡导的清心寡欲、小富即安、知足常乐的义利观，压制了人们对物质的追求，抑制了整个社会的消费需求和生产动力，阻碍了经济的发展；在文化领域，社会强调的重道鄙器、学而优则仕的知识观，造成了道德取向对科技进步的抑制，导致读书人重道德修炼、轻科技文化，致使国民创造力受阻和我国原创性科技成果不多；在政治领域，社会主张的德主刑辅、实施人治，导致民主与法治文化基础薄弱和国民民主与法治意识淡漠。不可否认，这些被抑制甚至被替代的价值取向，因为先天不足，也成为我国现代化建设的艰巨任务乃至沉重的历史包袱。

20世纪初期，中国共产党人和广大劳动者成为历史发展方向的代表，寻求国家独立成为我国社会的主题，赢得战争胜利、夺取政权是新民主主义革命时期的中心任务。新中国成立以后，我国不仅面临着国内恢复经济的重大任务，而且还要应对国际敌对势力的封锁与挑衅，这就必然要求维护和巩固新生政权。由此，战争和革命年代形成了以夺取政权、巩固政权为主导的政治价值取向。正是这种强有力的政治主导价值取向，才把广大人民发动起来、组织起来，形成强大的革命力量，取得了革命胜利并巩固了新生政权。但是，党没有及时在取得革命胜利以后把重点转向经济建设，而是继续以革命的政治价值取向为主导，乃至引发了"文化大革命"中价值取向的严重偏差。

在西方社会，价值取向的抑制和替代现象也成为历史演进过程中发人深省的问题。以宗教为主导的价值取向根源于原始低下的生产力，与人类对于自然和社会的盲目认知有关，其本质是一种精神上的控制。以神本价值为主导是中世纪欧洲的明显标志，神的意志成为社会和人们衡量一切的判断体系和价值导向。作为神本价值观念的对象化，它集中于人造的上帝，人在向上帝等神灵寻求精神慰藉的同时，也将自身置于神的依附位置上成为神的奴隶。中世纪的神本价值取向对维系封建时代的教会统治和君主地位固然起到稳定和强化作用，但是，"在任何的宗教中，不论给与神的口头定义是多么高尚，许多信徒，也许是绝大多数信徒显然依旧不是用德性和善的道德，而是用信仰一些神秘而荒谬的意见来追求神的眷顾"①，这是因为神本价值冲击、压制了其他社会领域的发展，它否定人的价值，主张禁欲，压抑人性，成为经济发展和科技进步的严重桎梏。

近代启蒙把人从神的奴役中解救出来，以人为本的社会价值取向为资本主义的发展开辟了道路。"资产阶级在它的不到一百年的阶级统治中所创造的生产力，比过去一切世代创造的全部生产力还要多，还要大。"② 然而，资本主义的商品发展和物质进步大大激发了人们对于物质的追求，商品在资本主义社会披上了神秘的外衣，物质和金钱具有无限的魅力。人们拜物，迷信商品，物质替代精神，科技替代道德，造成西方社会对精神贫乏、道德沦丧的无能为力。于是物本价值取向替代其他社会价值取向的现象成为西方社会现代化进程中的现代性困惑。随着现代科技地位的不断提高和作用的不断强化，当代西方国家以科技为本位的价值取向日益彰显，甚至出现了科技决定一切、科技改变一切的唯科技主义价值取向，把科技作为"神"加以顶礼膜拜，而人文精神的失落和道德理想的贫瘠表明社会其他价值取向受到工具理性的压制。科技本位在本质上仍然是物质本位价值观，它所关切的并非科学性与客观性，而是科技在现实条件下的物质功用和科技作为统治的工具。西方国家单纯追求经济增长和物质享受的传统现代化模式，不仅严重破坏了生态平衡，而且造成了人的"单向度"发展。西方国家以物质价值替代精神价值、科技价值替代道德价值的现象，已经和正在受到众多思想家、社会学家、哲学家、未来学家等的深刻揭露与批评。

从历史发展的过程来看，人类社会在不同时期、不同条件下具有不同的

---

① ［英］大卫·休谟：《宗教的自然史》，曾晓平译，上海人民出版社2003年版，第108页。

② 《马克思恩格斯选集》第1卷，人民出版社1995年版，第277页。

主导价值取向，形成各自不同的文化特征。究其根源，社会主导价值取向是由一定社会的生产方式和客观条件决定的，东、西方社会在具体社会实践和不同的客观条件基础上形成了不同的文化特色，而不同的文化又反过来强化了一定社会条件下的主导价值观。社会主导价值取向的转移也是生产方式变革和一定文化共同作用的结果。社会主导价值取向抑制或替代其他价值取向的现象，则反映社会和人的发展的不协调性和不成熟状态，归根到底是由不发达的生产力和落后的生产关系所造成的。我们在实现现代化进程中，应当吸取历史的经验教训，避免西方国家走过的弯路，探索人与社会全面、协调发展的科学发展观。

二、价值取向的现实审视及其警示

"不是意识决定生活，而是生活决定意识。"① 社会主导价值取向往往是时代主题的体现，是人民意志的反映。针对"文化大革命"以阶级斗争为纲和以政治斗争为中心的价值取向，我们党根据时代主题的变化和我国社会实际，毅然实现了党的工作重点的转移，确定了以经济建设为中心的指导方针，制定了"一个中心，两个基本点"的基本路线，把发展经济、发展生产力、发展科技作为社会主导价值取向明确起来，并把社会主义现代化建设作为当今中国的最大政治，从而广泛调动了广大人民群众的积极性，推动了经济的快速发展。为了避免历史上社会价值取向的片面性，防止出现社会主导价值取向对其他价值取向的替代，党和政府要求在社会主义现代化建设中要处理好各种关系，及时提出了加强社会主义精神文明建设的指导方针，反复强调物质文明建设和精神文明建设"要两手抓，两手都要硬"；要坚持经济与政治的统一，在经济快速、多样发展的过程中一定要"讲政治"；要落实科教兴国战略和可持续发展战略，保证社会健康而长远地发展；要贯彻"三个代表"重要思想，开展物质文明、政治文明、精神文明建设，保证社会全面协调发展；要坚持以人为本，促进人的思想与精神生活全面发展以及人与自然、社会协调发展；等等。这些体现协调性、全面性社会价值取向理论与方针的提出，为实现社会的协调发展和人的全面发展提供了科学的指南，对于推动我国经济快速发展和社会全面进步具有重大而深远的意义。

但是，在市场经济体制下，物质利益的实现是利益主体存在和发展的前

---

① 《马克思恩格斯选集》第 1 卷，人民出版社 1995 年版，第 73 页。

提，部分利益主体在市场竞争中受物质利益驱动，往往存在不同程度的盲目性与自发性，其价值取向也往往发生偏差，甚至发生价值取向上的抑制或替代。市场是检验不同竞争主体的试金石，等价交换的物质原则成为市场活动的游戏规则，这一客观背景所引发的后果之一常常是注重物质、轻视精神的物本价值取向。相对于人本价值取向而言，物本价值取向是以物质作为判断事物有无价值以及价值大小的唯一标准，片面强调物质属性对于人的作用，忽视或否定人文的作用。作为一种价值追求，物本价值取向在市场条件下已经比较明显，从个体层面来看，有些人在生活中仅仅满足于物质的需求，精神追求和理想信念淡漠，工作中过分追求物质利益，忽视人自身的价值和意义；人际交往中推崇物的有用性原则，抛弃人情观念和精神关怀。从社会层面来看，有些地方在经济发展中偏重于物质文明建设，忽视政治文明与精神文明建设，表现为物质文明建设"一手硬"，而精神文明建设"一手软"。同时，物本价值取向对于其他价值取向的抑制或替代的表现也是多种多样的。从政治上看，有些人或热衷于经济，以"不问政治"为口头禅，轻视政治的作用和价值；或将物质交换原则引入政治活动，为了满足个人私欲玩弄政治权术，以权谋私，大搞钱权交易。在经济领域，一些人滋长享乐主义和利己主义，迷信金钱至上，相信"人不为己天诛地灭"的自私哲学，商业活动中的假冒伪劣等德行失范现象屡见不鲜。在教育领域，一些人重科技轻品德，为了私利甚至营私舞弊、剽窃他人成果。这些现象都是物本价值取向对社会政治、道德、教育等领域的冲击，也是经济主导价值观单一化而导致的对其他社会价值观的替代性现象。物本价值取向的实质是以人性之中的动物性或自然性的满足为逻辑支点，将物质的满足作为人的最高目的，把物质价值置于价值体系的最高点，是一种典型的片面认识与片面发展。

随着科学技术的发展及其对当代社会生产和生活的影响不断扩大，以科技为本位的价值取向在一些人中开始显现。现代科技在西方社会被一些人神化，称为"科技神"或"唯科学主义"，正是因为把科技推上神坛，才制造了诸多社会危机与现代性困惑。科技本位价值取向的形成与发展与两个因素有关：一是现代科技的可操作性原则，使科技能迅速付诸实践，由实证转向实用；二是效率原则，即科技可以直接转化为生产力，产生巨大经济效益满足人们的利益追求。科学技术的工具化倾向一旦张扬、膨胀，其功效和功用就占据了科学技术的视野，人的主体地位和人的终极价值被排除在神圣大门之外，在工具理性的凸现中瓦解了道德等人文因素。一旦以科技为本位的价值取向具有替代性的功能，它就会消解人的终极关怀，击溃道德价值。科技本位价值取向在我国当前社会中也有诸多表现。教育活动中重视自然科学、轻视人文科学的倾向突出，而教育家和有志之士提出的科学与人文精神并举的教育理想在教育功利化的现实面前显得苍白无力。即使是在高雅纯正的学术领域里，学术腐败和剽窃等失德行为亦不鲜见。由于现代信息技术的飞速发展，信息社会在创造现代奇迹的同时，又面临着网络虚拟空间缺失道德规范等现象的严峻挑战。至于当代中国在政治管理上的技术性控制，在经济生活中的标准化生产，在文化艺术上的商业化、数字化等，表明科技成为至高无上的权威，不仅能决定着社会需要的职业、技能和态度，甚至会影响到个人的生活风格和心理安全。

在我国市场经济和科技发展条件下，物本价值取向与以科技为本的价值取向所引发的替代性现象的后果是堪忧的，它势必带来现代社会的畸形发展和人的异化，应该引起足够的警惕。无论是物质替代精神，还是科技替代道德，都会引起人们在主观上过分关注身外世界的某一方面，以物质、科技作为衡量价值的准绳，忽视自身内在精神世界的耕耘与和谐。一些人思想上存在着迷惘与困惑，不愿意从精神和理论的层面求解；一些人不自觉地表现出急躁、浮躁、焦躁、烦躁，不明白"人无远虑，必有近忧"的古训；一些人拥有现代化生活的物质条件，但烦恼不断和幸福感缺乏；一些人在激烈的社会竞争中，稍有不顺就怨天尤人和动力不足；还有一些人内在精神缺乏支撑，患上各种精神疾病而遭受精神折磨；更有一些人为了追求物质利益和科技成果，而不顾廉耻，丧失道德，甚至违法犯罪，制造社会丑恶。所有这些我们可以大量感受到的事实，都可以归结为不同程度的"精神缺乏症"和"道德缺乏症"。这些症状不仅给社会和个人发展增加了阻抗，而且还要社会对其所造成的损失做出补偿。对此，我们只能理解为是社会和一些人忽视和轻视精神与道德生活所招致的应有报复。因为我们是人，是人就有精神和道德生活，谁替代它谁就要遭受惩罚。

当前我国之所以出现价值取向上的抑制与替代现象，究其原因是多方面的。从历史上看，我国以往社会价值取向由于受客观历史条件的限制，存在片面取向现象，这种片面性实际上反映的是社会和人的发展的不成熟性，要克服这种片面性或不成熟性要有一个过程。有些人否定了"文化大革命"政治替代其他价值的错误之后，转向对政治本身的否定而陷于经济、科技价值，则是另一种片面性或不成熟性。我们必须从片面性或不成熟性中解脱出来，以免社会价值取向从一个极端摆向另一个极端。从现实来看，科技进步、市场体制所引发的社会竞争力量强大。在竞争中，经济与科技由于直接与人们的物质利益相关，并且可以物化、量化和指标化进行比较而显示价值优位，受到重视；精神、道德往往难以直接比较而常常被忽视，这是造成价值取向抑制与替代的现实原因。从人的认识上看，价值替代现象反映人对自身物质性、社会性、精神性本质认识与把握的片面性，导致了价值实现过程中物质与精神、科技与道德的分离与对立。在现代社会，每个人都"面对一个复杂多变的环境和激烈竞争的社会，人们要取得事业成功，提高生活质量，即在享受现代物质文明的同时要有文明的精神生活……否则，人们可能会在经济、社会迅速发展的过程中，不断增加精神苦闷，甚至失落自己的精神家园"①。因此，在改革和发展的过程中，我国要吸取历史上的经验和教训，确立科学发展观，谋求社会和人的协调、全面发展。

三、价值取向的全面与协调

所谓价值取向的全面性，是指社会和人全面发展所必须坚持的价值取向的多样性，包括物质与精神、科技与人文、政治与道德等。所谓价值取向的协调性，是指社会和人全面发展过程中价值关系的互补性与互动性，而不是价值取向上的相互抑制、对立与替代。全面性是协调性的基础，没有价值取向的全面性，就无法进行价值取向上的协调；协调性是全面性的保证，没有价值取向的协调性，价值取向的全面性就无法坚持。应当指出的是，价值取向的全面性，并不是价值取向的均衡性，即价值取向的无侧重性。社会与人的发展，在不同时期和不同条件下，发展重点是不同的，因而价值取向有主次之分、强弱之别。坚持价值取向的全面性，既要反对价值取向的替代性，也要克服价值取向的均衡性。价值取向的均衡性使社会与人的发展缺乏特色，无法重点突破，与价值取向的替代性一样阻碍社会和人的发展，两者是价值取向的两个极端，虽然表现形式不同，但对社会和人的发展造成的后果一样。所以，我们应该看到，社会与人价值取向的全面性、协调性，不仅是社会与人的理想发展状态，也是一个历史范畴。在历史的不同阶段，社会与人的发展呈现出一定的时代特征，古代的圣人、君子，古希腊的哲学王，宗教神学中上帝的奴仆，资本主义社会的经济人，等等不同的人格都在一定程度上体现了人在追求全面发展过程中价值取向的历史性。社会与人的全面发展不仅依赖于社会生产力与生产关系的水平，也与人们对于人的本质的认知

---

① 郑永廷：《现代思想道德教育理论与方法》，广东高等教育出版社 2000 年版，第 276 页。

程度密切相关。

　　坚持价值取向的全面与协调，归根结底是人的本质的要求和体现。按照马克思主义的观点，人的全面发展从根本上讲是人的本质的全面占有，"人以一种全面的方式，就是说，作为一个总体的人，占有自己的全面的本质"①。物质性、社会性、精神性都是人的本质特性。过去，我们在社会和人的发展上过分强调社会性，忽视物质性，产生了一大批热衷于政治运动和政治革命的"政治人"，在道德领域极力推崇理想的"道德人"，结果，由于人们物质追求动力不足，社会生产缺乏拉动，不仅物质生活水平不高，而且缺少接受教育、提高科学技术水平的物质条件。当人们可以追求物质利益后，又有一些人忽视政治与道德表现为"经济人""科技人"，结果，引发出许多社会丑恶现象。种种在人的发展中出现的片面性，都与人们对于人的本质认识不全面有关系。人首先是有生命的个体，但是把人与动物区别开来的"本质不是胡子、血液、抽象的肉体本性，而是人的社会特质"，"人的本质并不是单个人具有的抽象物。在其现实性上，它是一切社会关系的总和"②。人的全面发展是人的自然、社会、精神属性的全面发展和社会关系的丰富。

　　人的本质的全面性，决定了社会生活的丰富性和社会价值取向的全面性、协调性。社会是人创造并为人的生存与发展服务的。社会的经济、政治、文化等领域，还有科技、教育、卫生等众多机构，都是人的多样化本质的社会延伸，也是为了满足人的多样化需求并为人提供多样化发展的平台，所以，社会生活的内容和价值取向只能是全面而协调的。社会价值取向的协调性要求社会的诸多领域、部门之间相互依存、相互补充、相互促进，以保持社会的整体和谐。社会各领域、各部门之间的矛盾与冲突，既可能根源于人的价值取向上的矛盾，也会对人的价值取向产生客观影响。由于社会经济、政治、文化在社会生活中的地位与作用不同，加上经济（包括科技）、政治、文化（包括道德）在一定时期发展的不平衡性，在不同历史时期和不同社会条件下，社会价值取向要有重点，即要有主导价值取向。社会主导价值取向，一般表现为政治形态，如我国古代的伦理政治化与政治伦理化主导，中世纪的神学政治主导，资本主义社会商品政治、个人主义政治主导，等等，主导价值取向都表现为一定历史时期的政治内容。我国坚持以经济建

---

　　① 《马克思恩格斯全集》第 3 卷，人民出版社 2002 年版，第 303 页。
　　② 《马克思恩格斯选集》第 1 卷，人民出版社 1995 年版，第 77 页。

设为中心，既是我国社会和广大人民的迫切需要，也体现了经济对社会的决定性作用。坚持以经济建设为中心所强调的是发展经济，但作为长期性、全局性的方针写进党的基本路线，又是政治。所以，社会的协调发展并非诸多要素齐头并进或力量均衡的发展，更不是社会财富和社会资源的平均分配，而是既保持重点而不均衡，又兼顾全面而不替代的相互配合、相互促进的协调发展。

总之，价值取向作为社会观念或意识，不仅反映了人们的价值目标，同时又体现在具体而生动的价值实现活动中，作为一种特殊的精神指示器，价值取向的导向作用深刻而广泛地影响着人们的生产和生活。与当代中国的市场体制和经济建设相适应，社会价值取向转移至以经济建设为主导，而当人们过分追求物质利益，坚持以物本价值为取向时，就会导致精神世界的忽视和精神家园的荒疏；当科技披上神秘外衣，人们开始对科技顶礼膜拜时，工具理性取向就会出现替代现象，导致人文精神缺失、道德关怀匮乏。审视当代中国价值取向的现状与变化，我们既不能无视价值取向上的偏差与替代而任其发展，也不能像过去那样采取非此即彼的方式抑强扶弱，即压制经济、科技发展，强化精神、道德作用，而只能按照中央提出的科学发展观，按照邓小平提出的物质文明建设与精神文明建设"要两手抓，两手都要硬"的方针，坚持人与社会的全面、协调、可持续发展。